Guy Tomel

Les Conscrits du travail

et l'enseignement professionnel

chrétien

A. Mame et Fils, éditeurs

à Tours

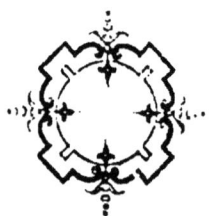

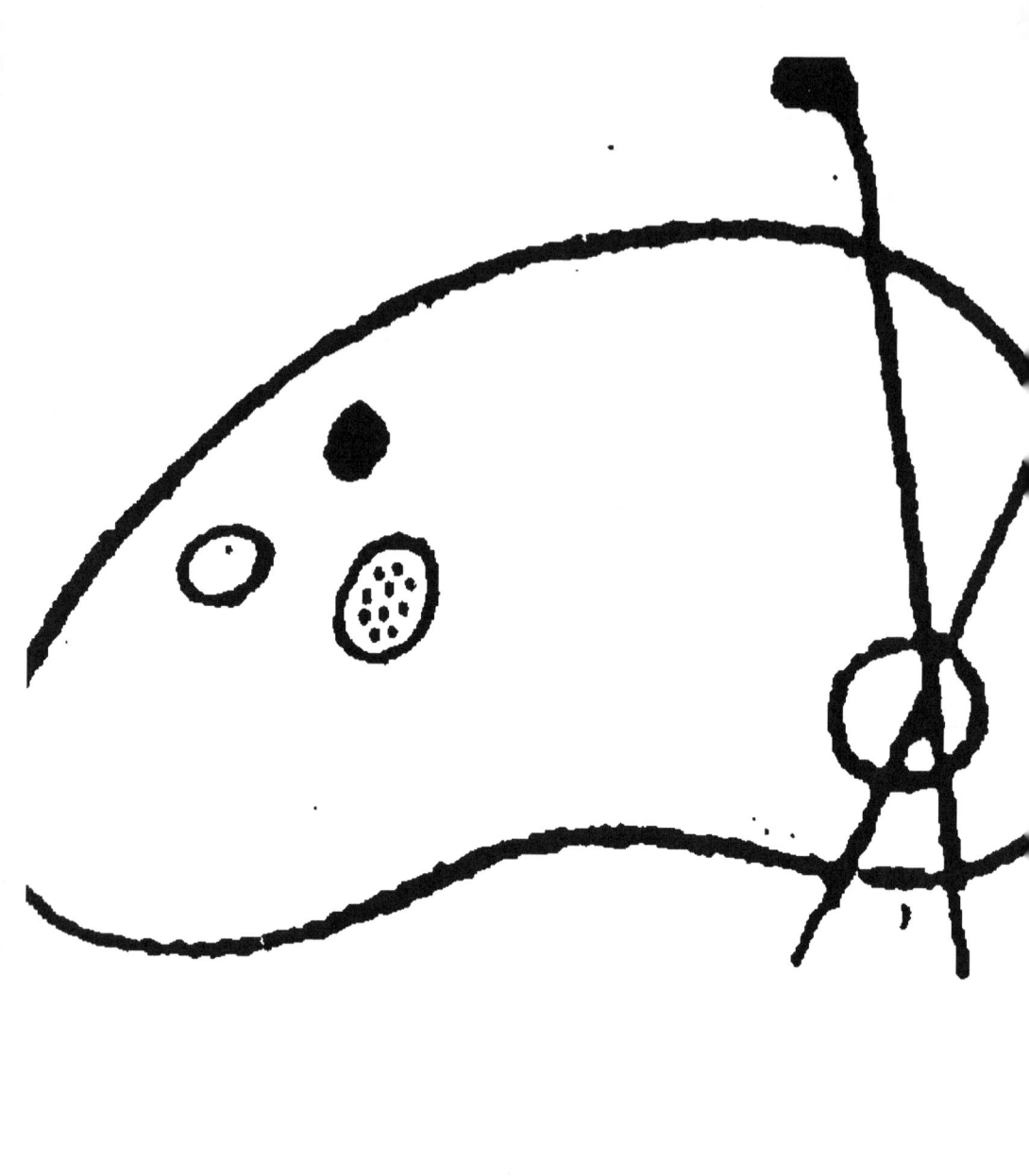

LES

CONSCRITS DU TRAVAIL

PROPRIÉTÉ DES ÉDITEURS

Il a été tiré du présent ouvrage
vingt-cinq exemplaires sur japon numérotés.

GUY TOMEL

LES

CONSCRITS DU TRAVAIL

ET

L'ENSEIGNEMENT PROFESSIONNEL

CHRÉTIEN

TOURS

ALFRED MAME ET FILS, ÉDITEURS

M DCCC XCVIII

LES
CONSCRITS DU TRAVAIL

L'APPRENTISSAGE

Pour se bien rendre compte des conditions économiques dans lesquelles se trouve l'apprentissage à la fin du XIX° siècle, il est indispensable de jeter un coup d'œil rapide sur les diverses phases de l'histoire du travail en France.

On sait que les corporations ouvrières existaient chez les Romains, qui les introduisirent en Gaule; mais le temps de la domination romaine fut trop court pour leur permettre de s'implanter à tout jamais dans les traditions de notre race, de sorte que l'institution des corporations croula avec tant d'autres sous les invasions des barbares. Dans la Gaule féodale les ouvriers ne furent plus que des serfs, sans droits ni garanties, employés par les seigneurs suivant leurs besoins particuliers. Durant cette période on put rencontrer d'habiles artisans, mais il n'existe plus trace de collectivité capable de traditions et de règles professionnelles. Il nous faut arriver à la naissance des communes pour assister à la résurrection lente et progressive de la corporation, qui devait être un des éléments vitaux de la société du moyen âge. Ce furent les associations commerciales qui parvinrent les premières, en raison de leur nécessité, à une certaine cohésion. La plus ancienne fut sans doute celle des marchands d'eau, qui pouvaient revendiquer pour ancêtres les nautes parisiens, et qui assuraient, par les voies fluviales, le ravitaillement de la capitale du domaine royal. Commerciales ou ouvrières, ces associations se choisissaient un patron puissant parmi les grands officiers de la couronne, patron susceptible de défendre leurs intérêts, et dont elles payaient la protection par une redevance régulière à laquelle participaient tous les intéressés.

En cas de contestation pour l'exécution du traité, le roi intervenait, et cela donnait lieu à l'établissement de chartes, où les droits et devoirs de chacun se trouvaient définis avec plus ou moins de netteté. Malheureusement les protecteurs en vinrent vite à considérer le tribut qui leur était payé comme une propriété dont ils pouvaient disposer à leur fantaisie. Ils le vendirent, l'échangèrent, le rétrocédèrent au gré de leurs besoins, si bien que les corporations n'eurent plus que des défenseurs fort peu soucieux de leurs devoirs, et payèrent leur taxe en pure perte.

Pour obtenir justice, à qui s'adresser? Au prévôt de Paris, qui était le premier magistrat de la ville; mais la prévôté elle-même était adjugée au plus offrant et dernier enchérisseur, et revendait au Châtelet, en détail, ce qu'elle avait acheté en gros. Aussi les rapines, les brigandages s'exerçaient-ils avec tant d'impunité, que les ouvriers désertaient les quartiers de la ville appartenant au roi, pour aller s'établir dans ceux qui étaient soumis à une autre juridiction.

Il fallut arriver au règne de saint Louis pour que cessât ce lamentable état de choses. Profondément navré du malheur de ses sujets, ce saint monarque pensa qu'une des réformes les plus radicales et les plus fructueuses qui s'imposaient était la restitution de la prévôté entre des mains honnêtes. En conséquence, il appela à ce poste un certain Étienne Boileau, sur les antécédents duquel l'histoire est muette, mais qui devait être un rude collaborateur.

Le nouveau prévôt commença par faire pendre un sien

filleul convaincu de filouteries répétées, et un de ses compères, qui s'était adjugé un dépôt commis à sa garde. Le temps du népotisme était passé. Puis, pour mettre de l'ordre dans les affaires des corporations il les invita toutes sans exception à faire valoir les titres, privilèges ou prérogatives dont elles pouvaient se prévaloir, dans le but d'en dresser un résumé, qui constituerait pour chacune d'elles un texte positif auquel elles se pourraient désormais référer pour connaître et revendiquer leurs droits, ainsi que la limite des charges qui y correspondait.

C'est ce recueil, contenant plus de cent articles, qui constitua le *Livre des métiers*, lequel fut jusqu'à la fin du xviii° siècle, c'est-à-dire jusqu'aux réformes proposées par Turgot, et aux décrets d'abolition de l'Assemblée nationale, la loi et les prophètes du régime corporatif.

Pour comprendre l'empressement avec lequel les corporations se prêtèrent à l'établissement du *Livre des métiers*, achevé en 1268, il importe de rappeler l'intérêt qu'elles avaient à affirmer leur existence.

Qu'était la société du xiii° siècle dans ses rapports avec le monde du travail? « C'était, dit M. Tisserand dans le remarquable avant-propos qu'il a consacré précisément au *Livre des métiers*, édité par la ville de Paris, une société hiérarchisée de la base au sommet. » De cet état de choses résultait un ensemble de droits et de devoirs, d'hommages présentés et reçus, de redevances dues et payées; toute puissance, toute force affectait la forme d'un fief, et, dans ses exigences les moins raisonnables, dans ses exactions même les plus criantes, le fort se donnait alors comme le protecteur du faible, justifiant ainsi, du moins en apparence, l'énormité de ses revendications. Il fallait être, en ce temps-là, dans le camp des forts, de la même manière qu'il valait mieux, dans l'ancienne Rome, appartenir au patronat qu'à la clientèle, et compter parmi les protecteurs plutôt que parmi les protégés.

C'est ce que les métiers de Paris comprirent de bonne heure; ils aspirèrent à prendre leur place dans la société féodale du temps, mais en haut et non point en bas, sous la forme de la suzeraineté et non sous celle du vasselage, et ils parvinrent ainsi à constituer un véritable fief collectif.

Mais le fief, quand il n'était pas agresseur, se tenait constamment sur la défensive. Comme on pouvait l'attaquer de partout, il se défendait de toutes parts; il se tenait prudemment derrière ses murs et ses fossés, abrité par ses herses et ses ponts-levis. Le fief était avant tout une forteresse.

Ainsi en était-il des métiers de Paris. Le fief industriel parisien avait pour défenses ses traditions, les privilèges à lui octroyés, et dont il jouissait *ab antiquo*. Quand le monde des métiers, vraie seigneurie collective, avait fait, ainsi que le haut baron, son hommage-lige; quand il avait payé ses redevances au roi et à l'évêque; quand il avait acquitté en travail, en argent, en guet, tout ce que l'organisation féodale exigeait de lui, sa situation, au point de vue du droit, était exactement la même que celle de la noblesse fournissant ses hommes d'armes, et celle de l'Église accordant le tribut de ses prières. En règle avec le roi, son prévôt et ses officiers, ainsi qu'avec la sainte Église, il se tenait dans son fief et s'y cantonnait fièrement. Nul ne se fût avisé de le « tailler » arbitrairement; nul n'eût impunément molesté un maître, un valet, un simple apprenti régulièrement agrégé à la communauté ouvrière.

Ainsi s'explique, par les nécessités de la lutte pour la vie, l'enthousiasme avec lequel les corporations, au XIIIe siècle, se hâtèrent de répondre à l'appel d'Étienne Boileau, et d'aller échanger contre des parchemins explicites et bien en règle leurs titres plus ou moins incomplets ou contestables. Les charges qu'on exigeait d'elles en échange, même plus lourdes, leur eussent paru légères.

En entrant dans la communauté par la porte de l'apprentissage, ajoute en effet l'auteur que nous venons de citer, le jeune ouvrier y rencontrait tout d'abord des devoirs de diverse nature; mais il y trouvait aussi des droits, c'est-à-dire des coutumes ayant force de loi; c'était là son livret et son code. Soumis à l'autorité du maître, mais placé en même temps sous

... Il se cantonnait dans son fief.

l'aile maternelle de la maîtrise, et bénéficiant des conseils du premier valet, il avait déjà, sans sortir de la maison patronale, de très sérieuses compensations. Au dehors, les garanties se multipliaient; il se sentait plus fort encore; membre d'une communauté ouvrière qui était quelque chose par elle-même et qui comptait dans le vaste syndicat des corporations, il se savait appuyé, défendu, et il l'était, en effet, comme l'homme d'Église se sentait soutenu par l'évêque, l'homme de loi par le Parlement, et le clerc par l'Université.

Les gens de métiers, conclut M. Tisserand, ont eu, dans ces temps difficiles, la conscience de leur situation; ils ont compris avant le fabuliste que

Toute puissance est faible à moins que d'être unie;

ils ont senti le péril de l'isolement, la stérilité de l'effort individuel, et ils ont réalisé, dans l'association ouvrière, la plus grande somme de liberté qu'on pût alors conquérir, en même temps qu'ils atteignaient le plus haut degré d'influence auquel ils pussent légitimement prétendre.

Nous devons maintenant examiner la manière dont les corporations ouvrières avaient envisagé la question de l'apprentissage.

Étant donnée la circonspection jalouse avec laquelle elles défendaient leur situation, on ne saurait s'étonner qu'un de leurs principaux soucis ait été de rendre difficile l'accès de la confrérie à des étrangers, ne fût-ce que pour ne pas multiplier outre mesure la main-d'œuvre et avilir le prix des salaires. Nous voyons donc, dans tous les règlements, une distinction fondamentale établie entre les fils des maîtres et les enfants de famille n'appartenant pas au métier. Les premiers sont en quelque sorte apprentis de droit de leur père, et, si nombreux qu'ils soient, déclarés capables d'embrasser la carrière paternelle. Cette faculté était assez souvent étendue aux beaux-fils des patrons, c'est-à-dire aux enfants que sa femme aurait eus d'un premier mariage, et plus rarement à ses neveux ou descendants en ligne collatérale. Les seconds, au contraire, les étrangers, ne pouvaient entrer en apprentissage qu'en subissant un surnumérariat fort long, hors de durée avec les connaissances techniques qu'il s'agissait d'acquérir, et souvent en payant une somme relativement forte lors de la conclusion du contrat. Quelquefois l'importance de la somme versée avait pour effet de réduire de quelques années la longueur de l'apprentissage, mais sans cependant pouvoir la faire descendre au-dessous d'un minimum qui nous paraît à bon droit excessif.

Nous voyons, en effet, la durée de l'apprentissage varier de quatre ans à douze ans, sans que la difficulté du métier soit pour quelque chose dans cette graduation. Les fabricants de fil d'archal, par exemple, exigent douze ans, tandis que les serruriers se contentent de huit ans.

De plus, et c'est encore là une restriction très importante, chaque maître ne pouvait avoir qu'un seul apprenti étranger à la fois. Tout au plus l'autorisait-on à en prendre un second l'année où le premier achevait son engagement, afin qu'il n'y eût pas d'interruption dans le recrutement. Ainsi les pauvres ne pouvaient guère espérer s'immiscer dans une corporation par la voie de l'apprentissage, d'abord parce qu'il fallait que leur famille pût se passer de leurs salaires jusqu'à ce qu'ils fussent parvenus à un âge assez avancé, ensuite parce que le droit d'entrée constituait une espèce de dot. Il n'y avait donc aucune similitude sociale entre la classe ouvrière de jadis et ce qu'on nomme de nos jours le prolétariat. Elle constituait une classe privilégiée au même titre, sinon de la même manière, que la noblesse et le clergé, un tiers état au-dessous duquel végétait toute une masse populaire, qui eût eu plus de raison que le tiers état de dire un jour : « Que sommes-nous? Rien. »

Ainsi s'explique pourquoi, pendant tant de siècles, les métiers furent exercés de père en fils, alors que les fluctuations de vocations devaient être aussi diverses que de notre temps. Par le seul fait que le fils jouissait de la possibilité d'apprendre, et par suite d'exercer sans entraves la profession paternelle, il trouvait dans son berceau un titre de propriété, qu'il ne pouvait pas aliéner, il est vrai, ni céder à prix d'argent, mais qui n'en était pas moins d'une importance réelle.

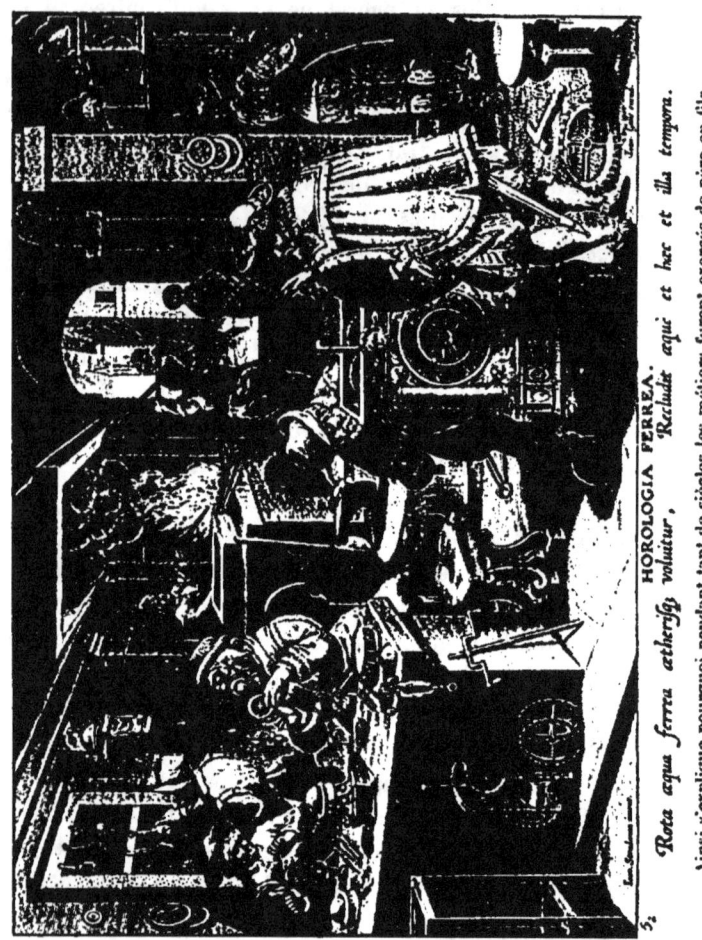

Voici donc notre apprenti étranger entré dans la corporation après avoir, grâce aux sacrifices de sa famille, acquitté le droit d'entrée, ou consenti à une prolongation d'apprentissage proportionnelle à un remboursement équivalent. Les conventions verbales ont été échangées entre le père de l'intéressé et le maître par-devant deux jurés de la confrérie, qui en témoigneront au besoin. En ce temps-là le parchemin coûtait cher et on ne savait guère écrire. Dès lors notre impétrant est irrévocablement lié, et son contrat ne pourra être résilié qu'en des cas très graves et très restreints, si, par exemple, le maître se voit réduit à l'inaction par une maladie incurable, ou part pour le pèlerinage de terre sainte, en abandonnant sa profession, ou enfin tombe dans l'indigence. En cas de décès du maître, l'apprenti devra terminer son service auprès de l'époux survivant, ou à son défaut auprès des héritiers, si ceux-ci sont dans les conditions voulues. On n'envisage ni l'hypothèse où l'enfant répugnerait au métier, ni celle où il montrerait des aptitudes insuffisantes pour l'exercer. Son engagement est formel, comme des vœux monastiques, et le patron se trouve couvert contre toute velléité d'insubordination, de mauvais vouloir ou d'indépendance.

Mais, en échange de ces conditions rigoureuses, l'apprenti trouve de suite une compensation. En l'embauchant, le maître s'est engagé à le traiter comme son propre enfant, à lui assurer, non seulement la nourriture, le vêtement et le logement, mais toute l'instruction professionnelle qu'il est capable de lui fournir. Les jurés se sont assurés que ce maître était dans une situation matérielle assez prospère pour que rien d'essentiel ne fît défaut à ceux qu'il admettait sous son toit, et ont constaté qu'il y avait au moins un ouvrier travaillant dans l'atelier, en qualité de valet, de manière que l'apprenti ne restât jamais seul en l'absence du patron. Les règlements exigent, d'autre part, que l'enfant ne soit envoyé au dehors que pour servir d'aide à un ouvrier, dans des travaux de sa partie.

Aujourd'hui, où tant de lois ont été votées pour la protection de l'enfance, on n'a encore rien trouvé d'aussi sage que ce dernier article de l'apprentissage d'antan, et nombreux sont les patrons qui n'embauchent des adolescents que pour les transformer, sous la protection du code, en petits domestiques, chargés du matin au soir de faire des courses à travers la ville.

Les antiques coutumes n'étaient d'ailleurs pas absolument muettes au sujet de la surveillance à exercer sur les abus de pouvoir du maître. Les tisserands, par exemple, admettaient que l'apprenti qui avait à se plaindre de mauvais traitements pouvait, accompagné de témoins ou d'amis, porter plainte devant les jurés et faire valoir ses griefs. Si ceux-ci étaient reconnus fondés, une admonestation sévère était adressée au patron coupable; en cas de récidive, l'apprenti lui était retiré et placé d'office chez un autre maître, où il pût achever tranquillement son temps d'apprentissage.

Néanmoins il ne faut pas faire le passé plus beau qu'il n'a été. Il est certain qu'en ces époques lointaines il n'entrait guère de sensiblerie dans les procédés d'éducation, quels qu'ils fussent, et que le fouet et les taloches faisaient volontiers partie du programme de l'enseignement. Les idées de douceur et de mansuétude ont fait d'incontestables et heureux progrès. Il s'agit seulement de constater que nous les avons développées et non inventées.

Son temps d'apprentissage achevé, le jeune travailleur avait le droit de toucher un salaire et de s'engager en qualité de valet ou varlet, on dira plus tard de compagnon. Ces termes correspondent à la désignation d'ouvrier, tandis que le mot ouvrier s'appliquait autrefois à tous les membres de la corporation, qu'ils fussent maîtres, valets ou apprentis.

Le nombre des valets par atelier n'était pas limité comme celui des apprentis, mais il se trouvait évidemment restreint par la force des choses. Puisqu'on ne pouvait devenir valet qu'après avoir été apprenti, et que chaque maître ne pouvait créer qu'un apprenti à la fois, c'est-à-dire un total de cinq ou six au plus pendant tout le cours de sa carrière, l'encombrement de la main-d'œuvre n'était guère à craindre.

Le valet, à son tour, pouvait devenir maître et achever ainsi l'ascension de la carrière; mais à ce moment encore, pour quiconque n'était point fils de patron, des obstacles presque invincibles se dressaient.

C'était d'abord l'exécution du chef-d'œuvre, dont l'acceptation dépendait du bon vouloir des jurés, intéressés à se montrer difficiles et à ne point partager les avantages de la maîtrise avec trop de rivaux; puis la production des titres de bonne conduite, de moralité et d'aisance; enfin l'achat du métier, consistant en une redevance à payer, suivant les cas, soit au roi, soit à la confrérie. En dehors de tout cela il fallait encore posséder les ressources nécessaires à l'établissement de son fonds, à l'acquisition de son outillage, etc. Bref, tout ceci impliquait la possession d'une petite fortune qui devait rarement se rencontrer entre les mains d'un valet, à moins que quelque héritage inattendu, quelque caresse fortuite du sort ne fût venu le lui apporter inopinément. Au contraire, le fils de maître, déjà avantagé au point de vue de l'apprentissage, pour lequel aucune limite de temps et aucune condition particulièrement onéreuse ne lui était imposée, entrait en possession du métier sans achat et avec la bienveillance acquise des jurés. Dans la presque totalité des cas lui seul devenait maître à son tour, tandis que la destinée du valet était de rester valet, en se louant à la semaine, au mois ou à l'année, sans autre perspective que le salaire afférent à son labeur quotidien. Il est vrai par contre que, limité dans son avenir, il était exempt des charges assez lourdes qui pesaient sur la maîtrise; il n'avait à se soucier ni des impôts de commerce pour l'entrée et la vente des marchandises, ni de la taille, ni du guet, qu'acquittaient seuls les patrons.

Il nous reste maintenant à dire quelques mots des conditions dans lesquelles s'exécutait le travail, une fois qu'on avait acquis le droit d'y mettre la main, soit comme apprenti, soit comme valet ou maître.

Les corporations en avaient réglé les détails d'exécution de la façon la plus minutieuse, et elles imposaient comme un devoir à tous ses membres, du plus petit au plus grand, de dénoncer à la confrérie les moindres infractions dont ils pourraient avoir connaissance. Chacune de ces infractions était punie d'une amende sévère et, en cas de récidive, le délinquant pouvait être exclu du métier.

Le jeune travailleur avait droit de s'engager en qualité de valet.

Les malfaçons, les contrefaçons étaient constatées par les jurés, qui possédaient le droit d'inspection et de visite dans tous les ateliers. Cette surveillance présentait une grande garantie pour le consommateur, assuré de n'être jamais trompé sur la qualité des marchandises. C'est ainsi, par exemple, que le drapier convaincu de posséder dans sa boutique une pièce de drap mal tissée, dont le milieu n'aurait pas été aussi solide que les bords ou les extrémités, voyait son étoffe divisée en coupons, dont il ne pouvait plus se défaire que comme morceaux de rebut, en prévenant bien l'acheteur de la médiocrité de son emplette. Le tailleur qui avait gâché par maladresse un vêtement était non seulement obligé de rembourser la valeur du drap au propriétaire, mais contraint de payer deux amendes, l'une au roi, l'autre à la confrérie, pour indemniser cette dernière du préjudice moral qu'il lui portait.

La réglementation des heures de travail était aussi rigoureusement prévue. Il était interdit de travailler de nuit, après le couvre-feu sonné, c'est-à-dire après neuf heures du soir, et les ateliers devaient s'ouvrir sur la rue, derrière des fenêtres d'où l'œil du passant pût les surveiller. Ces mesures n'avaient pas pour but de ménager les forces des travailleurs, mais de faciliter la surveillance soupçonneuse dont nous parlions tout à l'heure. Le repos nécessaire à la réfection de la machine humaine se trouvait largement assuré par les chômages obligatoires; tout travail devant cesser du samedi après vêpres jusqu'au lundi matin, et les jours de fêtes spéciaux à la confrérie ou prévus par l'Église pour tous les fidèles. On sait que la multiplication de ces anniversaires fut, à une certaine époque, un des griefs de la classe ouvrière. Le savetier de La Fontaine se plaint que

> . . . monsieur le curé
> De quelque nouveau saint charge toujours son prône.

Tels furent, à grands traits, les règles du travail en France, depuis le commencement du XIII° siècle jusqu'à la fin du XVIII°.

Elles cadrent assez mal avec l'idée que nous nous faisons de nos jours de la liberté individuelle, mais elles s'harmonisent complètement avec l'ancien état social, fondé sur le principe de la protection des classes. Telles quelles, elles eurent le mérite d'avoir duré, c'est-à-dire de s'être suffi à elles-mêmes pendant une des plus longues périodes de notre histoire, et d'avoir permis à notre industrie nationale d'étendre la réputation de sa supériorité dans l'Europe entière. Le renom de probité des articles français n'est point en effet une conquête moderne, et s'affirmait même d'une façon plus incontestée jadis qu'aujourd'hui; car ses articles n'avaient point à rivaliser avec les produits anglais ou allemands, dont les premiers fabricants furent nos artisans du xviie siècle chassés par l'édit de Nantes.

Notons aussi qu'après avoir voté, dans la nuit du 4 août, la réforme des jurandes, et, le 17 mars 1791, l'abolition des maîtrises, communautés et confréries, la révolution, soucieuse de détruire les abus que pouvaient renfermer ces institutions, anéantit du même coup toutes les choses utiles et bonnes qu'elles garantissaient, et prépara à ses fils un long et difficile travail de reconstitution. Ce n'est pas, en effet, spectacle peu curieux de voir de nos jours les partis qui se réclament le plus directement de la révolution, comme certaines écoles socialistes, lutter péniblement pour repêcher, à l'abri de la bannière syndicale, quelques-unes des garanties qu'avaient su obtenir les corporations. Car si les étiquettes ont changé, les desiderata sont toujours les mêmes; les travailleurs se préoccupent, aujourd'hui comme jadis, de s'opposer à l'accaparement du travail, à l'excès de production, à l'avilissement des salaires. La différence est, qu'ayant perdu leurs statuts personnels, et ne pouvant plus invoquer que le droit commun, ils se sont à maintes reprises trouvés les plus faibles dans la lutte des appétits et des intérêts déchaînés. Il était plus commode de se référer à une charte que de soutenir une grève, plus aisé même de faire améliorer un article de règlement corporatif que d'obtenir le vote d'une loi protectrice. La classe ouvrière s'est donc aperçue, au bout d'un siècle d'essai, que l'usage de la liberté sans limites tournait contre elle, et

Pedes, humi ut, sisterre eque, insistentium STAPHÆ, SIVE STAPEDES. *Cito levati, vt ipsa scala sublevat.*

Les ateliers devaient s'ouvrir sur la rue.

tous ses efforts tendent actuellement à organiser la résistance contre le capital; c'est-à-dire à retrouver, sous forme de lois sociales, une part de la protection que lui offrait le régime détruit. L'expérience devrait avoir été profitable et montrer que la devise des dentistes : « *N'arrachez pas, guérissez!* » doit être aussi celle des véritables réformateurs. Pourtant c'est en prêchant une révolution nouvelle, encore plus radicale que la première, que les utopistes contemporains cherchent le progrès, au risque d'anéantir une fois de plus la tire-lire des garanties [1].

Plus que le petit patron, plus que l'ouvrier, l'apprenti fut atteint par la suppression des corporations. Après le vote de la loi du 2 mars 1791 l'apprentissage cessa d'exister en fait, et ne fut plus qu'un contrat réglé par l'intérêt de chacun, indéfiniment modifiable, au gré des contractants. La loi du 2 germinal, an XII, se borna à stipuler les conditions générales suivant lesquelles se pouvaient passer ces contrats, devant notaires ou sous-seing privé, entre individus majeurs nationaux ou étrangers, ou par un majeur au nom d'un mineur placé sous sa dépendance légale. Néanmoins, comme les intérêts respectifs de chaque corps de métier n'avaient point changé il eût pu se faire, et c'est peut-être ce qu'espérait le législateur, que les us et coutumes de l'apprentissage se perpétuassent sans trop de modifications.

Effectivement les maîtres avaient, comme antérieurement, intérêt à ne pas trop se préparer de concurrents, surtout

---

[1] Les cahiers des trois ordres contenaient, lors de leur dépouillement, des vœux assez contradictoires au sujet du maintien ou de la suppression des corporations : les centres importants par leur commerce et leur industrie se prononçaient *pour*, tandis que les régions agricoles se prononçaient plus volontiers *contre*. Mais deux ans plus tard les idées avaient marché, et le 15 février 1791, Dallarde, rapporteur du comité des contributions publiques, monta à la tribune pour déposer un projet de loi sur le nouvel impôt des patentes et demanda qu'on liât le vote de cet impôt à « un grand bienfait pour l'industrie et le commerce, à la suppression des maîtrises et jurandes ». Ce fut donc par quelques lignes insérées dans une loi de finance que se vit abolir une institution qui depuis près de sept siècles avait été le fondement même du travail national. « La Révolution, dit M. Martin Saint-Léon, dans sa savante histoire des *Corporations de métiers*, ne distingua pas entre le rôle économique de la corporation et son rôle social, entre ceux de ses règlements qui constituaient des entraves à la liberté et ceux qui protégeaient la faiblesse, entre ses bienfaits et ses abus. Elle ne songea même pas à conserver à la société nouvelle l'abri de l'édifice où avaient vécu si longtemps côte à côte le riche et le pauvre, le patron et l'ouvrier ; elle fit table rase des coutumes antiques et des traditions séculaires. 1791 vient clore l'ère de la corporation ; le règne de l'individualisme va commencer. »

maintenant que la maîtrise était libre. Ils n'encombreraient donc pas leurs ateliers d'un nombre exagéré d'apprentis. D'autre part il leur était toujours nécessaire de compter sur le concours d'ouvriers habiles, par conséquent ils ne négligeraient pas l'éducation professionnelle de leurs recrues.

Ces hypothèses n'étaient pas irréalisables, et durant quelques années on vit en effet l'apprentissage, détruit en tant qu'institution, se maintenir dans divers corps de métiers par la seule force des usages. Mais ce fut un répit bien court, auquel mit fin le grand bouleversement industriel qui substitua le travail mécanique au travail humain dans nombre de professions, et principalement dans celles qui occupaient le plus de bras.

Dès que la vapeur eut remplacé l'effort intelligent de l'ouvrier, dès qu'on put en quelques journées, en quelques semaines, au maximum, éduquer l'artisan, dont toute la tâche consistait à surveiller le jeu d'un piston ou à rattacher des fils, on n'eut plus à préparer par une éducation technique les réserves de l'avenir. L'enfant, la femme pouvaient être utilisés immédiatement à cette besogne facile et pour des salaires infimes. La machine à vapeur acheva de tuer l'apprentissage.

Par malheur elle tuait aussi l'apprenti. Excédé d'un travail au-dessus de ses forces, dans un milieu souvent malsain, le petit manœuvre, que ne protégeait aucune loi spéciale, s'étiolait avant l'âge, tombait fourbu, disparaissait dévoré par le minotaure industriel.

On sait que le premier cri d'alarme partit de l'Angleterre, et fut poussé par Robert Peel. Dès 1815, cet homme d'État avait réussi à faire passer un bill fixant à douze heures la limite maxima de la journée de travail des enfants dans les manufactures. Mais la surveillance des usines ayant été confiée aux juges de paix, qui étaient presque tous de grands industriels, et avaient par conséquent des intérêts contraires à leurs devoirs, la loi ne fut pas appliquée. En 1833, le Parlement anglais dut compléter son œuvre en décidant que les enfants ne pourraient être employés au-dessous de neuf ans accomplis, et que leur journée de travail ne devrait pas excéder neuf heures jusqu'à l'âge de treize ans, douze heures jusqu'à dix-huit ans. En même temps il créait des inspecteurs salariés et indépendants, qui devaient s'assurer de l'exécution de ces prescriptions légales.

On comprendra quelle devait être la situation lamentable de l'enfance manufacturière à cette époque, en se rappelant que ces mesures si anodines furent accueillies comme un considérable progrès.

En France des dispositions analogues furent prises dès 1814, mais sans plus de succès, au début, que dans le Royaume-Uni. C'est qu'en effet on avait, chez nous aussi, commis l'erreur de confier le contrôle à des commissions de notables, qui n'avaient pas les mains assez libres pour sévir en cas d'infraction. Puis on se heurtait à la mauvaise volonté ou à l'avarice des parents : ceux-ci désireux de tirer parti le plus tôt possible du salaire de leurs enfants, représentaient que le mari et la femme passant leurs journées entières à l'usine, mieux valait qu'ils eussent leur progéniture sous leurs yeux qu'abandonnée sans surveillance au foyer désert ou à la rue. De longues années s'écoulèrent avant que ces résistances diverses pussent être vaincues, et ce n'est qu'en 1873 qu'une loi de réglementation à peu près complète et suffisamment humaine vint sauvegarder les intérêts des enfants. L'apprenti s'est vu depuis lors défendu, mais l'apprentissage n'a pas été restauré pour cela. Pour savoir ce que l'avenir lui réserve il serait utile, après avoir jeté un coup d'œil sur le passé, d'examiner quels sont les divers systèmes préconisés par les contemporains pour l'organisation du travail dans les conditions nouvelles où il se trouve.

Un tableau très net en a été tracé par M. Martin Saint-Léon, dans son remarquable et tout récent ouvrage sur les Corporations de métiers, auquel nous renvoyons les lecteurs désireux de connaître par le menu les questions historiques que nous n'avons pu qu'effleurer ici. Nous résumerons, en profitant des indications de cet auteur, l'état du problème.

L'école libérale, héritière des principes de Turgot, et qui compte ou compta dans ses rangs nombre d'économistes illustres, parmi lesquels, dans la première moitié du siècle, Jean-Baptiste Say, Michel Chevalier, Frédéric Bastiat, et, plus récemment, Frédéric Passy, Georges Picot, Jules Simon, Paul et Anatole Leroy Beaulieu, condamne en bloc le système corporatif comme impropre à la mise en œuvre des forces et des énergies individuelles, et repousse toute intervention de l'État pour le règlement de l'organisation du travail. Selon cette école, le régime de la libre concurrence, la loi de l'offre et de la demande devait suffire à établir l'harmonie économique : c'est la doctrine de Bastiat. Mais les faits sont venus démontrer l'inexactitude de ce postulat. « Les économistes n'ont pu disconvenir en effet, d'une part, que la liberté du travail était trop souvent impuissante à apporter un remède à ces maux : le chômage forcé, la maladie, les accidents; d'autre part, que l'antagonisme croissant entre l'ouvrier et son patron était un fait social exceptionnellement grave, dont le jeu naturel de l'offre et de la demande ne parvenait pas à écarter le péril. Ils se sont donc efforcés de découvrir la cause qui a paralysé l'action bienfaisante de la liberté du travail. Les uns ont pensé découvrir cette cause dans l'ignorance, source de toutes les misères; et ils ont conclu que, pour donner au peuple le moyen d'être heureux et sage, il fallait avant tout l'instruire. Ils ont donc réclamé l'ouverture de cours professionnels, de bibliothèques, la création d'écoles d'apprentissage, de musées de travail, toutes choses en soi excellentes, mais qui se sont trouvées à l'expérience radicalement impuissantes à atteindre le but qu'on poursuivait. D'autres ont préconisé l'institution de caisses d'épargne ou de retraites, de caisses de secours mutuels contre la maladie, le chômage, les accidents, les assurances sur la vie; quelques-uns ont cru trouver dans la corporation ou dans la participation aux bénéfices la solution tant cherchée. D'accord pour repousser toute organisation systématique du travail, les économistes se divisent donc sur le choix des moyens propres à remédier aux misères ou à écarter les dangers de l'heure présente, et sur la direction à imprimer dans ce but à l'initiative privée ».

Tout à l'opposé de l'école libérale, l'école socialiste fait au contraire appel pressant à l'autorité de l'État, ou mieux rêve de s'emparer de l'État pour arriver à l'expropriation de la propriété privée et la répartition des produits du sol et de l'industrie, au prorata des besoins des travailleurs. Un pareil résultat ne pouvait s'obtenir sans un bouleversement complet de la société actuelle; l'école socialiste accepterait la reconstitution de l'union corporative non comme un but, mais comme un moyen de recruter des unités de combat. Elle repousse en effet comme des palliatifs illusoires les bénéfices immédiats qui sembleraient pouvoir résulter de groupements faits en vue de la production corporative ou de la participation aux bénéfices. Les sociétés d'ouvriers qui réussissent deviennent, à leur sens, des associations de patrons traitant leurs anciens camarades avec moins d'égards que les autres, et les parts de bénéfices sont reprises aux travailleurs sous forme d'une diminution de salaires. « Convaincus que la liberté du travail n'est en fait que l'oppression du pauvre par le riche, que la religion n'est qu'une vieille chanson dont on a longtemps bercé la souffrance humaine, » c'est donc à titre purement transitoire que les socialistes acceptent l'idée corporative : le syndicat, ainsi qu'ils l'on dit, n'est qu'un retranchement derrière lequel on peut concentrer et exercer des troupes avant de les lancer à l'assaut. Maîtres du pouvoir, ils seraient assurément les premiers à rejeter loin d'eux un instrument inutile à l'État, propriétaire de toutes les richesses et tyran de tous les individus.

Entre ces deux écoles, dont l'esprit, le programme et les tendances sont si résolument opposées, les économistes catholiques se présentent comme les seuls partisans sincères et convaincus du retour à l'idée corporative. « En se faisant les apôtres de cette idée, les écrivains de cette école sont d'ailleurs parfaitement d'accord avec les enseignements de leur foi, avec l'Écriture qui, en proclamant qu'il est mauvais pour l'homme de vivre seul, lui fait par là même de la fraternité et de la solidarité un devoir; avec la tradition de l'Église, qui a toujours béni et encouragé les associations professionnelles dont l'esprit était conforme à la morale et à la religion. La constante préoccupation de Léon XIII a été de favoriser de tout son pouvoir le développement de ces associations. L'année même où les Chambres françaises votaient la loi sur les syndicats, le saint-père s'exprimait en ces termes, dans son encyclique *Humanum genus* :

« Il est une institution due à la sagesse de nos pères, et dont le temps avait interrompu le cours, mais qui pourrait aujourd'hui encore servir de type à des *créations analogues*. Nous voulons parler des corporations d'ouvriers qui, avec la religion pour guide, protégeaient à la fois les intérêts et les mœurs. Si, à travers tant de siècles, ces corporations rendirent à nos pères de si précieux services, notre temps peut-être en retirera encore de plus grands. C'est pourquoi nous souhaitons vivement que partout, pour le salut du peuple, ces corporations soient rétablies et *adaptées aux circonstances* ».

En 1891, Léon XIII renouvelle les mêmes conseils dans sa célèbre encyclique *De conditione opificum*. Il se réjouit de voir « se former partout des sociétés de ce genre, composées des seuls ouvriers, ou mixtes ». Il émet le vœu que l'État protège ces sociétés.

L'idée corporative est donc par excellence, dans le présent comme dans le passé, une idée catholique. Ses apologistes les plus ardents se rencontrent dans les rangs de catholiques auxquels la corporation rappelle de vieilles traditions de charité et de foi. Si cependant les écrivains catholiques sont unanimes à reconnaître l'excellence du régime corporatif et son efficacité sociale, ils sont loin d'être d'accord sur le choix des moyens propres à la reconstitution des associations professionnelles, et notamment sur le rôle qu'il convient d'attribuer à l'État dans cette œuvre d'organisation. D'une part, les catholiques libéraux veulent réserver à l'initiative privée le soin de grouper en de libres associations les patrons et les ouvriers de bonne volonté, sans demander à l'État son concours et sans accepter son intervention. D'autre part, un certain nombre d'écrivains et d'hommes politiques, dont le chef autorisé est M. le comte de Mun, se prononcent en faveur de l'organisation de syndicats mixtes, encouragés, sinon imposés par l'État, qui leur accorderait, entre autres privilèges, la capacité civile la plus étendue.

On voit par ce qui précède que tous les esprits préoccupés du sort des travailleurs s'accordent à constater le dommage occasionné par la brusque suppression, à la fin du siècle dernier, des garanties qui leur étaient accordées, et qu'on leur a enlevées sans rien leur donner en échange. Tous par des voies diverses, souvent les plus opposées, cherchent à rééditier. Il nous reste à examiner comment, pendant cette période de délabrement et d'incertitudes, qui peut encore se prolonger longtemps, les gens de bonne volonté ont essayé de pourvoir provisoirement au sauvetage de l'enseignement professionnel. Il ne sera question dans ce livre ni des efforts de l'État, ni de ceux des municipalités, dont l'étude a justifié un ouvrage spécial [1]. Nous ne nous occuperons ici que des tentatives de l'initiative privée, qui, on l'ignore trop, a précédé et guidé celle des corps constitués. Limité ainsi, notre champ d'études est encore trop vaste, et nous ne nous flattons pas de le parcourir entièrement. S'il fallait parler de toutes les créations réalisées, leur simple énumération remplirait ce volume. Nous nous bornerons donc à présenter les plus typiques d'entre elles, satisfaits si le lecteur, après avoir parcouru les pages des *Conscrits du travail*, peut se rendre compte de la manière dont il est possible, à l'heure actuelle et en dehors des écoles officielles, d'acquérir un métier manuel et de l'exercer; comment, en un mot, on peut apprendre librement à gagner sa vie.

---

[1] Voir l'ouvrage de M. Alexis Lemaistre, *les Écoles professionnelles*. Mame et fils, éditeurs.

L'ŒUVRE DE SAINT-NICOLAS

L'œuvre de Saint-Nicolas marque, par ordre de date, la première tentative de restauration de l'apprentissage qui soit due à l'initiative privée. Elle fut fondée en 1827 par un prélat d'origine alsacienne, Mgr de Bervanger, ému des misères de la classe populaire, au soulagement desquelles il employait toutes les ressources de sa fortune personnelle assez considérable.

La misère est une hydre aux cent têtes, et, si l'on ne spécialise pas ses efforts dans la lutte engagée contre elle, on risque fort de voir stériliser chaque jour les victoires obtenues la veille. Donc, après avoir un peu éparpillé son cœur et ses aumônes en des charités d'ordres divers, Mgr de Bervanger résolut de concentrer son activité et sa bienfaisance en une œuvre unique, qui serait le souci principal de sa vie. Il recueillit un certain nombre d'orphelins et créa pour eux dans le quartier Saint-Marcel, rue des Fossés Saint-Victor, une maison où l'on devait leur donner l'instruction primaire et leur apprendre un métier.

Avant cette fondation il n'existait, répétons-le bien, aucun moyen d'apprentissage professionnel en dehors des ateliers, car on ne peut considérer comme remplissant ce but les rares écoles dominicales, disséminées dans quelques paroisses de la capitale, et où il était donné aux adolescents des leçons appropriées au métier qu'ils exerçaient. Assurément l'enseignement de la mécanique élémentaire, du modelage, des sciences appliquées que recevaient là ces jeunes gens, leur étaient fort utiles; mais il ne s'agissait que d'un complément d'instruction, puisque pour y participer il fallait déjà justifier du titre d'apprenti sur le territoire de la paroisse. Au contraire, rue des Fossés Saint-Victor, l'enfant était admis ne sachant rien, et il s'agissait de ne le rendre à la société, qu'après l'avoir muni d'un gagne-pain.

Mgr de Bervanger avait conçu sa fondation sur un plan dont l'exécution eût dépassé ses ressources, mais il fut aidé dans ses débuts par la Cour, où il comptait des appuis et de hautes protections, étant précepteur du duc de Bordeaux. Malheureusement pour ses projets, la révolution de 1830 vint tarir cette source de secours, et, pour avoir commencé trop brillamment, l'œuvre de Saint-Nicolas menaçait de périr dans ses langes. En cette redoutable occurrence, le prélat n'hésita point à s'adresser à la charité publique, et, parmi les particuliers qui répondirent à son appel, s'en rencontra un tout spécialement riche et généreux : le marquis de Noailles. Celui-ci, entre autres libéralités, fit don à Mgr de Bervanger d'un petit hôtel privé qu'il possédait rue de Vaugirard, et où l'œuvre fut installée en 1833. Elle s'y trouve encore après tous les agrandissements successifs.

Malgré tout, l'ère des tribulations n'était pas close pour Saint-Nicolas. Mgr de Bervanger, libéré de ses fonctions à la Cour, vint habiter la maison offerte par son bienfaiteur, et, de 1833 à 1859, se consacra entièrement à la direction de l'établissement, mais les charges de cette tâche furent au-dessus de ses forces. Il avait essayé d'assurer le recrutement de ses collaborateurs, en instituant sous le titre de « frères de Saint-Nicolas » une congrégation religieuse, qui ne réussit pas au gré de ses espérances. Les dettes s'accumulèrent, le désarroi se mit dans l'administration. En 1859, les ressources étaient épuisées, les bienfaiteurs lassés, M. de Noailles mort. Quant aux auxiliaires, ils s'étaient montrés insuffisants et quelquefois indignes.

C'est alors que, brisé par la lutte, le prélat, renonçant à continuer sa gestion dans des conditions aussi déplorables, fit la remise de son œuvre au cardinal Morlot. Elle comptait à ce moment cinq cents enfants, malgré toutes les tribulations subies, ce qui montre à quel besoin impérieux elle répondait.

Le cardinal, bien résolu à opérer le sauvetage d'une institution pareille, accepta le legs avec toutes ses charges, c'est-à-dire avec ses défectuosités d'organisation et ses dettes criardes. Il appela à son aide, pour débrouiller la situation financière, quelques laïques s'occupant volontiers à Paris d'œuvres de charité, et les fit se constituer en société civile, qui fut bientôt reconnue d'utilité publique, par décret impérial du 27 août 1859. Enfin il demanda au frère Philippe, supérieur général des frères des Écoles chrétiennes, de prendre en charge dans son ordre la direction de Saint-Nicolas.

Nul n'était mieux qualifié que le frère Philippe pour cette mission délicate. Depuis 1838 il avait fait ses preuves comme général des frères, perfectionnant sans relâche les méthodes d'instruction pratiquées par les disciples du bienheureux de la Salle, et multipliant à l'étranger les écoles desservies par son ordre.

« Les personnes éminentes qui se sont trouvées en rapport avec le frère Philippe, a écrit Armand Ravelet, et qui ont souvent fait appel aux lumières de son expérience, ont toujours admiré sa rare intelligence, sa hauteur de vues, son génie pour l'administration. « Il y a dans cet homme l'étoffe d'un ministre, » a dit de lui un homme d'État. Mais ces brillantes qualités, qui ont frappé tous ceux qui l'approchaient, n'étaient que le reflet extérieur de cette âme d'élite. Pour en connaître les beautés intimes, il faudrait interroger les religieux qui ont vécu sa vie, qui ont eu chaque jour sous les yeux les marques de son esprit de foi, de sa charité, de son attachement à la règle, de son amour du travail, de son humilité, de sa piété; il faudrait recueillir ses admirables circulaires sur la fidélité aux règles de la congrégation, sur la sainteté, sur l'union entre les frères, sur leur mission à l'égard de la jeunesse... »

Tel était le collaborateur à qui s'adressait le cardinal Morlot, et dont l'efficace intervention devait, à bref délai, changer entièrement la face des choses. M⁹ʳ de Bervanger lui remit les clefs de la maison et alla finir sa carrière à Saint-Denis, où il fut nommé chanoine et mourut en 1864.

A l'époque où les frères des Écoles chrétiennes recueillirent son héritage, il n'y avait à Saint-Nicolas que cinq ateliers, où se pratiquaient la sculpture sur pierre, le polissage et l'ajustage des verres pour optique, la fabrication des boutons, la brosserie et la cordonnerie. Aujourd'hui ces ateliers sont au nombre de treize et comprennent : les relieurs, les tourneurs en optique, les compositeurs typographes, les imprimeurs, les monteurs en bronze, les ciseleurs sur métaux, les menuisiers, les malletiers, les sculpteurs sur bois, les facteurs d'instruments de précision, les graveurs géographes, les mécaniciens et les lithographes.

Cette simple énumération permet de juger l'extension qui a été donnée au programme de l'instruction professionnelle. Quant aux résultats disciplinaires obtenus, on s'en rendra compte par le détail suivant.

Les frères délégués en 1859 par le frère Philippe, en vue d'une inspection préliminaire, justifiée par le besoin de se rendre compte de la situation morale et matérielle, avaient été obligés de revêtir un costume civil pour l'accomplissement de leur mission. Or depuis que leur congrégation a pris les rênes de l'administration, il n'y a pas eu à signaler à Saint-Nicolas, je ne dirai pas une tentative d'insubordination collective, mais un seul acte d'indiscipline pouvant motiver le licenciement d'un atelier ou d'une classe. L'école de Vaugirard est certainement celle où les événements extérieurs ont eu la moindre répercussion, bien qu'elle se soit trouvée, plus que d'autres peut-être, au centre des agitations à certaines époques de trouble, notamment pendant la Commune. Or ces résultats sont d'autant plus intéressants à constater, qu'ils s'obtiennent sans moyens de répression autres que la menace du renvoi. La seule punition en usage à Saint-Nicolas est la privation de la sortie mensuelle pour les enfants qui n'auraient pas obtenu, par l'ensemble de leurs notes de travail et de conduite, un bulletin satisfaisant.

Mais avant d'entrer dans le détail du fonctionnement inté-

L'atelier des ciseleurs sur métaux.

rieur de l'institution, achevons de dire comment elle est parvenue, au point de vue matériel, à sa stabilité présente.

La société civile, dont nous avons parlé plus haut et qui existe encore telle que le cardinal Morlot l'avait instituée, comprend trente membres, tous laïques, sauf le représentant du cardinal-archevêque de Paris, lequel est lui-même président d'honneur de l'œuvre. C'est cette société qui forme le conseil d'administration et qui couvre la gestion au point de vue légal. C'est donc elle qui a été mise en possession des diverses donations et legs attribués depuis 1859 à Saint-Nicolas par divers bienfaiteurs, et grâce auxquels d'immenses améliorations ont pu être réalisées.

Mais le conseil, bien résolu à faire feu qui dure, s'était refusé à escompter l'aléa de la générosité philanthropique, et avait organisé l'institution de manière à ce qu'elle pût, à la rigueur, fonctionner avec ses seules ressources. Pour cela, tenant compte à la fois des nécessités budgétaires et de la situation des familles en vue desquelles l'œuvre avait été créé, il décida que les admissions n'auraient pas le caractère de gratuité absolue, mais que les rétributions seraient réduites au strict minimum. La pension est de 35 francs par mois, non compris un premier versement d'entrée de 77 francs pour tous frais.

Le conseil, dit un article du règlement, ne permet aucune dérogation à ces conditions, *pour quelque raison que ce soit*. Ainsi, sur les 1040 élèves que l'établissement de Saint-Nicolas comprend actuellement, il n'y a pas un seul boursier proprement dit. Malgré cela il n'existe jamais une seule place vacante à l'école, et le registre des postulants accuse, bon an mal an, une moyenne de six cents demandes d'admission auxquelles il n'a pu être fait droit.

Pendant de longues années cette affluence n'alla pas sans un peu d'encombrement, et, en dépit de toute l'ingéniosité mise dans les aménagements, il aurait été difficile d'organiser les ateliers successifs qu'on projetait sans les libéralités de bienfaiteurs qui sont venus à point nommé permettre des améliorations provisoires, jusqu'à ce que le legs royal de Mme Boucicaut, qui attribua un million à l'œuvre, ait rendu possible une restauration complète.

Le rapporteur du budget de 1893 célébrait en ces termes cet événement capital :

« Vous savez ce que nous devons à la munificence de cette grande femme de bien, de cette grande travailleuse qui, en voyant ce qu'une vie de labeur intelligent avait pu accumuler de richesses, employait ses dernières années à rechercher comment, disparue, elle pourrait encore aider et glorifier le travail, venir au secours des petits, des humbles, des pauvres, soutenir ces bonnes volontés destinées à devenir plus tard la grande armée des ouvriers habiles et des patrons honorés, en un mot tout ce monde du travail honnête, qu'on ne saurait entourer de trop d'estime et de trop de respect.

« Quand nos nouvelles constructions seront terminées, quand notre école professionnelle renouvelée ouvrira ses portes, ce sera bien, en toute vérité, la maison de Mme Boucicaut ; terrain, bâtiments, installation, tout sera venu d'elle. Ici, où l'on a la mémoire du cœur, on ne l'oubliera point ; ici, où l'on prie, on joindra le nom de Mme Boucicaut au nom de ceux dont on demande à Dieu de récompenser les bienfaits. Dans peu d'années, lorsque des fenêtres de leurs dortoirs où ils respirent maintenant à pleins poumons, nos enfants, nos écoliers, au lieu de cette vilaine baraque, dans laquelle leurs aînés les apprentis auront été trop longtemps enfermés, les verront installés dans cette grandiose demeure que nous leur préparons, leurs yeux et leurs cœurs, aux uns et aux autres, trouveront entre eux l'admirable trait d'union de deux grandes générosités, et qui sait ? peut-être, dans ce petit monde, se rencontrera-t-il comme en germe et en herbe quelque grand industriel, quelqu'un de ceux destinés par leur intelligence et l'énergie de leurs efforts à violenter la fortune ; lui aussi, lorsqu'il l'aura conquise, grâce aux leçons et aux exemples recueillis dans notre maison, voudra se retourner pour regarder avec des yeux de frère les débutants dans les luttes de la vie, et pour leur en adoucir, à son tour, l'amertume et l'âpreté. »

L'année suivante, il était ainsi rendu compte des travaux exécutés aux assistants de la grande séance annuelle.

« La plupart d'entre vous ont déjà admiré l'aspect vraiment imposant du nouveau bâtiment, dont la façade en belles briques rouges, relevée par des poutres métalliques apparentes, se développe sur plus de cinquante mètres de longueur dans le prolongement de l'ancien établissement. L'intérieur est digne de la façade : il comprend un sous-sol large et spacieux, où sont installés les moteurs mécaniques et les appareils de chauffage ; puis un rez-de-chaussée et deux étages, d'une hauteur uniforme de quatre mètres, éclairés au nord et au sud par de larges baies et divisés en salles indépendantes de dimensions inégales, qui forment les différents ateliers ; enfin un troisième étage, presque aussi élevé que les autres, contient des classes réservées aux seuls apprentis, et qui ne seront fréquentées par eux qu'en dehors des heures du travail professionnel.

« A chaque étage, un vaste corridor longitudinal, situé dans le grand axe du bâtiment, sépare les ateliers du nord de ceux du midi, et les rend indépendants ; à chaque extrémité de l'édifice, un escalier large et commode établit entre tous les étages une communication facile, et permettrait d'évacuer rapidement toutes les salles en cas d'accident. Les accessoires, eau, gaz, appareils de chauffage, organes de transmission mécanique, minutieusement étudiés, sont établis d'après les données les plus pratiques et les plus perfectionnées.

« Telle est la superbe école que nous ouvrons. »

On voit par ces descriptions que l'installation matérielle des élèves de Saint-Nicolas ne laisse rien à désirer.

Admis dans les classes à partir de neuf ans, dans les ateliers à partir de treize ans, ils sont soumis au régime de l'internat complet avec une seule sortie mensuelle, et des vacances, qui sont réduites pour les apprentis à huit jours, au commencement du mois d'août.

Nous ne nous occuperons pas ici des écoliers, répartis en dix-neuf classes, dont les six premières comportent l'enseignement secondaire, mais seulement des enfants qui en sortent à l'âge de treize ans pour apprendre un métier manuel.

Suivant le désir de leurs parents, leur propre inclination ou les aptitudes présumées qu'on leur suppose, ils entreront alors dans un des treize ateliers en activité dans la maison, et qui sont ceux des relieurs, tourneurs en optique, compositeurs typographes, monteurs en bronze, ciseleurs sur métaux, menuisiers, malletiers, sculpteurs sur bois, facteurs d'instruments de précision, graveurs géographes, mécaniciens et lithographes. Pour les huit premières de ces professions l'apprentissage est de trois ans; il est de quatre années pour les cinq dernières.

Quelle qu'en soit la durée, la méthode est la même, et la voici.

Du jour où l'enfant est passé de l'école à l'établi, on l'assimile théoriquement aux apprentis du même corps de métier qui travaillent en ville, c'est-à-dire que dès le premier instant il devra commencer à produire, peu ou prou, et non comme ses camarades des écoles officielles, passer de longs mois à exécuter des ébauches sans utilisation, pour lesquelles il n'est tenu compte ni du temps dépensé ni du coût des matériaux. Ainsi il frise la réalité de plus près, et s'il ne perd pas comme ses petits émules des ateliers libres ses meilleures heures à faire des courses ou à rendre des services étrangers à sa profession, il se trouve comme eux aux prises avec les exigences pratiques que celle-ci comporte.

Pour créer l'atelier, les frères des Écoles chrétiennes se sont adressés à un patron de Paris, présentant les garanties de capacité et de moralité nécessaires, et consentant à accepter le règlement de la maison. Celui-ci s'installe en personne, ou installe un contremaître, dont il répond comme de lui-même, dans les locaux fournis par l'établissement, garnit ce local des outils voulus, et s'engage à enseigner complètement son métier aux jeunes gens qui lui sont confiés, dans le délai de trois ou quatre années. Il fait les frais des matières premières, de l'éclairage et du chauffage, mais tous les produits ouvrés lui appartiendront, et il ne dépend que de lui que sa gestion soit lucrative, en recherchant des commandes profitables et en transformant

Les sculpteurs sur bois.

assez vite ses apprentis en petits ouvriers, capables d'un travail productif.

On voit du premier coup d'œil les avantages et les désavantages d'une pareille combinaison.

Les avantages se résument dans le caractère éminemment pratique de l'enseignement dont bénéficiera l'enfant. Il est clair que tous les efforts de ses maîtres tendront à le rendre susceptible de besogne utile, et qu'ils n'en feront pas un jeune théoricien plus habile à disserter sur les principes et l'esthétique de sa partie, qu'à enfoncer un clou et à manier une lime.

Mais les inconvénients ne sont pas moins apparents, et s'ils ont pu être atténués à Saint-Nicolas par la surveillance incessante des frères et leur compétence toute particulière en matière d'enseignement professionnel, ils apparaîtraient sans doute plus périlleux sous une direction moins expérimentée. Ayant intérêt à faire rendre à son exploitation le plus de fruits possibles, on peut présumer que le patron, pour augmenter ses bénéfices, spécialisera avec excès ses apprentis, et que dès que ceux-ci sauront à fond un détail du métier, il les confinera dans la même tâche, plutôt que de dépenser en leçons plus savantes un temps dont il tire déjà profit. N'aura-t-il pas aussi une tendance à rechercher des commandes trop uniformes et trop faciles?

Sans doute il y a les engagements pris par lui et la présomption d'honnêteté, sans laquelle on ne l'aurait pas choisi comme éducateur. N'est-il pas vrai néanmoins que cette opposition entre ses devoirs et ses intérêts peut favoriser les défaillances? Si le cas ne se produit pas à Saint-Nicolas, on peut croire que, le système étant généralisé, il aurait chance de se produire ailleurs.

Voyons comment on s'est arrangé ici pour y parer dans un atelier quelconque de la rue de Vaugirard, celui des malletiers, par exemple, où il pourrait être plus à craindre, et où il serait particulièrement nuisible à l'avenir de l'ouvrier.

En examinant d'un peu près les conditions de cette industrie, nous apprécierons les nécessités qu'elle impose à ceux qui l'exercent.

UN ATELIER DE MALLETIERS

La malle est une invention quasi moderne. Non pas que son invention sous forme de coffre ou caisse ne soit contemporaine des premiers déménagements des patriarches, mais en ce sens que son usage, jusqu'à la seconde moitié de ce siècle, était exceptionnel.

Songez que le voyage, si bien entré dans nos mœurs qu'il faut être vraiment un pauvre sire pour ne point se déplacer une ou deux fois l'an, soit pour ses distractions, soit pour ses affaires, représentait pour nos immédiats grands-pères un événement capital de la vie, qu'on n'entreprenait qu'après avoir fait son testament. Voilà des coutumes qui nous semblent dater des croisades, et pourtant elles sont d'hier. Aujourd'hui on serre la main de ses amis sur le boulevard, en leur apprenant négligemment qu'on part le soir pour Yokohama ou Sidney; et ces mêmes amis vous prient de ne pas manquer leur réunion de famille le jour des rois ou la veille de Noël. Jadis, quand un voyageur hardi prenait le coche de Saint-Gaudens pour Paris il était escorté, jusqu'à mise en route, d'une famille en larmes et de tous ses voisins émus.

Dans ces conditions la malle, toujours robuste et spacieuse, prenait un aspect symbolique qu'accentuait son antiquité, car on se la léguait de père en fils et, sauf catastrophe, elle ne s'usait jamais.

En réalité le commerce et la fabrication des malles n'ont commencé à être prospères que depuis la création des chemins de fer. En veut-on une preuve?

Jusqu'en 1840 Paris, la grande ville, ne comptait que deux fabricants de malles ayant pignon sur rue. S'il nous fallait à présent dresser la liste de tous les ateliers d'articles de voyages de la capitale, en dehors de celui de Saint-Nicolas, vingt pages de ce volume seraient insuffisantes.

Les deux ancêtres dont je viens de parler ne produisaient guère que des *vaches*. On nommait ainsi une malle à plancher concave, qui s'emboîtait exactement sur la convexité des toitures de chaises de poste, pour obtenir une adhérence complète entre le bagage et le véhicule. Son appellation lui venait du cuir de vache dont elle était presque entièrement constituée.

Plus tard, quand des tronçons de lignes ferrées existèrent, raccordées aux routes, on se préoccupa de construire des modèles facilement maniables, susceptibles de passer sans trop d'efforts de l'impériale des diligences aux fourgons des trains. Ce fut l'apogée de la malle longue et basse, en forme de cercueil, à couvert bombé, dont quelques spécimens subsistent. Les bonnes venant de la campagne apportent encore assez volontiers leurs hardes dans des récipients semblables, recouverts de peau de chèvre non ébarbée.

Depuis?... depuis c'est le triomphe de la fantaisie, inclinée au gré de chaque touriste et adaptée aux commodités de leur trousseau individuel. Nous avons vu la malle d'homme, de femme, d'enfant; la malle militaire et la malle ecclésiastique, la malle d'explorateur et celle du placier de commerce. Nous avons connu la malle bombée, la malle à bateaux, la malle américaine, la malle à tiroir, dite commode; la malle poste et la malle courrier, qu'il ne faut pas confondre avec la malle des Indes; la malle anglaise en osier ou en baskett. J'en oublie certainement, et des meilleures.

Au milieu de tant d'articles divers, dont on lui fera autant que possible passer un spécimen sous les yeux, l'apprenti comprendra qu'il est bon, pour éviter les chômages futurs, de ne point se limiter à des connaissances trop particulières, mais que, d'autre part, il lui est impossible de tout apprendre dans ses trois années d'apprentissage.

Avant donc d'être appliqué plus particulièrement à telle ou telle catégorie il prendra quelques notions générales propres à lui expliquer l'économie du métier.

Le contremaître lui dira que la malle idéale est celle qui pèse le moins en proportion de sa capacité, sans coûter trop cher. Jusqu'à présent, réserve faite pour l'osier, qui est d'une application récente, la meilleure solution du problème a été fournie par la malle de peuplier consolidée par des liteaux de hêtre.

Le peuplier est le roi des bois, paraît-il, pour la construction des malles, non seulement parce qu'il est léger et flexible, mais parce qu'il est le seul qui « supporte la pointe ». Entendez par là que quand on plante un clou dedans, ce clou n'y détermine jamais de fissure prête à s'agrandir au premier heurt. La matière première, pour former une caisse de 120 cent. de large sur 100 de hauteur n'excède pas, tout ouvragée, une valeur de dix francs. Néanmoins par économie, — j'ai appris cela à Saint-Nicolas, — les maisons où se fabriquent la camelotte n'hésitent pas à substituer le sapin au peuplier. Voici donc un procédé très simple à la portée de tout le monde pour vérifier si l'objet qu'on lui vend est de bonne ou de mauvaise qualité. Il suffit d'enlever un petit morceau de la tapisserie intérieure et de voir si la charpente est en peuplier ou en sapin. On ne s'y trompera guère, ces deux essences étant facilement reconnaissables au premier coup d'œil.

Le maître continuera en éclairant ses élèves sur les convenances de la clientèle :

« Une malle de peuplier, si bien établie qu'elle soit, pèsera vide de quinze à dix-huit kilogs. Elle n'est donc pratique que pour ceux qui ne reculent pas devant des suppléments de bagage, vu qu'à moins d'être remplie de duvet elle excédera toujours les trente kilogrammes accordés en franchise par les compagnies de chemins de fer au voyageur isolé. Aussi n'est-elle guère employée que par les personnes voyageant en famille, ou par les dames obligées d'abriter sous le dôme de son couvercle les manches bouffantes de leur corsage.

« Les messieurs lui préfèrent une malle plus petite de moitié, carrée et à couvercle plat. En dehors de la question de poids, cette forme a l'avantage de se prêter mieux à l'emmagasinage dans les fourgons. Dans une petite chambre d'hôtel on peut la glisser sous une table; dans une auberge où les

Les malletiers.

chaises sont rares, s'asseoir dessus et se trouver à bonne hauteur.

« Il y a des cas où l'on se préoccupe moins du poids que du cube des bagages. C'est ce qui arrive par exemple pour les cantines d'officiers. Jadis la cantine d'Afrique, destinée à être portée à dos de mulets, était double de la cantine aujourd'hui réglementaire et qui doit, en cas de mobilisation, être logée dans des voitures du train des équipages, où la place est strictement limitée. On a pris comme maximum de dimension, pour celle-ci, le cube de l'attirail de campement, représenté par une grande marmite où tous les instruments culinaires viennent s'emboîter les uns dans les autres, jusqu'à la salière et jusqu'à la cuiller à pot à manche pliant. Le paquetage de ces instruments est merveilleux ; il n'y a pas un centimètre de perdu.

« De nos jours la cantine d'Afrique n'est plus demandée que par les explorateurs, qui prennent aussi quelquefois la malle en cuir de bœuf. La malle toute en cuir, la plus chère de toutes, n'est ni plus légère, ni plus commode que la malle de bois; mais on la préfère pour se rendre dans les pays où toute réparation est impossible.

« De ces articles de grand luxe, comme les malles en bois des îles, spécialement en camphrier, pour préserver les vêtements de laine et les fourrures des atteintes des mites, vous n'aurez pas à vous occuper ici, parce que les commandes en sont fort rares, et que celui qui ne saurait fabriquer que cela risquerait fort de chômer trois cents jours par an. Ce qu'il nous faut surtout apprendre à faire, c'est la malle courante, bien conditionnée, valant au plus cinquante francs. Aujourd'hui les gens, même riches, ne se soucient pas d'étaler leur élégance sur leurs bagages, d'abord parce qu'ils trouvent cela d'un goût douteux, et puis parce que les hommes d'équipe auraient tôt fait, dans leurs manipulations, de détériorer et de maculer des objets de prix. »

Ces détails recueillis au vol des entretiens, au hasard des suspensions de travail, permettront à l'apprenti d'orienter ses projets d'avenir; mais déjà il a mis la main à la besogne, soit qu'il ait débuté comme *fûtier, apprêteur, ferreur* ou *colleur*.

Les fûtiers sont ceux qui confectionnent les caisses des malles, sans doute parce que l'assemblage des planches qui les forment présentent une certaine analogie avec celui des douves de tonneaux. Cela constitue un travail particulier que ne saurait pas faire un menuisier, par exemple, ni même un ébéniste. Le tour de main n'est point extrêmement long à apprendre, mais il s'agit de le perfectionner assez pour aller très vite. Et c'est ici que la tentation pourrait venir à un patron insuffisamment consciencieux de confiner dans le métier de fûtier, ou plutôt dans telle confection d'un seul modèle de caisse, l'apprenti qui y excellerait.

Voici précisément dans un coin de l'atelier un ouvrier du dehors embauché par le maître malletier pour accomplir perpétuellement les cadres de bois qui servent à la confection des petites valises à main communes; ces petites valises de bazar qui s'usent si vite et dont par conséquent les commandes ne s'arrêtent guère. D'un geste automatique, toujours le même, mais d'une vélocité et d'une précision sans égale, il assemble ses lattes, les fixe par un clou enfoncé d'un seul coup de marteau, et l'on dirait, à voir la régularité de ses mouvements, que l'être humain n'est plus qu'une machine. D'un bout de l'année à l'autre le confectionneur de cadres pourra, pendant dix heures par jour, s'isoler dans son rythme monotone. A cause de sa virtuosité particulière cet ouvrier gagnera d'assez bonnes journées; mais supposons que la commande des valises s'arrête momentanément ou que le patron ferme boutique, si les places similaires se trouvent prises ailleurs, que deviendra notre spécialiste, incapable de faire autre chose que des cadres? Même en mettant les choses au mieux, ne devra-t-il pas, emprisonné dans son humble fonction, renoncer à l'espoir de salaires plus élevés à un moment quelconque de sa carrière? Pas d'horizon, pas d'avenir! telle est la conséquence logique de son particularisme exagéré.

Aussi l'apprenti malletier de Saint-Nicolas aura-t-il tout avantage à joindre au savoir-faire du fûtier les connaissances nécessaires à l'apprêteur, chargé de revêtir extérieurement les malles de toile, ou du sellier qui fait les mêmes revêtements en cuir, ou du ferreur qui pose les clous, les poignées et les serrures. Il ne serait pas inutile non plus qu'il sache coller les papiers qui tapissent l'intérieur des malles, bien que dans la pratique ce soin soit plutôt réservé aux employés féminins de la corporation.

Pendant tout le temps que durera son apprentissage il continuera, d'ailleurs, à recevoir un complément d'instruction générale, le règlement prévoyant des classes obligatoires chaque matin pour les jeunes gens admis à l'enseignement professionnel. Enfin le résultat de son habileté technique pourra être constaté à l'exposition annuelle des produit ouvrés qu'organise le Comité des patronages de Saint-Vincent-de-Paul, et où les élèves de Saint-Nicolas ont coutume de remporter périodiquement d'honorables succès. Au total, une fois sorti de l'établissement, il aura la perspective de gagner en ville un salaire quotidien de cinq ou six francs. Le salaire a quelquefois dépassé cette quotité; il n'est jamais descendu au-dessous de trois francs cinquante pour les plus ordinaires des ouvriers sortis d'un atelier quelconque de Saint-Nicolas.

UN ATELIER DE TOURNEURS EN OPTIQUE

Voici un autre atelier, qui ne figure point parmi les plus encombrés de Saint-Nicolas, mais qui se réfère à une industrie essentiellement parisienne, et dont par conséquent nous ne trouverons pas le similaire dans les établissements que nous aurons à étudier en province.

Le métier de tourneur en optique évoque, par sa dénomination, l'idée des travaux nécessités par la préparation des verres de précision; mais tout ce qui concerne la production et même le polissage des verres échappe à sa compétence, et il se borne à les ajuster, à les sertir, à les monter sur les armatures dont la construction lui incombe. Le finissage du verre est du ressort de l'opticien. Naturellement les deux industries voisinent, et dans les maisons où se fabriquent les instruments scientifiques elles travaillent sous le même toit. Néanmoins elles restent absolument distinctes.

Le tourneur en optique est donc un tourneur sur métaux, et il doit se préoccuper avant tout de savoir forger et façonner ceux qui lui sont d'un usage quotidien : le cuivre, l'acier, l'aluminium. Notons en passant que les fines montures d'acier, qui servent à encercler les lorgnons ou les lunettes, ne le concernent pas; elles appartiennent à la corporation des lunettiers. Mais il lui reste assez d'industries qui sont ses tributaires. En dehors de l'optique proprement dite, avec ses longues-vues et ses microscopes, il aura à fournir aux cabinets de physique un grand nombre de leurs accessoires; à la physique commerciale ses téléphones; à la télégraphie ses appareils transmetteurs et enregistreurs; au gaz les pièces essentielles de ses compteurs et de ses robinets; à la photographie le montage de ses objectifs; à toute la petite mécanique de précision, en un mot, ses organes utiles. Le tourneur en optique doit donc être un artisan particulièrement adroit, et capable de s'utiliser à n'importe quel travail confinant à sa partie. En principe il ne se spécialise pas, mais en pratique il peut se rabattre sur telle ou telle industrie limitrophe de la sienne. Il peut, par exemple, devenir « jumellier » ou « longue-vuetier »; la réciproque ne serait pas vraie. Les tourneurs affirment, d'ailleurs, que ce ne sont que les médiocres qui filent par ces chemins de traverse.

Pour eux, l'alpha et l'oméga de la dextérité manuelle consiste dans le filetage à la main, alors que dans la plupart des professions voisines le filetage se fait à la machine. Mais, tout d'abord, qu'est-ce que le filetage?

C'est la confection du pas de vis, obtenu à l'intérieur ou à l'extérieur d'un cylindre au moyen d'un petit outil particulier terminé en dents de lime. Lorsque la pièce est actionnée par le tour on approche du métal l'outil qui, en trois pressions de main consécutives, doit avoir creusé son sillon ininterrompu. Évidemment il faut un doigté tout spécial pour arriver à donner la profondeur voulue, et surtout pour retrouver à chaque reprise la suite du creux, sans quoi la vis se trouverait irrémédiablement gâchée. Le profane ne comprend guère par quelle intuition la main trouve moyen, sur ce cylindre en rotation rapide, de reprendre la rainure juste à l'endroit où elle avait été laissée inachevée. Pourtant, comme toutes les parties des instruments d'optique s'unissent entre elles par des pas de vis, leur établissement, ainsi que nous l'expliquions tout à l'heure, constitue le pont-aux-ânes du métier.

L'apprentissage dure réglementairement trois ans sur la place de Paris. A Saint-Nicolas il est prolongé d'une quatrième année pendant laquelle l'apprenti, considéré déjà comme un jeune ouvrier, n'exécute plus que les travaux difficiles, les réparations délicates, les achèvements de besognes mal faites par des mains moins expérimentées. Ce qu'il y a de plus difficultueux, en effet, ce n'est point d'accomplir une pièce irréprochable, mais de mener à bien une pièce mal commencée.

Durant sa première année d'apprentissage l'enfant débute par apprendre à tourner le manche de ses outils, ce qui le familiarise avec l'usage du tour; puis on le met à la forge, et il confectionne les outils eux-mêmes. Au bout de quelques mois il est jugé apte à fabriquer des ressorts, qui sont les organes les plus simples, parce que précisément ils ne comportent point le fameux pas de vis. Les ressorts sont tout simplement ces anneaux dans lesquels coulent les divers segments d'une lorgnette ou d'une longue-vue, lesquels sont, comme on sait, de calibre différent, et doivent se télescoper à pression les uns dans les autres.

Pendant la seconde année, on ébauche les vis, on s'exerce au tournage des boites où se loge l'oculaire de la longue-vue et à celui des bouchons d'œil, où se renferme, à l'autre extrémité, l'objectif. On fait aussi les recouvrements, qui sont les manchons ou pare-soleil. Dans les ateliers urbains, l'apprenti commence en général à gagner 1 franc par jour dès cette période de travail.

En troisième année, l'adolescent fait des recouvrements plus grands, c'est-à-dire pour des instruments de diamètre plus gros, car la difficulté d'établissement des cylindres croît avec leur calibre ; il passe aussi au montage des loupes de botanique, des microscopes, aborde le taraudage, la mise en place des petites vis minuscules et toutes les opérations vraiment délicates de la partie. En ville, il gagne alors 1 franc 50 par jour.

Voici notre jeune homme au bout de ses études professionnelles. Quels salaires l'attendent ?

La différence d'adresse peut faire varier son gain du simple au double. Tout le monde, dans le métier de tourneur en optique, est payé aux pièces, et suivant la célérité déployée, l'heure de travail rapportera de 0 fr. 60 à 1 fr. 25. Il ne tiendra qu'à lui d'ailleurs de défendre ses intérêts, puisque le prix des pièces est l'objet d'un marchandage perpétuel entre le patron et l'ouvrier. Ce manque de fixité dans les tarifs de main d'œuvre est assurément un des gros inconvénients de la profession. On n'y est jamais absolument sûr du lendemain.

Il y a quatre ou cinq ans, par exemple, à la suite d'incidents qu'il serait trop long de rappeler ici, les prix subirent une brusque diminution de 30 0/0. Des patrons s'avisèrent de faire travailler à la campagne, observant que si le montage et certains détails de fabrication exigent des doigts experts, il y a par contre des pièces qui se peuvent fabriquer à la grosse, pourvu que l'artisan fasse toujours les mêmes. Ils envoyèrent donc en province des contremaîtres, avec mission de dresser à ce labeur mécanique des ouvriers ruraux ; et le résultat se traduisit par une perte fort appréciable pour le travailleur parisien.

Un autre défaut du métier, c'est que celui qui l'exerce peut difficilement rêver d'y devenir patron. Les petits fabricants disparaissent de plus en plus devant la nécessité d'un approvisionnement de plus en plus compliqué, à mesure que la science s'étend et se vulgarise. Les matières premières sont chères, les crédits à l'exportation longs ; il faut donc d'importants capitaux pour monter un commerce d'instruments d'optique, et encore n'est-on pas sûr de réussir, puisque à Paris même, toutes les petites maisons ont été progressivement dévorées par une demi-douzaine de manufactures qui se maintiennent seules.

Le tourneur en optique fera donc sagement de ne pas aspirer au patronat et de se contenter des 0 fr. 90 par heure, qui doivent être la moyenne de son salaire, s'il est suffisamment savant dans sa partie.

Le total de la corporation ne comprend, à Paris, pas plus de 3000 ouvriers environ.

L'ÉDUCATION PHYSIQUE A SAINT-NICOLAS

Il est impossible, dans le cadre forcément limité de cet ouvrage, de faire entrer une monographie sur chacun des ateliers de Saint-Nicolas, mais nous ne quitterons pas cet établissement sans y noter une caractéristique, qui se retrouve d'ailleurs dans toutes les maisons dirigées par les frères des Écoles chrétiennes : l'importance accordée aux exercices physiques et aux jeux considérés comme partie intégrante du programme d'éducation.

Certes, depuis quelques années, les jeux, principalement sous la forme de sports athlétiques, ont été remis en faveur ailleurs que chez les frères, mais il semble que cette restauration ait été limitée aux écoliers. Dans les établissements officiels réservés aux apprentis, on ne semble pas du tout s'être préoccupé d'encourager les adolescents à la pratique du jeu au sortir de l'établi. Pendant les heures dites de récréation, on tolère qu'ils s'amusent, on ne les y pousse pas. Il est vrai que la plupart des écoles professionnelles publiques étant des externats, on peut supposer que les élèves jouent au dehors. C'est une hypothèse très fallacieuse. Mêlés aux hommes et ambitieux de leur ressembler avant l'âge, les apprentis auront une tendance naturelle à singer les distractions de leurs aînés; et s'ils se donnent des rendez-vous le dimanche, ce sera plutôt pour aller jouer au billard et fumer une cigarette dans quelque estaminet clandestin que pour faire une partie de barres en plein air.

Chez les frères, on estime que le jeu est aussi nécessaire aux élèves de l'atelier qu'à ceux des classes, et ce point de vue se rattache à leurs idées générales sur la pédagogie et à leur souci de ne jamais sacrifier l'éducation à l'instruction proprement dite.

Un des membres les plus autorisés de la congrégation s'exprimait ainsi à ce sujet :

« Il importe de ne pas confondre l'éducation avec l'un ou l'autre des *moyens* qu'elle emploie pour former l'homme, et en particulier avec l'instruction. Or rien n'est plus fréquent dans le langage que la confusion des mots *éducation* et *instruction*; et, ce qui est beaucoup plus grave, c'est que la même obscurité règne dans beaucoup d'esprits sur les idées qui se rattachent à ces mots. Un trop grand nombre de parents ne songent à réclamer des instituteurs de leurs enfants rien autre chose que l'instruction : ils ne voient dans l'éducation d'autre intérêt que celui des études. N'y a-t-il pas aussi beaucoup de maîtres qui croient avoir rempli toute leur mission quand ils ont convenablement instruit leurs élèves ? C'est là une erreur fatale qui, en rabaissant l'œuvre qu'ils sont appelés à accomplir, en dénature le caractère et enlève son véritable prix à l'instruction elle-même.

« Permettez-moi, à cet égard, de vous rappeler ce qu'en disait Mgr Dupanloup :

« Chose étrange, a écrit ce prélat, c'est l'instruction seule qui a pris depuis un demi-siècle, chez un grand peuple, le nom et la place de l'éducation. Il importe de bien s'expliquer, de bien s'entendre et de tout dire. L'éducation et l'instruction sont deux choses profondément distinctes : l'éducation développe les facultés, l'instruction donne des connaissances. L'éducation élève l'âme, l'instruction pourvoit l'esprit. L'éducation fait les hommes, l'instruction fait les savants. L'éducation est le but, l'instruction n'est qu'un des moyens. L'éducation est donc singulièrement plus haute, plus profonde et plus étendue que l'instruction. L'éducation embrasse l'homme tout entier; l'instruction, non !... »

« J'ajouterai que si la connaissance du bien dispose à sa pratique, que si la science est un instrument de moralisation, elle ne conduit pas nécessairement à la vertu. On n'est pas un honnête homme par le seul fait qu'on est un homme instruit; on peut allier de grandes misères morales à une culture très développée de l'intelligence. Bonne en soi, l'instruction peut devenir, selon l'usage qu'on en fait, ou très utile ou très dangereuse. Nous recommandons à nos instituteurs de ne jamais oublier ce principe, afin qu'ils ne cultivent pas seulement l'intelligence ou l'adresse technique de leurs élèves, ce qui est le propre de l'instruction, mais encore leur cœur et leur volonté, ce qui est l'objet de l'éducation.

« Ces principes admis, et étant donné que nous plaçons le point de vue éducatif au-dessus de tout, il devient clair que nous nous imposerons de ne pas plus négliger l'éducation physique que l'éducation morale; celle-ci d'ailleurs ne dépend-elle pas en une grande mesure de celle-là? Je m'explique :

« L'objet immédiat de l'éducation physique est de procurer à tous les organes la santé, l'énergie vigoureuse et l'habileté dans l'accomplissement des actes qui leur sont propres. Son but est d'assurer à l'âme le concours nécessaire d'organes corporels appropriés à ses actes et sans lesquels elle ne pourrait, dans son état présent, accomplir sa destinée. En vertu de sa nature et de la dignité de ses facultés intellectuelles et morales, l'âme doit gouverner le corps; mais le concours du corps est nécessaire aux opérations de l'âme: c'est par lui qu'elle se met en rapport avec le monde extérieur, qu'elle exprime ses sentiments et ses pensées, qu'elle exerce ses puissances dans toute l'étendue de leur action possible. L'âme fait ainsi participer le corps à sa dignité et à ses mérites : le bon état du corps est donc, en quelque sorte, nécessaire à l'âme.

« Si le corps est débile, s'il contracte des habitudes contraires aux exigences légitimes de l'âme, c'est l'âme même, c'est l'homme tout entier qui en souffre. L'expérience démontre que le bon état du corps est ordinairement nécessaire à la perfection de la vie intellectuelle et morale. On sait à quel degré d'impuissance les infirmités corporelles peuvent réduire les hommes doués des plus brillantes facultés. De l'équilibre du tempérament et des humeurs dépendent en partie l'équilibre, la justesse et la fermeté de la raison. C'est pourquoi les

anciens exprimaient l'état parfait de l'homme par cette formule :
Une âme saine dans un corps sain.

« A notre point de vue de chrétiens, nous observerons en sus que l'Église, qui prescrit la mortification comme moyen de maintenir les révoltes de la chair, défend de porter atteinte à sa santé et condamne le suicide soit total, soit partiel. Elle enseigne que le corps doit ressusciter glorieux, qu'il doit être associé dans le ciel au bonheur de l'âme, comme il est associé sur terre à ses travaux. Aussi considérons-nous comme partie nécessaire de notre devoir tout ce qui peut assurer la « dignité du corps ». Par quels moyens l'enseignerons-nous ? Par l'hygiène, par l'éducation des organes des sens qui est une préparation à l'éducation intellectuelle, enfin par les exercices physiques nécessaires au développement des forces, comme la gymnastique et les jeux.

« C'est de ces derniers seuls que j'ai à vous entretenir, mais déjà vous voyez comment et pourquoi dans nos écoles, industrielles ou autres, le fait d'encourager les enfants à courir, à sauter, à nager, à patiner, voire à grimper et à jouer à la balle, n'est point considéré comme sensiblement moins important que de les pousser à apprendre la grammaire ou à manier un outil.

« Toutefois nous faisons une distinction appréciable entre les exercices gymnastiques et les jeux libres.

« On ne saurait nier l'importance de la gymnastique méthodique, puisqu'elle assouplit les membres d'une manière régulière ; mais il faut avoir grand souci de ne pas tomber dans l'exagération ; par sa régularité même, la gymnastique devient facilement un travail, une gêne, une chose commandée. Elle comprime toujours un peu la spontanéité, malgré le nombre et la variété des mouvements qu'elle comporte : elle favorise moins que les jeux libres le parfait développement de l'activité corporelle. D'autre part les jeux sont indispensables au développement régulier des facultés intellectuelles. L'étude prolongée à la classe ou à l'atelier produit la lassitude du cerveau ; ce qui, chez les plus studieux surtout, peut entraîner de désastreuses conséquences. Un courant continu de sang pur n'est pas seulement nécessaire à la vitalité des muscles pour en renouveler la force, il est indispensable au fonctionnement du cerveau; or, chez l'enfant, l'activité des jeux produit cet effet. Le jeu, loin d'être une perte de temps, constitue une détente nécessaire. « A ne jamais s'amuser, à toujours travailler, un enfant devient sot, » dit un proverbe anglais.

« Enfin, pour l'éducation morale, les jeux présentent de grands avantages sur la gymnastique. Librement choisis par les enfants, d'après leur goût, leurs aptitudes, leur plaisir du moment, les jeux captivent à la fois leur intelligence, leur imagination et leurs sens. Ils les préservent des rêveries et de l'ennui, écartent les suggestions dangereuses et prolongent la pure et innocente gaieté, la bonne humeur communicative de l'enfance. Les jeux tiennent en activité tous ceux qui s'y livrent et concentrent leur attention sur le résultat final. Enfin ils développent l'esprit d'initiative, le sang-froid, le courage en même temps qu'ils entretiennent le bon esprit.

« En voici plus qu'il n'en faut pour justifier notre avis que les jeux forment une partie importante de l'éducation. Cette conviction est poussée si loin, que l'une des plus mauvaises notes pour un de nos établissements, vis-à-vis de nos supérieurs, serait d'avoir des enfants qui ne montreraient aucun goût pour les jeux. En thèse générale, on ne doit pas tolérer dans nos maisons d'enfants qui ne jouent pas.

« Aussi dans chacune de nos écoles, professionnelles ou non, existe-t-il un frère qui est le *chef des jeux,* et il est recommandé à tous les maîtres d'encourager de leur mieux les récréations prises par leurs élèves.

« Je réponds préventivement à une objection que je vois poindre sur vos lèvres : Comment à ce contact permanent avec les élèves l'autorité du maître ne s'émousse-t-elle pas ?

« Le prestige de l'instituteur n'a pas à s'affaiblir, parce que chez nous il n'y a point de hiérarchie, de distinction honorifique entre les maîtres. Ce sont les mêmes qui font l'étude ou qui font la classe, les mêmes qui surveillent au réfectoire ou qui interrogent aux examens. Les enfants les honorent donc parce qu'ils sont les maîtres, et non parce qu'ils sont chargés de telle ou telle fonction. Il leur semblera tout aussi naturel de les voir jouer à la balle avec eux que de les voir enseigner l'arithmétique au tableau noir. N'ai-je pas dit d'ailleurs qu'à nos yeux le jeu avait autant d'importance que le calcul?

Voilà comment, à la sortie des ateliers de Saint-Nicolas, les cours de récréation s'emplissent du brouhaha des nuées d'apprentis, ardents aux jeux de plein air, et comment les frères des écoles chrétiennes entendent que le jeu fasse partie de l'éducation professionnelle.

L'ENSEIGNEMENT MUSICAL A SAINT-NICOLAS

Il est, à Saint-Nicolas, un autre enseignement donné avec plus d'ampleur que n'en semblerait comporter le programme d'une école d'ouvriers; la musique y est apprise et cultivée, non seulement dans ses principes et sous forme d'exercices vocaux, mais dans ses développements artistiques et dans ses applications instrumentales les plus diverses. Ceci encore fait partie du plan pédagogique des frères, et rentre dans leurs procédés éducatifs.

« L'enseignement de la musique, disent-ils, a pour effet de développer la *sensibilité* et d'habituer les enfants à la douceur des mœurs. Lorsqu'il est pratiqué avec intelligence, cet enseignement peut rendre les natures les plus agrestes susceptibles de bonnes et sages émotions. Non seulement le chant sert utilement d'intermède aux travaux de l'école, mais il ajoute à la pompe des cérémonies religieuses, y intéresse les enfants et les leur fait aimer; il répand l'animation et la vie dans les réunions qu'il embellit, et il charme les loisirs de l'homme privé. On ne saurait donc discuter à l'étude de la musique une place et un rôle également importants dans l'enseignement pédagogique à tous les degrés. Du reste, le défaut d'exercice a plus de part que la nature dans les prétendues incapacités des enfants, incapacités qui se réduisent presque toujours à des voix mal posées ou voilées, que l'on peut assouplir par des exercices gradués d'articulation et de vocalise. »

Ainsi donc la musique sera considérée chez les frères, à côté du dessin, comme l'exutoire nécessaire des instincts esthétiques des jeunes gens confiés à leur garde, en même temps qu'ils s'en serviront, comme on le fait au régiment, pour répandre l'entrain, pour faire naître la joie, pour aider à la solennité des fêtes.

Partant de ce principe, ils ont organisé dans toutes leurs classes l'enseignement musical sous forme de solfège et de chant et favorisé la musique instrumentale comme récréation. Dès qu'un enfant manifeste le désir d'apprendre à jouer d'un instrument, son maître habituel s'entend à cet égard avec le chef de musique pour le choix à faire, puis la plus grande latitude est laissée au jeune homme pour ses études personnelles. Il y sera guidé non seulement par les leçons du chef, qui est un laïque, mais par les répétitions des sous-chefs, qui sont des frères sachant individuellement la pratique de tel ou tel élément de l'orchestre. Les frères se trouvent assez généralement capables de ce surcroit de professorat, parce que dans leurs petits noviciats, noviciats et scolasticats, ils y ont été préparés par un entraînement méthodique. Non seulement en effet tous y ont étudié la musique, qui figure au programme du brevet de capacité, mais tous ceux d'entre eux qui faisaient preuve d'aptitudes suffisantes ont été invités à apprendre l'orgue, le piano ou quelque instrument à cordes ou à vent. Pour ceux enfin qui ont une vraie vocation musicale, il existe un enseignement supérieur, une sorte de conservatoire privé dont le siège est à l'établissement de Passy, lequel a produit des musiciens de premier ordre, moins connus du gros public que les notabilités laïques, parce qu'ici il est de règle de ne point chercher de célébrité individuelle, mais justement célèbres parmi leurs pairs.

De ce nombre est le frère Léonce, élève de prédilection de Rossini, dont il devint l'intime ami et que le maestro ne cessa d'honorer d'une affectueuse estime. L'auteur du *Barbier de Séville* et de *Guillaume Tell* voulut être le parrain d'une des œuvres les plus importantes du frère Léonce, un recueil de morceaux d'orgue, et il venait à Passy présider les séances musicales qui y étaient données par son disciple.

L'École de Passy a publié entre autres œuvres collectives, un recueil de cantiques populaires anciens et nouveaux, dans

La répétition.

lequel tous les couplets sont rythmés d'après la mélodie, et qui a constitué une innovation fort appréciée dans le monde musical. C'est à cette occasion que Charles Gounod écrivait aux auteurs :

« Les nombreuses défectuosités de prosodie qui se rencontraient dans les cantiques en usage dans les paroisses et institutions religieuses, font contracter aux enfants des habitudes si funestes au point de vue littéraire et musical, qu'on ne saurait trop recommander l'expurgation des recueils qui les contiennent. Je pense que ce sont les vers eux-mêmes qu'il faut modifier, quelque illustre qu'en soit l'auteur, pour les adapter aux airs dont l'ancienneté rend la suppression impossible.

« Je sais, je comprends tout ce qu'il y a de délicat, de difficile dans une épuration de ce genre, mais soyez persuadés, mes chers frères, que vous faites là une œuvre excellente en vous élevant contre la déplorable habitude que l'on a malheureusement laissé contracter à la jeunesse... Recevez toutes mes félicitations pour l'heureuse issue de votre patient travail, je lui souhaite, ainsi qu'à ses auteurs, toute la bonne chance et le succès dont ils sont dignes. »

Samuel Rousseau, grand prix de Rome et maître de chapelle à Sainte-Clotilde, ajoutait aux appréciations de Gounod :

«... Quant à la musique de votre recueil, elle est de tout point excellente. J'y ai trouvé avec plaisir les touchantes mélodies que je chantais dans ma jeunesse, et les airs nouveaux que vous avez ajoutés sont d'un style élevé, très faciles cependant et parfaitement appropriés aux paroles. Vous terminez cet intéressant ouvrage par soixante-cinq motets à une, deux et trois voix, d'un caractère grave, destinés, non à remplacer le plain-chant, mais à fournir un élément de variété. Ce supplément sera, j'en suis sûr, accueilli très favorablement, car il répond à un besoin évident. »

Le recueil ainsi jugé avait, je crois, pour principaux auteurs le F. Léonce et le Frère qui lui succède comme chef de musique à Passy. A ce dernier revient l'honneur de la messe de Noël à grand orchestre qui est actuellement publiée par l'établissement et à laquelle Ch. Widor, Jigout, Henri Dallier, organistes du Conservatoire, de Saint-Sulpice, de la Madeleine, de Saint-Eustache, pour ne citer que ceux-là, ont décerné les éloges les plus flatteurs.

Tout ceci d'ailleurs n'a pour but, en étant rappelé, que de faire comprendre comment les apprentis de Saint-Nicolas peuvent trouver chez leurs surveillants des ressources exceptionnelles pour l'enseignement musical. Ce n'est plus seulement le chef de musique qui leur servira de professeur, ce seront des répétiteurs improvisés parmi les maîtres de classe, et ainsi cent cinquante adolescents pourront participer à la « musique, » qui formera un des groupes les plus homogènes et les plus nombreux des sociétés musicales du département de la Seine. On y trouvera même des solistes d'une véritable virtuosité, parce que la longueur du séjour dans la maison permet aux talents particuliers de s'affermir et de se développer. Aussi les enfants de Saint-Nicolas méritèrent-ils d'être appelés comme appoint artistique de certaines solennités organisées à Notre-Dame ou à l'église du Sacré-Cœur, et dans les concours musicaux si nombreux auxquels ils sont invités, soit par les municipalités, soit par des sociétés artistiques, obtiendront-ils toujours d'abondants lauriers.

Depuis longtemps ils sont hors concours, et leur bannière est tellement surchargée de médailles, qu'il a fallu faire un choix parmi elles. Ceci est pour la satisfaction de l'amour-propre. Mais il est des conséquences plus pratiques.

Arrivé à la conscription, l'apprenti de Saint-Nicolas obtient facilement de faire partie de la musique militaire de son régiment, et bénéficie, dès les premiers mois de service, des exemptions et autres privilèges attachés à son emploi. Au temps où on engageait des gagistes, il pouvait devancer l'appel et trouver de suite une haute paye; les gagistes ont été supprimés depuis peu, mais il reste la perspective d'un avancement plus rapide que celui des camarades et l'atténuation des rigueurs du règlement, ce qui est bien quelque chose.

Son temps accompli, le jeune soldat a pu se perfectionner

Le tambour-major.

dans son art, plus heureux que le jeune étudiant qui n'a fait qu'oublier ce qu'il savait sous les drapeaux. A la libération il ne sera donc point impossible qu'il trouve dans la vie civile une manière quelconque de tirer profit de son talent, et d'augmenter son salaire d'ouvrier en utilisant ses heures libres. En tout cas, il sera assuré de posséder un utile délassement à l'issue de ses labeurs quotidiens, et un goût qui l'éloignera des plaisirs ou de l'abrutissement du cabaret.

Nous nous sommes étendu un peu longuement sur ces côtés particuliers et sur ces points de vue accessoires de l'enseignement professionnel de Saint-Nicolas, parce qu'ils ne sont point exclusifs à cet établissement et se retrouvent dans toutes les autres institutions professionnelles dues aux frères des écoles chrétiennes. Cela nous évitera de parler de l'éducation physique et de l'éducation musicale dans les diverses maisons qu'il nous reste à visiter.

NOTRE-DAME DU ROSAIRE

LES ŒUVRES DE NOTRE-DAME DU ROSAIRE

Les œuvres de Notre-Dame du Rosaire n'ont pas toutes trait à la diffusion de l'enseignement professionnel, mais comme elles forment un ensemble dont chaque partie complète les autres, il est utile de les présenter en bloc, sauf à nous appesantir moins sur celles qui s'écarteraient un peu du sujet de ce livre. La digression ne serait d'ailleurs qu'apparente, car la plupart des créations de Notre-Dame du Rosaire, s'appliquant à l'enfance, s'occupe des conscrits du travail à l'époque où ils ne sont encore qu'enfants de troupe.

Voici comment est née cette institution philanthropique. Le cardinal archevêque de Paris emploie, pour la distribution de ses aumônes, le concours d'un certain nombre de dames âgées qui peuvent, en certains cas, plus aisément et plus efficacement que des prêtres, pénétrer dans l'intérieur des familles, s'enquérir de leurs besoins, juger de la nature des secours qui leur conviennent. L'une de ces missionnaires à domicile, Mlle Ascher, chargée il y a une douzaine d'années d'une enquête de cette nature dans le quartier de Plaisance, en revint navrée et stupéfaite. Ce qu'elle avait vu, il est facile de le deviner par ce qu'on y voit encore.

De tous les faubourgs du Paris embellis, hausmannisé, Plaisance est peut-être celui qui a servi de refuge au plus grand nombre de miséreux chassés par la cherté croissante des loyers. Là se sont réfugiées des tribus entières de chiffonniers, de terrassiers, de manouvriers de la plus humble catégorie, sans compter les vagabonds et mendiants de profession. Où gitent-ils?

Lorsqu'on parcourt les grandes artères de pénétration du quartier, on les trouve bordées d'immeubles qui ont à peu près l'aspect des constructions de la périphérie parisienne, mais dès qu'on s'engage par une voie latérale dans les ilots disséminés derrière ce décor, on tombe au milieu de masures à l'aspect sinistre, cabanes édifiées dans des terrains jadis vagues, avec des matériaux de démolition rebutés des entrepreneurs et dont les plâtras visqueux semblent devoir se décoller à la première pluie d'orage.

Certaines de ces ruines branlantes ont pourtant deux et trois étages avec quatre ou cinq chambres par étage, dans chacune desquelles grouillent pêle-mêle père, mère et enfants, par familles qui comptent rarement moins d'une demi-douzaine de membres. Le mobilier se compose d'un seul grabat, avec, pour literie, une paillasse, pas de draps et quelque vieille couverture trouée; parfois auprès du lit un berceau ou une caisse de bois avec des copeaux pour le dernier-né; une autre caisse renversée joue le rôle de siège, et sur des ficelles, tendues d'un mur à l'autre, s'étalent des guenilles qui servent de linge et de vêtements. La fenêtre, lorsqu'il y en a, ne s'ouvre jamais; les châssis ne jouent plus et les espagnolettes sont absentes. Ce taudis s'aère par la porte, sur le carré, et les cloisons les séparant des chenils voisins sont si minces que l'innommable promiscuité de chaque ménage s'étend à tous les locataires du même palier. De la saleté, des puanteurs qui règnent au milieu de ces agglomérations humaines, je ne parlerai pas.

On se demande par quel miracle, lorsqu'une maladie contagieuse y éclate, elle épargne un seul habitant. Or il est rare qu'en raison des privations, de la misère, de l'inobservance des lois les plus élémentaires de l'hygiène, se rencontre une seule de ces chambrées où la paillasse ne soit occupée par l'un ou l'autre des membres de la famille atteint de quelque mal suspect. Le médecin de l'assistance publique ne peut prescrire qu'une seule mesure efficace quand il vient donner sa consultation : le transport à l'hôpital. Il ne s'en fait pas faute, mais souvent les hôpitaux sont pleins, et puis ils n'acceptent ni les infirmes ni les « chroniques ». De fait, la mortalité est considérable à Plaisance; on doit s'étonner qu'elle ne le soit pas encore plus.

Le jour où je me disposais à écrire ces lignes, guidé par un membre de la société du Rosaire, j'eus précisément à m'introduire dans quelques-uns de ces repaires de l'indigence au mois de février de l'hiver le plus doux que nous ayons eus depuis nombre d'années, un de ceux qui laissent le souvenir d'avoir été bénins aux pauvres et qui le sont peut-être moins que d'autres, parce que lorsque le riche n'aperçoit pas la neige sur les toits et ne grelotte pas un peu en allant à ses affaires, il n'imagine pas que la souffrance puisse particulièrement sévir.

Au rez-de-chaussée de la masure que nous visitions, nous frappâmes aux volets clos d'une sorte de boutique derrière lesquels s'entendaient, à quatre heures de l'après-midi, des ronflements sonores.

« C'est ici, me dit mon compagnon, que réside le « principal locataire » faisant fonctions de concierge, auquel nous devons nous adresser pour savoir si la personne que nous cherchons habite bien la maison. C'est le grand-père et le seul parent de la petite fille que vous avez vue et interrogée tout à l'heure au patronage et qui vous a paru si gentille. On le considère comme un petit rentier dans le quartier, et effectivement il jouit d'une pension de trente francs par mois; mais, de mémoire de voisin, on ne se souvient pas de l'avoir aperçu autrement qu'en état d'ivresse. Ses vingt sous par jour passent au comptoir des bars. Sauf cela, ce n'est pas un méchant homme, et jamais, au plus fort de ses accès, il n'a maltraité la fillette. Tout de même cet alcoolique, qui ne s'est point dégrisé depuis dix ans, et a échappé au délirium tremens et à la combustion spontanée, présente un cas de résistance à rendre rêveurs les aliénistes, les Toulouse et les Marandons de Montyel. »

Comme pour vérifier l'exactitude du signalement qu'on donnait de lui, le vieillard, réveillé par nos appels réitérés, nous cria de l'intérieur :

« Voilà! voilà! on y va, mais vous savez... faudra pas faire attention..., faudra pas m'en vouloir..., j'ai mon petit coup de sirop! »

La porte s'ouvrit, creusant une traînée de clarté grise dans l'obscurité de la pièce, et, titubant sur ses jambes, les cheveux et la barbe embroussaillés, nous apparut « le principal locataire ». Ses yeux clignoteurs et pleurards reconnurent mon guide, venu là bien souvent pour apporter à la petite fille les secours qui lui permettaient de manger presque tous les jours. Aussi l'ivrogne essaya-t-il de se caler sur ses jambes et, comme on dit au régiment, de « rectifier la position ». Mais sans doute le coup de sirop du matin avait été trop épais, et quelques efforts qu'il fît, sa langue pâteuse fut incapable de nous articuler le renseignement demandé.

Force était d'aller aux informations nous-mêmes. Nous montâmes dans l'escalier gluant qui conduisait au premier étage, et, arrivés là, nous eûmes d'autant moins de peine à pénétrer dans l'une quelconque des trois chambres qui s'ouvraient sur le corridor, que les portes en étaient toutes grandes ouvertes.

Dans la première pièce, une femme d'une quarantaine d'années gémissait sur son lit. Elle nous expliqua que son mal l'avait prise quatre jours auparavant à la suite d'une séance prolongée au lavoir; cela avait débuté par de grandes douleurs dans tous les membres, et la patiente avait espéré qu'il ne s'agirait que d'un rhumatisme passager; mais depuis quarante-huit heures ses jambes s'étaient mises à enfler, et elle craignait bien maintenant d'être obligée à un séjour assez long à l'hospice. Étant veuve et mère d'un enfant d'une dizaine d'années, elle nous pria, par prévision, de faire les démarches nécessaires pour que celui-ci fût admis de suite et pour la durée de son absence, au dépôt des enfants assistés, rue Denfert-Rochereau. Nous le lui promîmes. Le garçonnet, qui écoutait la conversation, paraissait enchanté de la perspective de ce petit voyage au dépôt. Peut-être savait-il déjà que les enfants y font trois repas par jour et que le pain s'y donne à discrétion.

Dans la chambre voisine, habitée par un ménage et cinq marmots, la mère de famille à qui nous demandons des nouvelles de la santé de sa nichée, répond :

« Ils vont bien, sauf la petite dernière, celle qui a quatre mois et demi. »

Et elle nous désigne sur le grabat une minuscule poupée ensaucissonnée dans un fragment de couverture de cheval.

« Qu'est-ce qu'elle a, cette petite?

— Une fluxion de poitrine. Je l'ai portée ce matin à la consultation de l'hospice, seulement je m'étais trompée de jour, et il a fallu que j'aille à l'Enfant-Jésus. On lui a écouté dans le dos, puis on lui a mis un vésicatoire et on m'a donné du sirop pour lui faire prendre. Mais je crois qu'elle ne s'en tirera pas, elle est déjà toute fondue. »

En disant ces mots, la mère entr'ouvre le haillon de laine et nous montre les jambes flasques et amaigries du pauvre bébé que guette la mort. Elle fait cela d'un geste résigné, comme indifférente au malheur qui la menace. Est-ce l'abrutissement de la misère? est-ce l'arrière-pensée que la vie était un triste cadeau pour le petit être qui, s'en allant tout de suite, souffrira moins?

Dans la troisième chambre, pas de malades, mais encore tout un troupeau d'enfants s'étageant d'année en année autour des jupes d'une très jeune femme.

« Bien sûr, nous dit-elle, prévenant une interrogation, je ne suis pas la maman de tous ces moutards. Moi je n'ai pas d'autre enfant que celui que je porte sur mes bras, mais je viens ici surveiller ceux de ma voisine, qui sont au nombre de six. L'autre jour, en jouant avec des allumettes, ils ont failli mettre le feu, et leur mère n'osait plus sortir pour aller chercher du travail.

— Et le père, que fait-il?

— Il était charretier, mais comme il a perdu sa place, voici quatre mois, il s'est mis à chiffonner un peu, il gagne à peine une trentaine de sous par jour, juste de quoi empêcher les enfants de mourir de faim. »

Trente sous par jour... pour huit bouches !

Nous n'avions pas trouvé dans l'immeuble la personne que nous cherchions ; il fallait aller plus loin. Avant de partir je

Chez la mère Lorillu.

demandai à la jeune femme quel était le prix de location de chacune de ces chambres.

« Quinze francs par mois, nous fut-il répondu. Et vous voyez, il pleut ici comme dans une cabane de branchages ; c'est même comme cela que le petit d'à côté a pris sa fluxion de poitrine : on avait poussé sa petite caisse dans un coin une nuit où il a tombé beaucoup d'eau et sans faire attention que c'était à l'endroit de la pièce où le plafond était le plus dégradé. Le matin, le bébé était absolument trempé et toussait à fendre l'âme. »

Quinze francs par mois! cela ferait soixante francs pour les quatre réduits et sept cent vingt francs par an, plus que ne vaut l'amas de moellons représentés par la masure. Mais ces loyers ne sont en réalité presque jamais payés, et c'est l'explication sinon l'excuse de ces locations usuraires que ne garantit aucun meuble susceptible d'être saisi.

Il y en a pourtant qui trouvent moyen de rester à peu près en règle avec leur propriétaire, témoin la veuve Lorillu, chez qui nous allâmes en sortant de là et qui se vante fièrement de payer son terme tout comme une bourgeoise. Il est vrai que nous n'avons pas demandé à voir les quittances.

La veuve Lorillu est une chiffonnière de soixante-deux ans dont la demeure s'ouvre en contre-bas de la rue, de sorte que pour pénétrer chez elle il faut commencer par descendre un escalier de plusieurs marches. Une fois de plain-pied, on patauge dans une épaisseur de fumier de plusieurs pouces de haut, et on est accueilli par une chèvre et trois poules qui partagent le domicile de la locataire. Je ne crois pas de ma vie avoir respiré une puanteur plus nauséabonde que celle qui s'échappe de cette étable dès qu'on en ouvre la porte. Mais cette infection ne tue pas; à preuve que la veuve Lorillu a élevé, du produit de sa hotte et de son crochet, sept enfants dont le plus jeune, un garçon, vient de tirer ces jours-ci à la conscription. Tous ont décampé maintenant, et il ne lui reste plus comme compagnon qu'un petit garçon de cinq à six ans, vêtu, le jour où nous lui fîmes visite, d'un caraco de femme, d'un képi de soldat et d'une paire de souliers d'homme qu'il traînait comme des sabots.

« Votre petit-fils? demandai-je.

— Mais non, c'est pas de ma famille, c'est un héritage, l'autre monsieur sait bien... »

En effet, mon compagnon m'expliqua. Cet enfant avait été

mis en nourrice pour un prix infime chez la mère Lorillu par quelque autre pauvresse. Celle-ci paya la somme promise pendant deux mois, puis disparut dans les bas-fonds parisiens. La vieille chiffonnière ne s'en émut pas outre mesure et ne songea point à se débarrasser du nourrisson. Elle lui réserva le lait de sa chèvre et les œufs de ses trois poules, continuant, en ce qui la concernait elle-même, à ramasser ses repas dans le fond de sa hotte.

En récompense de cette bienfaisance dont l'héroïsme lui échappe complètement, la veuve Lorillu a reçu du Ciel une bonne humeur inaltérable et une gaieté pleine d'insouciance. Elle trotte menu comme aux plus beaux jours de sa jeunesse.

« Vous savez, dit-elle en nous indiquant son fils adoptif, il n'est pas mis comme un prince, mais cela ne fait rien, il pousse, et nous en ferons un homme tout de même. Quant à moi, je suis solide au poste, j'en ai encore au moins pour dix-huit ans à mener mon petit train-train. Ce ne sont pas les plus grosses qui deviennent les plus vieilles. »

N'empêche que malgré toute sa bonne volonté et son infatigable courage, un peu d'aide ne lui sera pas inutile pour donner la becquée à son nourrisson les jours où les poules ne pondent pas.

Si nous retraçons ici avec quelques détails les tableaux qui frappèrent nos yeux dans notre récente visite à Plaisance, c'est pour faire bien comprendre, par le spectacle actuel, ce que pouvait être ce faubourg il y a dix ans, car, de l'aveu de tous ceux qui le connaissent, il a beaucoup progressé depuis cette époque. Nul doute qu'en 1887, lorsque Mlle Ascher y fit son enquête, le mal n'y fût plus étendu, sinon pire.

La dispensatrice des aumônes de l'Archevêché s'émut surtout de la situation de tous ces enfants, voués à tous les dangers et à toutes les démoralisations de la rue, pendant que leurs parents luttaient un peu partout pour la conquête du pain quotidien, et elle eut l'idée de les réunir dans une école.

Les personnes auxquelles elle parla de son projet lui rirent au nez. « Comment pouvez-vous espérer, lui objecta-t-on, que vous amènerez tous ces petits sauvages à une école libre, puisqu'ils ne vont même pas à l'école laïque, où, de par la loi, ils devraient se rendre ? »

Cependant, soutenue par sa charité ardente et par un zèle tout apostolique, la bonne demoiselle n'en persista pas moins dans ses intentions et fonda, contre vents et marée, son école, qui s'ouvrit d'abord dans une boutique abandonnée par un marchand de vins. Puis elle acquit, lambeaux par lambeaux et au fur et à mesure de ses ressources, les terrains environnants, sur lesquels elle parvint à faire édifier une petite maison quêtée brique par brique. La fondation a si bien prospéré, que les classes comptent actuellement 500 enfants, y compris les 150 bambins de l'école maternelle. L'œuvre prit le nom de Notre-Dame du Rosaire, emprunté à la chapelle qu'on avait fait construire dès que les moyens le permirent, et qui était dédiée à la Vierge du Rosaire. Lorsque Mlle Ascher mourut, en 1895, elle avait déjà eu la satisfaction de voir lever et mûrir la semence qu'elle avait jetée avec tant de foi.

L'abbé Soulanges, alors vicaire, aujourd'hui curé de Plaisance, s'était intéressé vivement à l'effort tenté sur sa paroisse et avait fondé, à côté de l'école de Mlle Ascher, un patronage pour les garçons, puis un autre pour les filles des écoles laïques. On créa ensuite un patronage d'apprentis, un cercle d'hommes, une caisse de secours mutuels, une caisse d'épargne, deux sociétés coopératives, l'une de consommation, l'autre de production, un ouvroir pour procurer de l'ouvrage à domicile aux mères de famille, des cours professionnels du soir, une école ménagère pour les jeunes filles, un dispensaire, des fourneaux populaires; bref, l'ensemble des œuvres de Notre-Dame du Rosaire finit par former le faisceau le plus complet qu'ait jamais réuni, en un seul quartier, et sous une même inspiration, l'initiative privée.

Pour assurer le fonctionnement de ces organes multiples, l'archevêque de Paris délégua des prêtres dont le désir était de se consacrer exclusivement à l'évangélisation et au relèvement moral des classes ouvrières. Il existait déjà en Belgique, sous le nom d'*aumôniers du travail*, un groupe d'ecclésiastiques réunis pour l'accomplissement de la même tâche, mais ce qui les différencie des Prêtres du Rosaire, c'est qu'ils sont liés par des vœux, tandis que ceux-ci n'en ont prononcé aucun. Le titre même de Prêtres du Rosaire n'est qu'une appellation familière et familiale qui leur a été donnée par les habitants du quartier de Plaisance : elle n'implique point l'idée d'ordre constitué. Pourtant ils ont l'intention d'essaimer, de tenter ailleurs ce qu'ils ont fait avec un si grand succès dans un faubourg parisien, et sans doute qu'alors l'unité de vues et de direction exigera que les multiples ouvriers de l'œuvre soient unis entre eux par des liens plus étroits.

Un seul détail suffira à indiquer la façon dont ces prêtres comprennent l'exercice de la charité. Leur œuvre est ouverte à tous et à toutes, non seulement sans acception de culte, mais sans restriction sur l'état civil, la manière de vivre ou de penser de ceux qui frappent à leur porte. Ils estiment que la misère, quelle que soit la cause qui l'ait produite, doit être soulagée, et que c'est une maxime pharisaïque de distinguer entre les pauvres dits intéressants et les autres.

Nous allons passer en revue quelques-unes des institutions qu'ils administrent suivant ces principes, en commençant par la plus ancienne en date après l'école, et qui nous ramène le plus directement à nos conscrits du travail : les patronages.

LES PATRONAGES

Si la famille ouvrière était organisée comme elle doit l'être, c'est-à-dire si le père, en allant au travail, était assuré de rapporter un gain suffisant pour permettre à sa femme de s'adonner exclusivement aux soins du ménage et d'élever ses enfants dans de bonnes conditions d'hygiène morale et physique, les patronages n'auraient pas de raison d'être, puisque leur but principal, pour ne pas dire unique, est de substituer leur influence éducatrice à l'action annihilée de la famille. Mais chez l'ouvrier pauvre des grandes villes, et plus particulièrement dans les faubourgs de Paris, le foyer familial n'existe pas.

A peine l'époux est-il parti pour la tâche quotidienne, que l'épouse, soucieuse d'ajouter un morceau de pain à la pitance du soir, va elle-même, hors la maison, chercher de menues tâches plus ou moins rétribuées. En partant elle fermera à clef la porte de son domicile après en avoir fait sortir les enfants, jugeant qu'ils sont plus en sûreté au dehors qu'enfermés loin de tous les yeux et craignant d'autre part que si on leur laissait la porte ouverte ils n'en profitassent pour attirer, en guise de compagnons de désœuvrement, des tas de petits polissons qui casseraient tout. Même si elle reste chez elle, la femme, à l'étroit dans une pièce où l'on peut à peine se remuer et où sa progéniture manque d'air et d'espace, n'hésite pas à envoyer s'agiter plus loin tous ceux de ses marmots capables de courir et d'éviter les voitures.

Dans les deux cas, c'est la rue pour l'enfant, l'école du vagabondage avec sa promiscuité et l'oisiveté, mauvaise conseillère. Le patronage intervient alors comme palliatif, fait risette à l'enfant, l'invite à franchir son seuil par l'appât de distractions variées, convaincu qu'une fois dans la place le nouveau venu s'y plaira, demandera à y revenir et pourra y recevoir les notions de morale élémentaire, les bons conseils et la direction dont il manque. Mais il est nécessaire que l'enfant vienne de son plein gré, comme à un plaisir, toute contrainte devant produire dans son esprit une réaction défavorable au but poursuivi.

C'est pour cela que le patronage se présente et s'affirme, d'abord et avant tout, comme un lieu de recréation où les exercices de piété et d'études ne sont que de simples intermèdes, des moments de repos entre les jeux. Certes, l'amertume du devoir, si amertume il y a, est suffisamment enrobée pour ne se point trahir.

Aussi, dès qu'on franchit le seuil de la maison de la rue de Vanves, a-t-on grande chance de tomber au milieu des ébats des 600 garçonnets de sept à treize ans qui y passent toute leur journée les jeudis et les dimanches. Le patronage pour les enfants fonctionne en effet, surtout pendant ces deux jours-là, qui sont ceux où l'école chôme, et où, par conséquent, les dangers de la rue sont particulièrement à craindre. Le reste de la semaine il y a des cours, des exercices et des réunions le soir, mais tout cela est réservé aux apprentis et aux hommes dont nous parlerons plus loin.

L'enfant de l'école est admis sans autre formalité qu'un billet d'autorisation signé de la famille, qui ne le refuse jamais, trop heureuse de savoir que son gamin va jouer là, sans danger et sans occasion de mal faire, au lieu d'aller vagabonder sur les fortifications.

Le recrutement se fait par la propagande des enfants entre eux.

« Comment tu n'es pas du patronage? viens-y donc! *mon vieux,... si tu savais ce qu'on s'y amuse!...* »

L'avis ne tombe pas dans l'oreille d'un sourd; l'invité accourt au premier appel; après expérience, lui-même amènera bientôt « du monde ».

C'est qu'ils sont multiples les divertissements qui l'attendent dans la vaste cour du patronage.

En dehors des jeux à courir, des barres, de la petite guerre, des luttes entre « voleurs et gendarmes », qui ne lasseront jamais l'enfance, on s'y peut livrer à quantité de distractions qui exigent des accessoires trop coûteux pour se rencontrer ailleurs. Ce sont d'abord tous les agrès de la gymnastique, trapèze, anneaux, parallèles, puis un pas de géants, sorte de mât pourvu d'une couronne mobile d'où pendent quatre cordes à l'extrémité desquelles on peut se cramponner et voltiger dans l'espace par bonds gigantesques, puis encore un tourniquet semblable aux manèges de chevaux de bois, à cette nuance près que les chevaux sont remplacés par des poutres en rayons et que les cavaliers doivent donner eux-mêmes le mouvement à la machine.

Plus loin on voit de grands tonneaux sur lesquels des équilibristes improvisés peuvent donner carrière à leurs instincts d'acrobatie, des chars romains où les triomphateurs occasionnels trouvent toujours une foule idolâtre prête à s'atteler ; que sais-je encore ?

Pour les amateurs de distractions moins mouvementées, une salle toujours ouverte offre des damiers, des lotos, des jeux de jonchet ; pourtant on n'en conseille l'accès qu'à titre exceptionnel : le plein air vaut mieux. Il y a aussi la petite bibliothèque, où les liseurs peuvent trouver asile, mais on les engage plutôt à emporter les livres à domicile.

La règle au patronage est que l'enfant doit être *toujours occupé* et jouer le plus possible, car c'est le jeu qui fournit aux éducateurs leur premier moyen de moralisation.

En effet, la première condition pour exercer une influence utile sur une âme enfantine, c'est d'avoir pu la pénétrer, de la connaître toute nue. Or ce n'est que dans le jeu que l'enfant se livre tout entier.

Pendant des semaines et des mois vous pourrez le tenir derrière un pupitre, au pied d'une chaire, surveiller ses gestes et ses réponses, sans arriver à en savoir autant sur lui-même qu'il vous en apprendra en une journée de liberté passée au milieu de ses camarades. Là il révélera sans y prendre garde toutes ses petites passions naissantes, la jalousie, l'envie, la violence, la dissimulation, l'ensemble des vices ou des défauts à combattre, et par surcroît l'indice des vertus ou qualités qu'il importera de développer.

Le premier pas dans l'œuvre de moralisation consistera, ces notes prises, à réprimander le coupable, non pas sur-le-champ, car cela pourrait apprendre à mieux dissimuler une autre fois ses expansions ; mais plus tard, en une autre circonstance favorable. Le seul moyen d'amendement, celui en l'efficacité duquel les prêtres du Rosaire croient par-dessus tout, c'est l'exemple du camarade, ou, comme ils disent : l'apostolat de l'enfant par l'enfant.

Et voici dans la pratique comment ils procèdent.

Je désire l'expliquer avec quelque détail, car cela fera comprendre, en dehors des résultats moraux, comment l'œuvre peut résoudre ce problème, fantastique au premier abord : diriger de près 600 bambins, de naturel plutôt indiscipliné, au moyen de trois maîtres seulement ; car ils ne sont que trois rue de Vanves, à s'occuper du patronage des garçons.

Pour rendre prédominante l'influence des bons sur les mauvais ou les médiocres, pour faire que les éléments sains absorbent les autres au lieu d'être contaminés par eux, on choisit les meilleurs des enfants, ou plutôt ils se choisissent et on leur confère une autorité sur leurs compagnons. C'est par voie d'élection que les directeurs de l'œuvre assurent le recrutement de leurs aspirants-dignitaires et de leurs dignitaires.

« En procédant ainsi, disent-ils, nous évitons de prendre pour collaborateurs des enfants qui pourraient être remplis de bonnes qualités, mais qui seraient antipathiques à leurs camarades, — cela se voit, — et dont l'action par conséquent se trouverait neutralisée. Et puis les enfants ont un sens incroyable pour discerner dans leurs rangs celui qui mérite leurs suffrages ; considérés en bloc, ils jouissent à cet égard d'une quasi infaillibilité. Jamais il n'est arrivé qu'un élu, nommé à l'unanimité, ait été au-dessous de sa tâche, tandis qu'il s'est rencontré bien des fois qu'un candidat dont nous aurions vu volontiers l'élection, mais qui avait été repoussé sans que nous sachions pourquoi, nous a dans la suite révélé une tare dont nous ne nous étions pas rendu compte. »

Quelle sera la tâche de l'aspirant dignitaire, c'est-à-dire de celui qui vient d'obtenir son premier galon ?

Il aura un petit rôle très modeste, mais très précis. Il devra surveiller les jeux de sa section, car tous les enfants sont divisés en sections suivant leur âge, empêcher les querelles, protéger les petits, proscrire les imprudences à la gymnastique ou au tourniquet, par exemple. Il doit s'occuper des nouveaux, lesquels ne sont admis à faire partie intégrante du patronage qu'au bout de trois mois de postulat et de présence, bien que dès le premier jour ils participent à la majeure partie de ses avantages. L'aspirant a charge particulière de ces néophytes, évite qu'on ne les molesto et s'inquiète de les faire jouer. Il est « responsable quand on s'ennuie; » enfin il lui est proscrit d'aider spécialement chaque jour un de ses camarades en particulier, de faire ce que les philosophes appellent acte d'altruisme, et il doit rendre compte de l'accomplissement de ce devoir.

Un de ces altruistes en herbe, interrogé sur son acte du jour, répondit :

« J'ai prêté ma pièce de deux sous à Paul Chabanet, qui s'était fait une bosse, pour qu'il l'aplatisse, et j'ai arrangé avec un bout de ficelle la bretelle cassée de Nicolas Dufour. Pas trouvé autre chose à faire dans ma section. »

Le brave petit avait conscience que ce n'était pas bien héroïque, mais à l'entendre s'excuser du peu, qui aurait douté qu'en meilleure occasion il n'eût su se montrer? Car c'est là un des premiers résultats de la dignité : rendre meilleur celui qui en est l'objet en attendant qu'il améliore les autres. On a vu des étourdis se guérir de leur légèreté par le seul sentiment de leur responsabilité.

Les aspirants ont, le matin de chaque jour de patronage, un conseil dans lequel on leur distribue leur ordre de service pour les trois parties de la journée. Ils signent le papier où ces instructions sont libellées.

Le soir, nouveau conseil tenu par le chef de discipline, le plus haut gradé des bambins, en présence du directeur de l'œuvre, personnage qui s'applique à jouer un rôle presque muet. Les aspirants rendent compte des menus incidents du jour et écoutent les critiques que les dignitaires titulaires, leurs aînés en fonctions, peuvent faire de leur conduite. Ils se justifient de leur mieux; mais si l'accusation est grave et fondée, la

plus grave étant celle de partialité et de faux témoignage, le coupable est passible, suivant les cas, du blâme simple, du blâme motivé ou de la dégradation.

A la buvette.

Si au contraire l'aspirant accomplit sa tâche à la satisfaction générale, il passe à la faveur d'une vacance, mais toujours par voie d'élection, dignitaire en pied, et de ce jour il devient un des maîtres du patronage.

L'autorité du dignitaire est en effet considérable et ne se borne plus à des services d'ordre ou de police, mais à une véritable administration du petit département qui lui est confié, comme la bibliothèque, la buvette, le vestiaire des jeux, etc. Il doit chercher et présenter tous les projets d'amélioration et de développement qui lui paraîtraient profitables, et ses idées sont mises à exécution toutes les fois que cela est possible. On ne saurait croire combien ce rôle grandit l'esprit d'initiative de ces moutards, qui traitent de leurs affaires avec un sérieux imperturbable et réalisent quelquefois des trouvailles qu'on est tout surpris de voir issues de si jeunes cervelles.

Ce sont eux, par exemple, qui ont eu, sans aucun conseil de la direction, l'idée de créer et qui sont parvenus à établir et à faire fonctionner une petite caisse de secours mutuels en cas de maladie. Nous allons voir comment; mais d'abord il faut expliquer le système et le rôle des bons points donnés au patronage.

Il est distribué à tous les enfants qui fréquentent l'œuvre de Notre-Dame du Rosaire, des bons points auxquels sont attribués théoriquement une valeur vénale, mettons si vous voulez un centime par point. On les gagne en faisant acte de présence, en fréquentant la bibliothèque, en s'inscrivant à la caisse d'épargne, qui reçoit des versements à partir d'un sou, bref, de beaucoup de manières qu'il serait trop long d'émumérer ici. A suivre les divers exercices du dimanche, on peut récolter ses dix bons points sans trop de peine.

Ces petits cartons peuvent immédiatement se dépenser : la buvette les reçoit comme monnaie courante en même temps que les sous, les vrais sous de bronze, et fournit en échange des verres de sirop variés à cinq centimes ou cinq points le verre, des sucres d'orge (*vulgo* suçons), du pain d'épice et des biscuits de soldat à trois pour un sou, qui font fureur chez les gourmets du patronage. On peut même se procurer des pommes de terre frites payables en bons points. J'en sais quelque chose.

Le jour où je m'enquérais de ces détails, un jeune client qui s'était procuré un cornet de pommes de terre, dans lequel il puisait à lointains intervalles, pour ne pas épuiser trop vite son trésor, me vit passer en compagnie de mon guide, qu'il connaissait. Très courtois, il s'approcha, et, désireux de nous faire une politesse, nous tendit son cornet, tel un drageoir :

« En usez-vous ?

— Comment donc ? avec plaisir ! »

Par malheur les frites étaient froides, durcies dans une

La vente.

graisse à l'arome puissant, et la friandise faillit me rester dans le gosier. Tous les bonheurs sont relatifs en ce bas monde. Un verre d'eau pris à la cantine me tira d'affaire, mais je fus obligé de déranger au guichet servant de comptoir trois consommateurs, qui venaient de se syndiquer pour l'emplette d'un sirop de groseilles. Chacun buvait à tour de rôle dans le même récipient, le dernier suivant d'un œil un peu inquiet les lampées des deux premiers buveurs. Ce détail acheva de me montrer que, même avec un seul bon point ou deux, on pouvait acheter quelque chose, à condition de savoir modérer ses emplettes.

Mais il vaut infiniment mieux thésauriser un peu et ne pas dilapider ainsi son bien au fur et à mesure des recettes. En effet, à certaines époques de l'année, ont lieu au patronage des ventes publiques aux enchères, dans lesquelles on trouve à acheter des effets de toilette, du linge de corps, des articles de bazar utiles ou agréables, exclusivement payables en bons points.

C'est surtout au patronage des petites filles, dont je n'ai pas encore parlé, mais dont l'organisation diffère très peu de celui des garçons, que ces solennités sont attendues avec le plus d'impatience. Il faut entendre avec quels murmures admiratifs, voire avec quels regards de convoitise sont accueillis les modestes colifichets mis à l'encan. Ah! ce ne sont pas les petites filles qui se bourreraient de pommes de terre frites au risque de ne plus avoir de bons points au jour désiré. La coquetterie est ici le péché mignon; là, plutôt la gourmandise.

Cependant les bons points trouvent un autre bureau de change où ils sont accueillis à guichet ouvert. C'est à la caisse des pauvres, où la direction les transforme sur-le-champ en monnaie ordinaire.

Cette caisse est alimentée et administrée par les enfants qui y déposent, s'ils veulent, leurs petits cartons en guise d'aumônes. Une fois par quinzaine, ou une fois par mois, je ne me rappelle plus au juste, les dignitaires font le compte de leur avoir et discutent entre eux les misères les plus pressantes qu'ils connaissent et qu'il importerait de secourir.

Hélas! dans ce quartier de Plaisance ils n'ont que l'embarras du choix, et peuvent souvent, sans sortir de leur demeure, trouver à qui s'adresser. Lorsqu'ils se sont mis d'accord sur un nom, chacun ayant fait valoir les titres de son protégé, l'enfant qui a obtenu gain de cause recueille la somme disponible et va la porter lui-même, au nom du patronage, à la personne désignée. Ai-je besoin de dire que de toutes les oboles distribuées à Paris, celles-là sont celles qui vont le plus directement où il faut!

C'est dans une réunion de la caisse des pauvres que les enfants eurent l'idée, dont je parlais plus haut, de créer à côté de cette institution une petite caisse de secours mutuels en cas de maladie. L'un d'eux fit observer que quand on était malade, il était bien difficile de se procurer des douceurs, puisqu'on ne venait plus gagner des points au patronage et que les parents avaient assez de peine déjà à payer les médicaments, ou le charbon pour faire du feu. Tous opinèrent du bonnet, et l'on décida de s'imposer un sou par semaine, dont le total serait affecté à raison de 2 fr. 50 par quinzaine aux camarades obligés de garder le lit, chez eux ou à l'hôpital.

Quatre-vingt-dix adhérents se sont inscrits et ont payé. L'an dernier, ils ont aidé quatre d'entre eux pendant un laps de temps plus ou moins long, notamment un compagnon qui est mort à l'hospice, et pour lequel la dernière subvention de cinquante sous fut transformée en couronne funéraire.

Pour en terminer avec le détail du fonctionnement des dignitaires, nous dirons que l'entrée dans cet état-major n'entraîne aucun avantage matériel, ni même participation plus large à la manne des bons points. L'emploi, en principe, ne rapporte que de la considération : ainsi un dignitaire *doit* être cru sur parole, son témoignage fait foi dans les enquêtes, sans autre preuve. On arrive de la sorte à développer chez eux la pratique de la sincérité et l'exercice de la franchise comme une vertu professionnelle. Pourtant, comme il serait injuste que le surcroît d'occupations qu'ils s'imposent ne leur valût pas un petit dédommagement, ils bénéficient d'une vente spéciale et d'une promenade annuelle fort impatiemment attendue, car elle a lieu à Robinson et s'accomplit en partie sur le dos des ânes pacifiques de cette joyeuse localité.

On comprend maintenant comment ces aspirants et ces dignitaires choisis par leurs camarades, pourvus d'une autorité effective et environnés d'une estime dont les maîtres donnent l'exemple, peuvent exercer une action très directe et très efficace sur la masse de leurs jeunes compagnons. C'est en augmentant ainsi le coefficient des bons qu'on parvient à étendre leur influence.

Les instructions morales et religieuses, les courtes conférences qui coupent et ponctuent les séances de jeux, viennent fortifier et compléter l'apostolat de l'enfant par l'enfant. Là on parle le plus souvent possible des devoirs envers Dieu, et l'on convie les jeunes auditeurs à l'accomplissement des préceptes de leur religion; mais, suivant le principe de Notre-Dame du Rosaire, on n'agit que par persuasion et point par contrainte. Le catéchisme est recommandé, non imposé.

L'enfant conquis devient vite un trait d'union entre sa famille et l'œuvre. Les mères viennent s'entretenir de l'éducation de leurs fils, sollicitent des conseils, font part des difficultés auxquelles elles se heurtent dans la vie pratique et emportent souvent des avis, dont le profit s'étend à toute la famille. Pour les consultations qui n'ont plus trait immédiat à l'enfant, l'œuvre a créé un bureau spécial, un secrétariat du peuple, où les intéressés peuvent se faire écrire leurs lettres, indiquer les démarches utiles pour obtenir un emploi, la voie à suivre pour éviter un procès, etc.

L'issue et le couronnement du patronage des garçons, c'est le patronage des apprentis qui étend son influence protectrice sur les adolescents de treize à dix-huit ans et leur offre, en tenant compte des goûts de leur âge, des agréments analogues à ceux que la cour de récréation assurait aux bambins.

D'abord, s'il s'agit d'un ancien enfant patronné, l'œuvre se sera mise à sa disposition pour lui faciliter son entrée en apprentissage dans un bon atelier, où il sera moins exploité qu'il n'est d'usage dans les déplorables conditions actuelles; elle sera intervenue lors de la rédaction du contrat entre le patron et les parents de l'intéressé, elle surveillera l'exécution sincère de la convention et prendra connaissance, à dates régulières, du livret de l'apprenti. Le chef d'industrie, certain d'être observé, sera plus circonspect dans son interprétation des clauses de l'engagement, et il en résultera peut-être que l'enfant restera plus assidûment à l'établi au lieu d'être employé à de perpétuelles courses à travers la ville.

Toutefois le patronage ne sera pas réservé à ces seuls vétérans. Il est ouvert à tous les apprentis qui veulent le fréquenter, sous le régime de la liberté absolue. Les adhérents, une fois inscrits, viennent ou ne viennent pas, assistent ou non aux exercices religieux, se donnent au besoin rendez-vous là le dimanche, pour aller faire au dehors des promenades ou des excursions en commun, bref ils sont considérés comme de petits hommes, ayant la jouissance d'un cercle dont ils peuvent user à leur discrétion ou à leur fantaisie.

Ce système n'est pas celui qui est appliqué dans d'autres patronages créés dans le même but, et peut-être trouvera-t-on qu'il n'est pas exempt de dangers pour des adolescents aussi jeunes. Tel quel il ne semble pas cependant avoir donné de mauvais résultats, et il importe d'observer d'ailleurs que les jeunes gens auxquels il s'adresse, privés de toute direction extérieure, ne sauraient être amenés à l'œuvre que de leur propre initiative.

Et c'est encore pour la faciliter qu'ont été multipliées les attractions gratuites dont je parlais. Les apprentis studieux peuvent assister chaque semaine à des conférences de vulgarisation scientifique, historique, géographique, accompagnées de projections; ceux qui aiment la musique ont la faculté de participer chaque soir à une fanfare, où les instruments comme les leçons des professeurs sont mis gratuitement à leur disposition; ceux qu'attirent les exercices violents ont des séances d'escrime; ceux qui préfèrent des luttes plus calmes peuvent mesurer leur adresse sur les deux billards du cercle. Enfin le patronage organise des représentations théâtrales très courues, dont la préparation exige de longues répétitions et occupe les moindres minutes des acteurs qui y participent. Elles ont lieu dans le vaste hangar qui précède la cour de récréation et qu'on clôt entièrement par une cloison mobile. Les spectateurs se recrutent parmi les familles du quartier, enchantées de ce spectacle gratuit auquel peuvent assister près d'un millier de personnes.

L'œuvre voudrait multiplier les occasions analogues de réunions familiales, où père, mère et enfants peuvent venir goûter en commun et sans frais quelque distraction honnête après les fatigues de la journée de travail. Il ne s'agit pas, bien entendu, du théâtre permanent, mais de quelque chose de moins compliqué et qui reste encore à trouver. Les directeurs de Notre-Dame du Rosaire pensent avec raison que cela serait de nature à resserrer les liens de famille et profitable surtout aux femmes qui, dans la classe ouvrière, sont particulièrement sevrées de toute distraction. Dans le ménage, si l'homme sort après son repas du soir, il sort seul, et, n'ayant pas grand goût pour la promenade après s'être tenu toute la journée sur ses jambes, va échouer au cabaret.

S'il savait où aller, lui et toute sa petite smalah, si on lui ouvrait un lieu de réunion, où il puisse avec elle passer quelques heures sans ennui, il irait y puiser non seulement un plaisir immédiat, mais un sujet de conversation avec les siens pour les jours suivants. On a souci, à l'œuvre de Plaisance, de faire cette tentative, et je signale d'autant plus volontiers la préoccupation que je ne l'ai constatée que là.

Nous avons expliqué que le patronage des petites filles était calqué sur celui des garçons, ce qui nous dispense d'en parler plus longuement. Il a pourtant un aboutissant particulier, dont nous devons dire quelques mots : l'École ménagère.

L'ÉCOLE MÉNAGÈRE

> Ce sont les femmes qui ruinent ou qui soutiennent les maisons par la façon dont elles règlent tout le détail des choses domestiques.
> (Fénelon.)

La destinée normale des femmes étant d'être un jour épouses et mères, l'étude et la pratique de l'économie domestique devrait constituer leur seul apprentissage obligatoire. Il y a fort peu de temps néanmoins qu'on s'est avisé de l'utilité de cet enseignement et qu'il a été introduit officiellement dans les programmes scolaires. Les plus anciennes écoles municipales ménagères, celles de Reims, de Rouen, du Havre furent postérieures à la guerre de 1870, et créées à l'imitation de certains établissements similaires fonctionnant à l'étranger, notamment en Saxe et en Belgique. L'évidence des services rendus par ces écoles fut bientôt assez manifeste pour que chaque grande ville voulût avoir la sienne, et que là où il était impossible d'en fonder, on cherchât à y suppléer par la création de cours d'économie domestique dans les écoles normales d'institutrices. Mais en même temps qu'il se généralisait, l'enseignement d'État tendait à s'uniformiser et à prendre un caractère théorique qui en stérilisait l'efficacité. Il est clair que l'art de tenir un ménage doit s'apprendre par la pratique et non par une suite de théorèmes économiques. D'autre part, n'est-il pas évident aussi que les leçons, sinon les principes, doivent varier suivant la catégorie des élèves auxquelles elles s'adressent.

A quoi servira à une petite faubourienne, destinée à devenir l'épouse d'un ouvrier de Paris, de s'être imbue de bonnes doctrines relatives à l'entretien du jardin, de la basse-cour, de la laiterie? A quoi lui servira même d'avoir appris la manière de faire cuire elle-même son pain? Enfin, dans l'état social qui sera le leur, à quoi bon le fatras des programmes contenant par exemple des articles tels que ceux-ci :

L'école ménagère. — Cuisine.

Gouvernement de la maison : Choix et surveillance des serviteurs. Choix et direction du personnel dans les exploitations agricoles ou industrielles, les maisons de campagne...

Comptabilité : Du luxe et de ses dangers, assurances sur la vie, etc...

N'y a-t-il pas une bonne part d'ironie dans ces préceptes adressés à d'humbles ménagères qui, selon toute vraisemblance, pourront toute leur vie chanter le refrain de Béranger :

> J'habite au quatrième étage,
> C'est tout en haut de l'escalier.
> Je suis ma femme de ménage,
> Mon domestique et mon portier.

Sauf le portier, que Paris prodigue, aucun des dangers du luxe ne guette la pauvrette, et il serait autrement utile de lui apprendre à couper un oignon en quatre qu'à choisir et à diriger « du personnel ».

C'est pour ramener l'école ménagère à sa destination pratique, que l'œuvre de Notre-Dame du Rosaire l'a limitée à trois cours : *Cuisine, blanchissage, couture,* qui sont professés le jeudi et le dimanche seulement, de manière à pouvoir se combiner avec les exigences des classes ou d'un apprentissage de métier appris ailleurs. La maîtresse est une dame qui s'est préparée à sa tâche en allant étudier en Belgique toutes les écoles analogues, car nos voisins ont su se garantir mieux que nous du travers de la généralisation et de la théorie à outrance : il ne s'agissait pas d'ailleurs de les copier, mais de recueillir parmi leurs systèmes les détails pouvant nous servir.

Voici les élèves qui arrivent à l'école un dimanche, de très bon matin : il s'agit, en effet, d'aller ce jour-là au marché apprendre comment on achète et ce qu'il faut acheter suivant les ressources de son budget. Il a été entendu qu'on s'occuperait plus particulièrement de la pomme de terre, et les fillettes se sont promis d'écouter très attentivement, sachant quelle importance a ce légume dans leur alimentation de chaque jour.

Quelques-unes viennent avec leur porte-monnaie garni, chargées par leur famille de profiter de l'occasion, afin de faire des emplettes pour de bon. Les autres regarderont et écouteront.

Tandis que les premières venues attendent l'arrivée de leurs compagnes, elles peuvent relire aux murs de la classe les devises qui sont inscrites là, et dont le choix décèle déjà l'esprit de l'enseignement qui les attend. Ce sont des maximes de bon sens vérifiées par l'expérience, et intelligemment triées pour les yeux auxquels elles s'adressent. Bien d'autres femmes pourtant en pourraient faire leur profit, même en dehors de la classe ouvrière. Telle celle-ci par exemple :

N'ACHETEZ JAMAIS CE QUI EST INUTILE
SOUS PRÉTEXTE
QUE C'EST BON MARCHÉ

Et cette autre :

NE DÉPENSEZ PAS VOTRE ARGENT
AVANT DE L'AVOIR GAGNÉ

Cette autre encore si pleine de vérité :

IL N'Y A QUE LES GENS QUI NE FONT RIEN
QUI MANQUENT DE TEMPS POUR TOUT

Mais voici toutes les jeunes filles groupées et prêtes à partir. Tandis qu'elles font cortège à leur maîtresse, écoutons ce que celle-ci leur dit et nous saurons ce qu'est une leçon d'économie ménagère appliquée. Nous la supposons donnée par un beau matin de novembre :

« Vous savez, mes enfants, que nous allons aujourd'hui acheter des pommes de terre ; c'est le légume que tout le monde aime, qui est le moins cher et le plus nourrissant, celui qui ne manque jamais quand les autres sont gelés ou hors de prix, et dont on ne se lasse pas à cause du grand nombre de manières qu'on connaît de l'accommoder.

« Je vous dirai tout d'abord qu'une bonne ménagère peut réaliser sur cet article la mignonne économie de 50 0/0, en l'achetant par sac, au commencement de l'hiver, c'est-à-dire à peu près en la saison où nous sommes, et en le mettant en cave sans aucune précaution, pourvu que la cave ne soit pas humide. Remarquez qu'un sac de pommes de terre ne constitue pas une très grosse dépense, et qu'il est possible de la faire dans presque tous les ménages, le jour où l'on touche l'argent de la quinzaine. A Paris on n'aime pas du tout à faire de provisions, parce que la place manque et qu'on craint, faute de soins, de voir s'avarier la marchandise. Mais précisément la pomme de terre ne demande aucun soin. Si vous entriez dans les resserres des négociants, vous y verriez qu'elle est traitée aussi sommairement que possible, et d'autre part il serait bien étonnant qu'un jour ou l'autre vous ne soyez pas en possession d'un logement muni d'une petite cave.

« La seule précaution à prendre, c'est de constituer son stock au commencement de l'hiver, et de le limiter de façon qu'il ne dépasse pas le mois de février. Passé ce délai, l'utile tubercule se met à bourgeonner, aussi bien dans les réserves du commerce que chez vous ; il faut arracher les rejetons, d'où déchet et perte. On évite ces inconvénients en achetant un peu moins que la quantité nécessaire à la consommation de la famille. Outre l'économie d'argent on bénéficiera encore, en agissant ainsi, d'une régularité de qualité indispensable à la bonne cuisine. Je m'explique :

« Contenues dans le même sac et récoltées selon toute probabilité dans le même champ, les pommes de terre seront toutes semblables. Elles auront été plantées et déterrées à date fixe, par conséquent leur maturité sera égale et elles cuiront aussi bien les unes que les autres, sous la seule réserve de leur grosseur respective. Il arrive souvent que, dans un ragoût, certaines pommes de terre tombent en marmelade, tandis que d'autres ont, sous la dent, la résistance de la pomme crue. Vous vous dites alors : Comment cela est-il possible ? J'ai cependant attendu qu'elles soient toutes épluchées pour les mettre sur le feu !

« Cela vient tout simplement que vous ignorez que les commissionnaires aux Halles reçoivent des pommes de terre de trente-six paroisses, et les mélangent en tas pour la commodité des revendeurs, de manière à former une espèce courante qui n'ait pas chance de trop varier d'un jour à l'autre.

École ménagère.
Le blanchissage et le repassage.

« Achetez donc, autant que possible, un sac à la fois, un sac d'origine, et ayez soin que les pommes de terre auxquelles vous donnerez la préférence aient poussé dans le sable; elles sont bien plus fines que les autres. Vous les reconnaitrez à ce signe que leur peau est plus jaune et plus lisse que celle de leurs sœurs, lesquelles sont tavelées ou mouchetées.

« Bien entendu il ne faudra pas acheter une seule qualité, mais choisir les espèces dont vous ferez emplette à la quantité des plats en vue. Au fond il n'y en a que deux qui doivent vous préoccuper : la hollande et la rouge, dite rouge saucisse, en raison de sa forme extérieure.

« La hollande, jaune et longue comme vous savez, est la seule en usage pour les ragoûts et les « frites », pour tous les plats en un mot où la pomme ne doit pas tomber en purée. Celle qui est très grosse et très longue est la meilleure pour les frites soufflées, triomphe des cordons bleus.

« La hollande vaut en gros de 10 à 12 francs les 100 kilos. Au détail elle est revendue au boisseau de dix litres, qui pèse 7 kilos 250 grammes, sur le pied de quinze à vingt centimes le litre, soit plus de vingt centimes le kilogramme. En achetant par sac, vous réalisez donc bien l'économie de 50 0/0 dont je parlais tout à l'heure.

« La pomme de terre rouge saucisse sert aux soupes et aux purées. Elle se conserve aussi bien que la précédente en cave, et l'écart de son prix entre le gros et le détail est encore plus considérable, puisqu'elle ne coûte guère que de 7 à 8 francs les 100 kilos sans s'abaisser, chez les revendeurs, au-dessous de quinze centimes le litre.

« Je devrais aussi vous parler de la vitelotte, qui forme, avec les deux qualités sus-indiquées, la trinité indispensable à connaitre pour toute maitresse de maison. La vitelotte est plus petite que la rouge, très longue, ronde et rugueuse. Son mérite principal est de jouir d'une cohésion parfaite, ce qui la fait rechercher, surtout au moment du carême, pour accompagner la morue et toute espèce de poissons, ainsi que pour être mise en salade. C'est la plus chère des trois, et comme à tout prendre son emploi est temporaire, exceptionnel même sur certaines tables, je ne conseillerai pas d'en faire provision. Quand on en voudra, il sera toujours loisible de s'en procurer par petites quantités, à raison de vingt centimes le litre. »

En recueillant ces paroles, au cours de la route, les jeunes filles sont arrivées au marché, et les voilà qui se dispersent parmi les étalages à la recherche, qui de la hollande, qui de la rouge saucisse, qui de la vitelotte. Tandis que les unes s'appliquent à trouver des tas où les pommes de terre aient du sable « dans les oreilles », d'autres concertent d'unir les menues sommes que leur ont confiées leurs mères, pour acheter en commun un sac tout entier, dont elles se répartiront le contenu à l'école avant de retourner chez elles.

Une autre fois la leçon portera sur les légumes secs, sur les légumes verts, sur les fruits, de sorte qu'au bout de l'année, bien fin sera le marchand capable d'induire en erreur la perspicacité de ses jeunes clientes.

A l'école, celles-ci apprendront l'art de varier les menus, sans excéder de modestes ressources, à confectionner les plats du mieux possible, et, dès leurs premiers succès, elles prendront goût à la cuisine, ce qui évitera à leurs futurs maris l'affre de la charcuterie et des plats omnibus, achetés tout faits dans quelque gargotte du quartier.

Des leçons de blanchissage et de couture, je ne dirai rien ici, sinon qu'elles tendent également à un résultat pratique et immédiat, les élèves apportant leur linge à nettoyer et les vêtements de leur famille à raccommoder.

UNE SOCIÉTÉ COOPÉRATIVE DE PRODUCTION

LES SERRURIERS DE PLAISANCE

Lorsque les conscrits du travail sont en possession de leur arme de combat, c'est-à-dire quand ils ont appris, par quelque moyen que ce soit, le maniement de l'outil qui peut les faire vivre, quelle tactique sociale emploieront-ils pour obtenir de leurs peines le rendement le plus rémunérateur?

Il est intéressant de voir comment a essayé de résoudre ce problème un groupe de travailleurs, qui semblent avoir réussi dans leur tentative sans avoir à leur disposition, comme certaines entreprises socialistes, un capital libre de charges et dû à la munificence de donateurs généreux.

Il s'agit d'une association d'ouvriers serruriers de Plaisance qui ont mis en commun leurs efforts, leurs très petites économies et en ont tiré bon parti.

Ces artisans s'étaient connus et groupés au cercle catholique qui dépend des œuvres de Notre-Dame du Rosaire, et se réclament du titre d'ouvriers chrétiens. Mais, entendons-nous bien, ils pratiquent le catholicisme, ils n'en vivent pas. Aucun subside catholique n'a été mis dans leur affaire.

Dans leurs réunions au cercle, ces serruriers ont d'abord longuement examiné et discuté les moyens pratiques d'améliorer leur sort. Quelques-uns penchaient pour la formation d'un syndicat particulier, distinct du grand syndicat de leur profession, lequel ne leur paraissait pas orienté suivant leurs idées et leurs aspirations. Mais comme un syndicat est plutôt une arme de résistance qu'un engin de travail, ils se décidèrent en fin de compte pour la création d'une société de production, qui fonctionne aujourd'hui sous ce titre : *L'Ouvrière en constructions*.

On souscrivit d'abord un capital de 16000 francs, dont le dixième seulement fut versé, ce qui permettait la constitution légale sans excéder les minuscules économies de caisse d'épargne

« L'Ouvrière en construction. »

que pouvaient posséder chacun des membres. Ceux-ci versèrent en moyenne 150 francs par tête.

Il fut entendu que sur les bénéfices nets de l'entreprise on mettrait en réserve trois dixièmes : soit 1/10 pour la caisse de réserves, 1/10 pour la caisse de secours et de prévoyance, et 1/10 pour une caisse de retraites. De plus, les souscripteurs des fonds sociaux toucheraient 4 0/0 de leur capital engagé. L'excédent des bénéfices nets, soit sept dixièmes, seraient partagés entre les coopérateurs au prorata de leurs salaires.

Ces principes admis, les serruriers se sont mis à la besogne, et voici les résultats obtenus.

La première année, pour six mois d'exercice, on a exécuté pour 30 000 francs de travaux, qui ont laissé 3 000 francs de bénéfices nets. La part de chaque associé a été de 200 francs de bénéfices nets, et sa contribution personnelle aux trois caisses de 60 francs. Pendant ce temps les salaires quotidiens ont été de 6 fr. 50, 7 francs et 7 fr. 50. Le contremaître a touché 8 francs par jour, et le directeur 400 francs par mois. Il n'y a pas eu de chômage; on a même été obligé, à certains moments de presse, de prendre des auxiliaires qui ont été payés au même prix que les sociétaires, c'est-à-dire cinq centimes de plus par heure que dans les ateliers patronaux.

Ce qu'il importe de bien noter, c'est que les commandes n'ont pas été faites par la clientèle religieuse, dans un but de bienveillance protectrice, mais obtenues dans des adjudications diverses, ou dans des ordres de gré à gré enlevés en concurrence contre d'autres maisons de la place de Paris.

Remarquons aussi qu'aucun patron ne donne de gratifications de fin d'année : ce n'est pas dans les usages. Les 200 francs de boni, touchés par les coopérateurs de Plaisance, en dehors de leurs salaires, constituent donc un casuel qui n'a pas d'équivalent dans la profession, et ils l'ont obtenu avec une mise de 150 francs, dont ils ont perçu les intérêts à 4 0/0.

Assurément l'épreuve, au moment où se publie ce volume, est encore de trop courte durée pour qu'on en puisse tirer des conclusions absolues. Mais les associés de l'*Ouvrière en constructions* sont pleins de confiance en l'avenir, et voici comme ils raisonnent :

En cas de mauvaises affaires, nous puiserions dans la caisse de réserves; nous ne redoutons d'ailleurs, comme aléa défavorable, que la faillite inopinée de quelque client, car pour les malfaçons nous n'avons guère à craindre. Étant intéressés à n'avoir pas de non-valeurs dans nos rangs, nous n'avons admis que des ouvriers connaissant bien leur affaire. Notre réussite actuelle, nous l'attribuons à la précaution prise par nous d'avoir choisi un directeur dont l'autorité n'est ni combattue ni même discutée. Si cette place eût été réservée à l'un de nous, il y aurait eu des brigues pour l'obtenir, puis des jalousies, puis des hostilités intestines. Nous l'avons attribuée à un ouvrier sorti des rangs par ses études techniques, qui était contremaître dans une grande serrurerie de Saint-Germain-en-Laye. Tant qu'il restera à notre tête, pas de compétitions à redouter. S'il disparaît, on cherchera à le remplacer en s'inspirant des mêmes idées de prudence. Nous estimons aussi que le bon ordre qui a régné dans nos rapports est dû à l'influence morale et aux conseils de l'abbé Boyreau, un prêtre extrêmement intelligent, qui est directeur des œuvres de Notre-Dame du Rosaire, et dont nous écoutons volontiers les avis. Mais nous ne l'admettons qu'à titre purement consultatif, comme d'autres s'inspirent d'un avocat ou d'un homme d'affaires. C'est question de goût de notre part. Le jour où il nous plairait de cesser, nous en serions absolument les maîtres.

Un des détails dont les serruriers de Plaisance sont le plus satisfaits, c'est la manière dont ils ont réglé la question de l'apprentissage chez eux.

Nous avons dit, dans le premier chapitre de cet ouvrage, qu'à Paris on ne veut plus, on ne forme plus d'apprentis, aussi bien dans les grands ateliers de serrurerie qu'ailleurs. Les patrons redoutent la rigueur des pénalités encourues par l'inobservance des règlements, et se soucient peu, étant donnée la rapidité avec laquelle les travaux doivent être exécutés, qu'un ouvrier perde son temps à enseigner le *b a, ba* du métier à un adolescent. Il en résulte que l'enseignement professionnel de la serrurerie s'est perdu, si bien perdu que la ville a dû créer l'école Diderot pour sa contribution au sauvetage.

Les coopérateurs de l'*Ouvrière en constructions* prennent cinq apprentis par an pour un apprentissage prévu de trois années, d'après le calcul suivant : la première année l'enfant occasionne des frais, la seconde il restitue en travail ce qu'il coûte, la troisième il produit un excédent de besogne compensant les frais de la première année.

Conformément à ces évaluations, la société s'est organisée pour que durant les douze premiers mois ses apprentis ne mettent pas les pieds à l'atelier. Ceux-ci apprennent la théorie de la profession dans un bâtiment spécial, où le directeur leur fait des cours techniques prévus dans son engagement, et s'exercent au maniement des outils sous les ordres d'un ouvrier qui ne s'occupe que d'eux.

La seconde année les jeunes gens, déjà dégrossis, et qui n'ont jusque-là ni gêné ni encombré personne, passent à tour de rôle un mois dans les différentes spécialités de la serrurerie : au ferrage, à la forge, au dessin, au métrage, etc.

Au bout de cette période, ils sont définitivement mélangés aux ouvriers, vont avec eux en ville ou sur les chantiers, bref ils sont considérés comme de jeunes ouvriers et touchent même certaines gratifications. Le cycle est accompli, et l'intéressé entrera de plain-pied dans la profession sans le défaut qu'on reproche à ses émules de l'école Diderot : à savoir, de ne posséder qu'une trop imparfaite pratique de la vie réelle.

Les bénéfices réalisés par cette combinaison étant supérieurs aux frais qu'elle nécessite, les membres de la coopérative comptent en appliquer l'excédent à la création de bourses de voyages, grâce auxquelles les plus méritants des apprentis feront leur tour de France avant de venir reprendre leur place à la maison de Plaisance. On remarquera en effet que le salaire de l'ouvrier attaché aux apprentis de première année, constitue la seule dépense du système. Ce salaire est de 3000 francs par an, et les cinq apprentis gagnent plus de 3000 francs à eux tous en troisième année.

Tels sont les résultats obtenus et les espoirs conçus par une petite coopérative silencieuse, qui n'a eu à compter que sur ses propres ressources et n'a point appelé de politiciens à son aide. Les faits nous ont paru trop intéressants pour n'être point consignés ici, comme en un procès-verbal qui pourra servir plus tard. D'aucuns trouveront peut-être déjà que ces faits contiennent un enseignement.

Nous arrêterons sur ces considérations l'étude des œuvres de Notre-Dame du Rosaire, non qu'il ne s'en trouve d'autres, comme le Dispensaire et l'Ouvroir pour les femmes, dont l'organisation ne soit aussi fort intéressante, mais parce que ces institutions annexes n'ont pas un trait immédiat avec le sujet des *Conscrits du travail*.

LES

" COLLEGE SETTLEMENTS ,, EN FRANCE

L'ÉVOLUTION DU PATRONAGE

Nous avons vu, par l'exemple tiré des fondations de Notre-Dame du Rosaire, l'importance qu'un patronage bien organisé peut avoir sur la direction morale des conscrits du travail; nous avons vu aussi le but social plus large que se proposent les prêtres de l'œuvre des faubourgs, et qui consiste à atteindre par l'enfant la famille ouvrière tout entière, non pour distribuer aux nécessiteux des aumônes, mais pour instruire les pauvres et les mettre en état de se tirer par leur propre effort, ceux-ci du vice, ceux-là de l'indigence.

A côté de cette œuvre de démiurgie il en est une autre parallèle, qui consiste dans l'apaisement des haines des classes, dans la réconciliation du riche et du pauvre, du grand et du petit, en un élan de fraternité vraie : cette œuvre-là des prêtres ne peuvent la réaliser. En effet, s'ils ont qualité pour parler au nom de la religion, ils n'ont pas qualité pour s'engager au nom de telle classe vis-à-vis de telle autre. Pour que les intéressés croient à la sincérité des gages il faut que ceux-ci leur soient donnés directement par qui de droit. Il ne suffit pas, en un mot, qu'on dise au pauvre : « Le riche vous aime, vous en seriez convaincu si vous le connaissiez mieux, » il est nécessaire que le riche fasse la preuve lui-même de ses sentiments.

Cela n'est pas commode, car la bienfaisance matérielle est radicalement impuissante : elle humilie celui qui en profite, et creuse encore davantage le fossé entre la main qui donne et la main qui reçoit. Pour grands que soient les sacrifices volontaires que s'imposent les riches, quelque importante que soit la dîme volontaire qu'ils prélèvent sur leurs biens, les pauvres s'imaginent toujours qu'ils ne reçoivent que les miettes de la table, et encore que si on leur jette ces miettes, c'est par mesure de prudence, pour que, dans un accès de fringale, ils ne renversent pas le couvert. Alors, comment faire pour dissiper un malentendu que l'abandon tout entier de l'objet en litige, de la fortune totale, n'éteindrait pas?

C'est ce que se sont demandés en Angleterre d'ardents philanthropes, bien décidés à envisager le problème ardu sous un aspect nouveau, et à en rechercher les solutions par des voies absolument différentes des sentiers battus.

Ils se sont dit :

« Ce n'est pas seulement de nos deniers, qu'un hasard a mis entre nos mains, dont nous sommes comptables vis-à-vis des déshérités, mais de tout l'ensemble des avantages et des privilèges qui constituent notre classe : éducation, instruction, connaissances scientifiques ou artistiques, idées, sentiments, distractions; c'est de cela aussi qu'en bonne justice ils ont le droit de convoiter le partage, et dont le monopole nous sépare d'eux, fait que nous ne parlons pas la même langue et que nous vivons cantonnés en des frontières hostiles. Ces frontières nous les abaisserons et, puisqu'ils ne peuvent venir vers nous, nous irons vers eux ».

De cet élan sont nés les *college settlements*, qui ont pris en Angleterre un développement des plus remarquables, et dont l'historique et l'organisation ont été récemment exposés au public français, dans une magistrale étude de M. le marquis Costa de Beauregard.

L'initiateur fut un élève du collège d'Oxford, nommé Denison, possesseur d'une grande fortune, qui, à l'issue de ses études, et après avoir envisagé l'emploi le plus utile qu'il pourrait faire de sa vie, résolut de se dévouer à l'œuvre de la pacification sociale, et s'en alla habiter une pauvre maison d'un des quartiers les plus pauvres de Londres, pour entrer en communication avec les miséreux et se faire leur ami. Il ne vécut guère que le temps de donner l'exemple, étant mort aux approches de la trentième année; mais il eut un imitateur aussi fervent et aussi zélé que lui en la personne d'un autre élève de l'université d'Oxford, Arnold Toynbec. Ce sont ces deux hommes qui créèrent les premiers *college settlements*. Ils nous en ont laissé une définition précise :

« Le *settlement* est simplement une maison peuplée d'hommes ou de femmes de cœur et d'intelligence, qui se rapprochent des pauvres, non pas comme s'ils venaient d'un monde différent pour les visiter simplement, mais comme s'ils étaient de leur monde, comme s'ils étaient des compatriotes, des voisins, habitant par choix les mêmes quartiers, les mêmes maisons, et décidés à frayer avec eux comme avec des compagnons.

.... Ils doivent par tous les moyens persuader aux malheureux qu'ils trouvent à vivre avec eux un vrai plaisir... N'est-ce pas un vrai plaisir, en effet, que de faire connaissance avec son voisinage, et que de prendre dans la vie de ceux qui vous entourent sa part d'agrément et de peine?

... Il est de même nécessaire que le personnel appartenant au *college settlement* revendique hautement son droit de contribuer par tous les moyens en son pouvoir, instruction, musique, conversation, réunions générales ou particulières, au bien-être et à l'agrément du milieu social où il vient s'établir... »

Conformément à ce programme, le premier collège régulièrement constitué s'ouvrit à Londres en 1885, et ne tarda pas à produire des résultats conformes à l'espoir de ses fondateurs. L'exemple fut contagieux, et d'autres settlements se créèrent successivement, avec non moins de succès, dans diverses villes d'Angleterre.

Au settlement de Toynbee-hall, le premier en date, on ne professait aucune opinion religieuse ou politique; la plupart de ses membres étaient radicaux, tandis que l'élément religieux était représenté, parmi les résidents de la maison, par des ecclésiastiques, des non-conformistes, des catholiques romains, des *unsectarians* et des juifs. Néanmoins d'autres maisons se montraient moins éclectiques dans la composition de leur personnel dirigeant, et l'*Union sociale catholique,* notamment, institua des collèges à tendance plus particulièrement catholique. Au fond les partis de toutes les opinions, d'accord sur l'excellence de l'idée, l'ont adopté pour la faire fructifier suivant leurs vues.

Mais ce fut surtout lorsque l'œuvre eut conquis le cœur des femmes qu'elle porta tous ses fruits et qu'on put apprécier sa fécondité.

« Tout de suite, dit M. Costa de Beauregard, les *Travailleuses,* — c'est ainsi que se nommaient les collaboratrices des collèges, — arrivèrent à conquérir l'amitié de leurs voisins. Tour à tour visiteuses, institutrices, gardes-malades, ces admirables femmes acquéraient bientôt une influence telle, qu'elles ajoutaient à leur rôle un rôle qui jusque-là avait échappé à leurs collègues les Travailleurs; je veux dire qu'elles allaient jusqu'à présider à l'appropriation des logements et à l'installation des cités ouvrières.

« ... Miss Octavia Hill dirige maintenant, dit le rapport de Nelson-Square, sept cités ouvrières organisées par son settlement. Dans ces cités, ses amis et elle recueillent les loyers, organisent les réparations, empêchent l'encombrement, et dans toutes les circonstances difficiles elles sont là pour soutenir les familles. Pour l'instruction, elles ont non seulement un club pour les petites filles, mais on leur confie encore, dans d'autres salles, des jeunes garçons de treize à seize ans. Enfin le settlement s'efforce de former des travailleurs, qui viennent apprendre là la manière de mettre en œuvre son dévouement, sous la conduite d'autres travailleurs plus expérimentés. C'est même là une des fonctions les plus importantes de cette maison. »

L'exemple donné, les plus grandes dames de l'aristocratie anglaise ont tenu à honneur de s'inscrire parmi les collaboratrices des settlements, et d'adopter cette forme de la charité qui consiste à se dépenser soi-même. Et il semble jusqu'ici que les meilleurs succès aient été obtenus par les personnes appartenant précisément aux classes les plus indépendantes et les plus élevées. « Plus les enfants comprennent, dit M. Irving, que ce n'est pas par un devoir d'état que nous venons à elles, plus elles se rendent compte que rien ne nous y oblige et que c'est par affection que nous agissons, plus elles nous rendent vivement cette affection ».

Le plan de conduite suivi de l'autre côté du détroit devait inspirer en France un désir d'imitation qui s'est récemment manifesté. Depuis trois années nous possédons en France un embryon de *college settlement*, fondé aussi par des dames du monde, et environné dans un des quartiers les plus pauvres et les plus populeux de Paris, à Popincourt, d'une popularité éloquente. Dans ce XI° arrondissement, où toute entreprise accomplie par des religieux se serait heurtée à des défiances et peut-être à la malveillance populaire, ces laïques ont pu grouper autour d'elles des centaines de petites filles appartenant aux familles les plus diverses, sans sélection et sans préférences, pour les instruire par la parole et par l'exemple, pour les initier aux travaux de couture ou de ménage qu'elles n'apprennent point à l'école, pour leur faire sentir la chaude influence d'une amitié sincère, qui ne demande qu'à s'étendre des fillettes à leurs parents.

De l'organisation intérieure j'aurai peu de chose à dire, quand j'aurai déclaré qu'elle est calquée, à la laïcité près, sur celle des patronages de Notre-Dame du Rosaire. Quant au recrutement initial, il s'est opéré d'une façon bien simple, en attribuant des bons points aux enfants qui amenaient quatre fois de suite une petite camarade pourvue de l'autorisation de sa famille. Au bout de quelques semaines on se voyait obligé de refuser, faute de place, les nouvelles arrivantes, qui accouraient en trop grand nombre. Pourtant ce n'est point l'appât des secours ou des libéralités qui attirait ainsi les disciples, car aucun subside matériel ne leur était accordé, ni à elles, ni à leurs mamans. Si quelque demande de cette nature leur était adressée, les dames se mettaient volontiers au service de la postulante pour lui faciliter ses démarches au bureau de bienfaisance ou chez des personnes charitables; pour elles, elles ne donnaient que leur temps, leurs enseignements et leur cœur.

De la sorte, les mendiants de profession et les parasites de toute espèce se sont trouvés écartés dès le premier jour, et bien des travailleurs qui auraient hésité à envoyer leurs enfants dans une maison d'assistance n'ont vu aucun obstacle à les confier aux bonnes dames.

« Vous ne sauriez croire, me disait la directrice actuelle, combien les parents se sont prêtés facilement à nos désirs et quelle reconnaissance ils nous ont témoignée. »

Elle ajoutait avec une ingénuité charmante :

« Cela nous a agréablement surprises, car nous ne nous y attendions pas ».

Tel est l'essai de *college settlement* tenté à Paris. Peut-être trouvera-t-il chez nous plus de difficulté à faire souche qu'en Angleterre, car nous possédons moins que nos voisins l'instinct du groupement pour la mise en œuvre des idées; mais, quelle que soit sa destinée, cette forme de la charité sociale est celle qui étend et complète le patronage : c'est à elle qu'appartient l'avenir.

LA MAISON DE FAMILLE

DE

NOTRE-DAME DE NAZARETH

Nous avons vu qu'un des plus pénibles problèmes qui se posaient dans la question de l'apprentissage était d'assurer aux apprentis, — que les patrons consentent fort rarement à coucher, à nourrir ou même à surveiller hors de l'atelier, — un logement honnête, une table substantielle, une direction morale.

Les patronages, eux, ont résolu la question de la direction morale, mais n'ont pu aller plus loin. Les enfants privés de famille, ou que leurs parents ne peuvent garder à leurs côtés, — tels les fils de domestiques par exemple, — ou enfin qui, possédant une famille indigne, seraient plus heureux d'en manquer totalement, se trouveraient donc livrés à eux-mêmes dans les années les plus périlleuses de l'adolescence si il n'existait en leur faveur des institutions philanthropiques destinées à leur procurer ce qui leur manque. On nomme ces créations des maisons de famille, et elles rendent d'inappréciables services. Par malheur, étant coûteuses, elles sont en trop petit nombre et n'exercent qu'une action forcément limitée.

Examinons le fonctionnement d'une de celles qui peuvent

Cour de la maison de famille de Notre-Dame de Nazareth.

être citées comme modèle, la maison de Nazareth, située 30, rue Vaneau.

Elle fut fondée en 1872 par M. l'abbé Thenon, directeur de l'école Bossuet [1], avec le concours et la collaboration des élèves et anciens élèves de cette école, qui sont encore les seules chevilles ouvrières de l'œuvre.

Ceux-ci font aux apprentis orphelins dont la maison a pris charge, chaque soir, pendant la semaine, des cours de français, d'histoire, de géographie, de calcul, de dessin, d'instruction religieuse et des conférences familières sur des sujets variés. Ils organisent en outre des examens sur les matières traitées dans les cours. Ce sont eux qui forment le conseil de l'œuvre et subviennent à toutes ses dépenses. Seuls les frais de nourriture sont couverts par une pension mensuelle de trente-huit francs, payée par les enfants ou leurs protecteurs, et dont il peut être fait remise aux plus pauvres [2].

Il convient, en passant, de rendre hommage à la façon dont ces jeunes gens de familles aisées ou riches comprennent les devoirs que leur impose leur état social, ainsi qu'à la manière dont ils savent utiliser leurs loisirs, à un âge où la plupart de leurs camarades ont de tout autres idées en tête. En se rapprochant des déshérités, en les enveloppant d'une affection cordiale qui va jusqu'à la camaraderie ils ne parviendront sans doute pas, étant trop peu nombreux et trop peu imités, à éteindre le malentendu qui sépare les classes ; mais ils auront, dans toute la limite de leurs forces, travaillé à la grande cause de la fraternité. C'est pour eux qu'il est écrit : « Paix aux hommes de bonne volonté! »

Revenons à l'apprenti. Une fois admis par le Conseil, l'enfant fait partie de la maison. Le directeur le mène d'abord à la lingerie, où note est prise des effets que le nouveau venu apporte ; puis il lui fait visiter toutes les pièces, depuis la chapelle

---

[1] Tout le monde connaît, au moins de nom, l'école Bossuet dont les élèves suivent les classes du lycée Louis-le-Grand et qui a été établie pour fournir aux familles le moyen de faire bénéficier leurs fils à la fois de l'instruction universitaire et d'une éducation religieuse.

[2] Voir pièces annexées : *La Caisse des pensions*.

jusqu'au dortoir. Au premier repas il le présente à ses compagnons; à ceux-ci revient le soin de le mettre au courant des coutumes de la maison, ce qui leur fournit une occasion d'exercer les premiers devoirs de l'hospitalité.

Désormais le « nouveau » est traité comme les autres apprentis et prend part, à leurs côtés, à toutes les fonctions de la vie commune. Comme eux il se lève à six heures et quart en hiver, à cinq heures et quart en été; comme eux il fait sa prière, range son lit et descend déjeuner, puis part pour l'atelier. Ceux qui ne vont pas trop loin reviennent prendre leur repas entre onze heures et une heure; les autres emportent leurs provisions avec eux. Ils ont droit à une bonne ration de viande, à des légumes, du pain à discrétion, et à un flacon de vin contenant un cinquième de litre. Le soir ils rentrent de l'atelier entre sept et huit heures. A sept heures et demie ils dînent (même menu qu'au déjeuner, sauf la soupe en plus). A huit heures ils se rendent aux cours du soir, et à neuf heures et demie, après la prière, vont se coucher.

Nous avons indiqué sommairement la matière des cours que professent tous les soirs, sauf le mercredi, les anciens élèves de l'école Bossuet, et dans lesquels une grande part est faite à l'étude du dessin. Le dessin se trouve en effet utilisé de plus en plus dans la majeure partie des professions, et, d'une manière générale, tout ouvrier qui en connait suffisamment les éléments appropriés à sa partie est susceptible de gagner un salaire plus élevé d'un cinquième que celui de ses camarades.

Mais pourquoi ce chômage régulier du mercredi? Un des jeunes professeurs va nous le dire.

« Tous les quinze jours, le mercredi soir, on voit, sur les huit heures, arriver à l'école Bossuet les petits apprentis qui viennent passer leurs examens.

« Il est en effet nécessaire, si nous voulons voir obtenir le certificat d'études par le plus grand nombre possible de nos enfants, et progresser ceux d'entre eux qui ont des visées plus hautes, que nous nous rendions compte des connaissances qu'ils ont pu acquérir à leurs cours du soir, des efforts qu'ils ont réalisés, et que nous puissions ensuite encourager les uns ou réprimander les autres. Tel est le but, telle est l'utilité de ces examens.

« C'est parmi les élèves de philosophie ou de mathématiques spéciales de l'école que se recrutent les examinateurs. Comme nos propres études nous empêchent quelquefois de nous occuper des apprentis de la maison de famille, et de nous trouver en contact avec eux aussi souvent que nous le voudrions, nous nous empressons de profiter de cet autre moyen de nous mettre en relation avec eux. Car ces examens sont pour nous une excellente manière d'arriver à les connaître. Souvent, des jeunes gens qui ne s'occupent de la maison de Nazareth que depuis quelques mois ne peuvent, quand ils se rendent rue Vaneau, mettre des noms sur tous les visages qu'ils y voient. Les examens sont donc une occasion toute trouvée de nous lier avec les petits apprentis. Et d'ailleurs nous prenons un vif intérêt, nous qui continuellement sommes examinés nous-mêmes, à interroger nos enfants, à écouter leurs réponses, à apprécier leur savoir.

« En conséquence, une fois par quinzaine, le mercredi soir, nous nous tenons dans la cour de l'école Bossuet, prêts à recevoir les petits apprentis. Ceux d'entre nous dont c'est le tour de service se sont à l'avance séparés en deux bureaux de trois examinateurs; dans chacun de ces bureaux l'on se partage la besogne suivant ses goûts et ses aptitudes; l'un se charge de la partie grammaticale, l'autre de la partie historique, le troisième de la partie arithmétique. Puis on reçoit les apprentis, on cause un instant avec eux et on se prépare à l'examen en les divisant en petits groupes, qui défileront à tour de rôle devant chaque bureau.

« Si souvent le mot d'examen doit éveiller une idée de pompe et de solennité, ce n'est certes pas ici; tout cela se passe simplement et fraternellement; ce sont des amis qui éprouvent le savoir d'amis plus jeunes. Cependant si la forme est des plus familières le fond reste très sérieux. Il n'y a pas là de note de faveur, de cote d'amour, comme on dit à polytechnique. Chacun obtient exactement la note qu'il mérite, suivant un pointage qui va de 0 à 10.

« L'épreuve dure une demi-heure, chaque enfant ayant été interrogé pendant dix minutes sur chaque matière. Nous levons alors la séance et nous menons les apprentis dîner dans le réfectoire de l'école; toute distinction s'efface entre examinateurs et examinés; nous causons avec celui-ci et avec celui-là; l'un nous parle de l'interrogation qu'il vient de subir, l'autre de la journée qu'il a passée. Souvent nous avons affaire à un enfant auquel, pour telle ou telle cause, nous nous intéressons particulièrement. Nous le prenons alors à part, et nous parlons ensemble des sujets qui peuvent le toucher spécialement. C'est un grand plaisir pour ces petits apprentis que ce dîner qui suit leur examen. Ils sont heureux de nous voir ainsi, de nous traiter en amis, de nous parler de leurs peines ou de leurs joies; et enfin, il faut bien le dire, ce dîner, un peu plus succulent que d'habitude, est pour quelque chose dans l'attrait qu'ont pour eux ces soirées.

« Mais ce n'est pas là que se bornent les résultats de l'examen qu'ils viennent de passer; les notes que nous avons données sont remises à la direction de la maison de famille, et, le dimanche suivant, après la messe, on réunit les enfants pour les lire, en même temps que les appréciations de leurs patrons sur leur conduite et leur travail à l'atelier. C'est comme « l'ordre du jour » au régiment.

« Les seconds mercredis des quinzaines, ce sont au contraire les membres du Conseil, élèves ou anciens élèves de l'école Bossuet, qui se déplacent, et vont à la rue Vaneau passer la soirée avec les habitants de la maison de Nazareth. Ces soirées-là sont entièrement réservées aux distractions, qu'on partage en prenant en commun une tasse de thé et en organisant des petits concerts, des représentations de paravent, ou en jouant tout simplement quelques bonnes parties de cartes, d'échecs ou de dominos. Le chapitre « divertissements » s'accroit pour les enfants des dimanches passés au patronage dont ils font tous partie, et des fêtes célébrées en plein air à certaines dates. Le 14 juillet, notamment, ils sont invités en villégiature dans un château des environs de Paris, où une dame, amie de l'œuvre, les reçoit et les traite en enfants gâtés. »

On voit que l'effort principal de l'œuvre tend à restituer aux apprentis la vie vraiment familiale et à les entourer des soins et de l'affection qui leur sont nécessaires. Tout concourt à ce but; et la sortie même des intéressés, quand parvenus à l'âge d'homme ils volent de leurs propres ailes, ne rompt pas les liens qui les rattachent au nid. Lorsqu'ils accomplissent leur service militaire et se trouvent en congé, lorsqu'embauchés en province ils viennent passer quelques jours à Paris, ils seront accueillis à la table commune en qualité d'invités de droit. Il y a même une petite chambre des hôtes, coquettement et confortablement arrangée, pour ceux auxquels il plairait de venir dormir sous le toit hospitalier. Dans la salle de réunions, on est touché de voir de naïves photographies représentant des jeunes mariés, empesés dans leur habit de gala, et donnant fièrement le bras à l'épouse qu'ils ont conduite de l'autel nuptial à l'objectif d'un artiste pour hyménée. Ce sont d'anciens pensionnaires, qui n'ont rien eu de plus pressé que d'envoyer aux camarades cette attestation de leur changement d'état civil. D'autres expédient les diplômes obtenus à des expositions industrielles, des médailles de mérite. Et c'est bien la preuve que, pour eux, la maison de la rue Vaneau est l'équivalent du foyer paternel, puisqu'ils jugent bon d'y concentrer leurs plus précieux souvenirs, ceux qu'on aime à soustraire aux accidents de la vie.

Ainsi se réalise sans conteste le but que se proposent les fondateurs de l'œuvre. Toutefois, si celle-ci peut être citée comme un type presque irréprochable de maison de famille il est malaisé de l'imiter.

En effet elle coûte, comme nous l'avons dit, fort cher. Le Conseil dépense, pour les vingt-cinq apprentis qui constituent son petit cénacle, et dont il serait imprudent d'augmenter le nombre si on veut laisser au groupement son caractère familial, une somme de dix mille francs par an, en dehors des onze mille trois cents francs, représentés par les pensions mensuelles à trente-huit francs. C'est bien près de mille francs par tête d'assisté. A ce prix on les pourrait entretenir jusqu'à leur majorité dans des écoles gouvernementales. De plus, chacun de ces apprentis absorbe les soins et une partie du temps d'au moins un des élèves ou anciens élèves de l'école Bossuet. Le personnel enseignant ou surveillant est quasi plus nombreux que celui des bénéficiaires. Le nombre des patrons dépasse celui des clients.

S'il fallait étendre à tous les enfants de la classe ouvrière qui en ont besoin l'avantage d'institutions analogues, quel budget charitable, quelle armée de gens dévoués pourraient y suffire?

On ne peut qu'admirer l'œuvre de Notre-Dame de Nazareth, se féliciter qu'elle existe à titre de spécimen, et au plus grand profit des quelques privilégiés qui en jouissent, mais sans se leurrer de l'espoir qu'elle puisse essaimer comme il conviendrait.

LES

ÉCOLES CHRÉTIENNES DU SOIR

Les écoles chrétiennes du soir, dues à l'initiative de M. le comte de Vorges, ne poursuivent pas un but exclusivement professionnel et ne rentrent, par cela même, qu'en partie dans le programme de cet ouvrage. Toutefois, comme elles sont exclusivement consacrées aux apprentis de Paris, nous ne saurions nous dispenser d'en dire ici quelques mots.

Ces écoles, qui comptent parmi leurs protecteurs M. Merveilleux du Vignaux, ancien député, doyen de la faculté catholique de droit, M. Vassard, ancien président du tribunal de Reims, M. le comte de Bourmont, M. le baron de Vaux, M. Lerolle, conseiller municipal du VIIe arrondissement, etc., sont au nombre de trois : celle de Grenelle, qui va entrer dans sa septième année de fonctionnement, avec cent quarante élèves ; celle de Charonne, datant de quatre ans, avec cent vingt élèves, et celle du Gros-Caillou, récemment ouverte dans les locaux du patronage Saint-Jean, avec quatre-vingt-dix-huit élèves. C'est un total de trois cent cinquante-huit élèves, dont la plupart suivent différents cours et réalisent ainsi un total approximatif de huit cents inscriptions.

« Ces résultats, dit le dernier rapport des Écoles chrétiennes du soir, nous ont coûté sept années d'efforts et sont peu de chose sans doute dans l'immensité de la population parisienne. C'est néanmoins un premier jalon ; c'est un modèle qui montre ce qu'il est possible de faire dans chaque quartier et dans chaque paroisse. L'œuvre est susceptible d'une extension indéfinie à mesure que se multiplieront les ressources. Il y a là pour les classes éclairées un moyen pratique d'agir sur les masses, de conquérir dans les milieux populaires une sérieuse influence fondée sur les services rendus. Nous voudrions que tout jeune homme instruit comptât parmi ses charités ordinaires quelques heures données à l'enseignement gratuit du peuple. Il y trouverait toutes sortes d'avantages : il s'exercerait à parler, il apprendrait bien ce qu'il serait obligé d'enseigner, il connaîtrait mieux le peuple, il en serait mieux connu; enfin il contribuerait à maintenir dans le bien un grand nombre d'âmes. Si nous pouvions inspirer ce dévouement à toute la jeunesse catholique, Paris serait bientôt couvert d'écoles chrétiennes d'adultes. »

Pourtant la pénurie de professeurs n'a pas été jusqu'ici le principal obstacle. Il existe d'autres causes d'échecs relatifs qu'un auteur anonyme du *Bulletin des Patronages* étudie avec un bon sens tout particulier. Nous devons relater ici ces critiques, capables d'éclairer ceux qui, dans l'avenir, seraient désireux de fonder à leur tour, en un point quelconque de la France, des écoles du soir.

« Il faut, dit cet auteur, comprendre d'abord parfaitement quel doit être le caractère des cours. Ce n'est pas chose si facile : l'insuccès de diverses tentatives, la continuelle décroissance — c'est un fait général — du nombre des présents dans le courant de chaque année sont imputables à la paresse des enfants, sans doute; mais ne sont-ils pas parfois rebutés par un enseignement souvent mal approprié ?

« On n'accepte que des auditeurs âgés de treize ans au moins ; mais à ces jeunes gens, fatigués par une journée de rude labeur, on s'est aperçu qu'on demandait quelquefois un peu trop, par exemple un travail en dehors des cours, surtout lorsque ceux-ci prennent plusieurs jours de la semaine. Les professeurs, qui appartiennent souvent à des maisons d'éducation secondaire, sont habitués à traiter des enfants qui ont seulement à penser; ils oublient les conditions de vie de leurs auditeurs du soir. Pour faire accepter à ces jeunes ouvriers un *cours doctrinal*, il faut offrir à leur intelligence un travail aisément assimilable. C'est pour cela que les leçons d'histoire et de littérature, qui ne demandent qu'une attention passive, ont partout du succès ; certains ont vu croître constamment le nombre de leurs adhérents. Le professeur a dû en partie son succès à ce qu'il a adopté un genre de conférences se rattachant toutes à un plan d'ensemble, mais formant chacune un tout complet, accessible, par conséquent, même aux irréguliers.

« Les cours de mathématiques, d'anglais, pour citer les plus en honneur, n'ont eu qu'un succès local : ils exigent un effort trop personnel. S'il y a des travailleurs qui aient le courage de ne pas se rebuter, ils comprendront du moins difficilement un cours théorique ; en tous cas, on ne saurait trop le proportionner à la force très variable des différents élèves.

« Les cours professionnels, plus immédiatement utiles, ont plus de chances d'attirer d'abord. On doit pour les faire prospérer tenir le même compte de la situation de ces apprentis auxquels on ne peut demander qu'un travail facile, les intéressant de près. Strictement professionnel, l'enseignement est condamné par l'expérience : un trop petit nombre s'intéresse à chaque spécialité; de plus, le jeune homme n'est pas tenté de reprendre le soir la tâche qui l'a fatigué tout le jour de sa monotonie. Ainsi un cours de menuiserie a dû être supprimé, un cours de comptabilité périclite.

« Le succès est au contraire assuré à un cours s'inspirant à un point de vue général de l'industrie locale : « leçons de choses » pour les districts minier, verrier, sucrier; « cours d'agriculture » pour les patronages ruraux. Par eux l'apprenti peut s'élever, il le cherche lui-même; à nous d'en profiter.

« Dans les pays métallurgistes, partout un peu de dessin indusstriel utile et attrayant réussit bien. Il gagne à être enseigné par un professionnel, ouvrier mécanicien possédant bien sa machine, sachant l'expliquer individuellement sans risquer de théories générales, qui passent incomprises sur la masse. Un détail technique : insister sur le croquis à main levée de l'organe, c'est le seul travail vraiment profitable. Les leçons ne doivent pas excéder une heure à une heure et demie de durée.

« L'une des grandes causes d'échec des cours professionnels du soir, c'est le cercle très restreint où ils peuvent se recruter. En général, ils ne peuvent attirer que des enfants d'élite. La masse, à notre grand regret, reste indifférente au perfectionnement de son instruction. Sans doute, il faut réagir contre cette tendance, mais avant que nous ne soyons arrivés à faire pénétrer dans nos protégés ce qu'on pourrait appeler l'*esprit professionnel*, il faut savoir envisager les faits. Ce qui donne aux cours officiels leur apparence de succès, c'est à coup sûr leur très large périmètre de recrutement.

« C'est pour la même raison que les cours du soir réussissent en général bien dans les grands patronages et végètent trop souvent dans les œuvres plus restreintes. Il existe un excellent procédé pour obvier à ces inconvénients : c'est d'unir plusieurs patronages d'une même ville pour constituer dans un local neutre l'enseignement professionnel. »

Voilà certainement des vues excellentes qui méritaient d'être exposées, et dont devront s'inspirer tous ceux qui ont à cœur la diffusion pratique des connaissances utiles aux apprentis.

L'ŒUVRE DE DON BOSCO

Tout est extraordinaire dans la vie et la mission de ce prêtre piémontais, mort hier, après avoir doté l'Italie et la France d'un ensemble d'institutions religieuses et charitables, dont le développement a déjoué par sa rapidité toutes les prévisions rationnelles et rappelé les grands élans enthousiastes du moyen âge. On lui doit la fondation d'une société qui a recueilli et élevé en un demi-siècle trois cent mille enfants, fourni six mille prêtres à l'Église, réuni plus de cent mille coopérateurs, fondé deux cent cinquante maisons ou églises, et envoyé des missions dans les régions les plus reculées de l'Amérique du Sud, en Patagonie et à la Terre de feu. Or le promoteur de toutes ces grandes choses était un simple petit berger d'un village de montagne qui ne paraissait disposé, ni par ses influences ataviques, ni par son éducation première, ni même par les études modestes qui lui permirent l'accès de la carrière ecclésiastique, à devenir un remueur d'idées et un pasteur d'hommes. Mais cet élu avait un don plus précieux : la séduction mystérieuse qui touche et entraîne les cœurs, l'éloquence du geste et du regard qui prépare les triomphes de la parole, ce pouvoir magnétique qu'on ne peut ni définir ni analyser, mais qui seul est capable d'expliquer la suggestion qu'exercent sur ceux qui les approchent certains saints, certains conquérants ou certains grands artistes, à des pôles divers de l'humanité. Vivant encore, ils appartiennent déjà à la légende, qui se complaît à les nimber d'étrangeté, par un aveu inconscient du mystère qu'elle pressent en ces hommes.

Don Bosco n'échappe pas à cette tendance, et il a déjà été écrit des volumes d'anecdotes merveilleuses sur sa vie, sur la divination qui lui permit d'échapper à des dangers de toutes sortes, même aux coups des assassins, — car ce moderne Vincent de Paul eut des ennemis pour attenter à ses jours, — sur les protections providentielles qui vinrent à point nommé le tirer des embarras les plus cruels.

Un de ces plus savoureux souvenirs, de couleur bien italienne, est celui qui s'attache à son fameux chien *Grigio*, molosse gris venu d'on ne sait où, qui sortait de l'ombre chaque fois que son intervention pouvait être utile et y rentrait sans laisser de trace, le péril passé. La première fois qu'on le voit apparaître, c'est pour accompagner don Bosco à travers les chemins déserts et mal famés qui séparaient son oratoire des faubourgs de Turin. Des malfaiteurs embusqués au détour d'un sentier pour demander la bourse ou la vie au premier passant qui leur tomberait sous la main aperçoivent le prêtre et l'assaillent. Mais ils ont compté sans le fidèle Grigio, qui en étrangle un et met les autres en fuite.

Un autre jour, don Bosco se préparait à sortir en pleine nuit pour se rendre auprès d'un malade qui réclamait son ministère. Sur le seuil de la porte il trouve Grigio, grondant d'une façon menaçante et refusant obstinément de lui livrer passage. Le saint homme veut apaiser son compagnon, d'ordinaire si doux à son égard, mais rien n'y fait. La vieille mère de don Bosco, la maman Marguerite, qui avait renoncé à tout pour venir partager sa vie d'austérité et l'aider dans son œuvre de bienfaisance, accourt à ce bruit, et, frappée du spectacle, supplie son fils de renoncer à son projet de sortir. Celui-ci se laisse convaincre. A peine était-il rentré dans sa demeure qu'un voisin vient l'aviser en toute hâte que la demande du prétendu malade n'était qu'une feinte, et qu'il venait d'entendre quatre malandrins armés de pistolets comploter non loin de là l'assassinat de don Bosco pour cette nuit même. Durant cette conversation le chien avait disparu.

Les clercs de l'oratoire, au courant des hauts faits du molosse, mais fâchés que son humeur vagabonde rendît ses services intermittents, résolurent de se l'attacher plus étroitement, et

Don Bosco.

un jour qu'il gambadait sur les pas de don Bosco s'en emparèrent et l'enfermèrent dans une chambre.

Quand il aura faim, pensaient-ils, il deviendra plus docile, s'habituera à prendre sa pâtée de nos mains et à nous obéir.

En conséquence, ils préparèrent une soupe appétissante et, au bout de douze heures, l'apportèrent à l'intéressé. Lorsqu'ils ouvrirent la porte, la pièce était vide; on ne sut jamais par où le chien avait pu s'enfuir, toutes les issues étant rigoureusement closes. Du coup, ils renoncèrent à leurs tentatives d'apprivoisement.

Au fur et à mesure que les environs de Turin devinrent plus sûrs et moins fréquentés par les coupe-jarrets, les apparitions de Grigio s'espacèrent ; puis il s'éclipsa définitivement. On pensa qu'il avait été mourir dans quelque coin. Mais voici bien le plus étonnant. Dix-sept ans plus tard, don Bosco allait visiter, en compagnie d'un père salésien, une maison de son ordre, éloignée de plusieurs lieues de la station de chemin de fer à laquelle ne s'arrêtait qu'un seul train de nuit. Les deux religieux, qui n'étaient point attendus, se mirent en route ; mais, trompés par l'obscurité et le mauvais état des chemins, ne tardèrent pas à s'égarer et à s'embourber dans des fondrières, où ils risquaient de se rompre le cou. Au plus fort de la détresse, le père poussa un cri d'épouvante.

« Prenez garde, dit-il à don Bosco, voici un énorme chien qui va vous sauter à la gorge ! »

Une exclamation joyeuse de son supérieur lui répondit.

« Mais non ! ne craignez rien, je le reconnais, c'est Grigio ! Quelle surprise ! »

Était-ce Grigio, son fils ou son neveu ? toujours est-il qu'il possédait même taille, même robe, même allure, et qu'après avoir manifesté par ses frétillements et ses abois aux deux égarés qu'il fallait le suivre, il les conduisit en trottinant jusqu'à la porte cherchée, et une fois de plus s'évanouit dans le brouillard.

C'est la dernière circonstance dans laquelle les biographes de don Bosco fassent mention du mystérieux Grigio.

Nous aurions pu trouver parmi les souvenirs qu'ils relatent mainte autre anecdote du même caractère ingénu et touchant, mais il nous faut passer de la légende à l'histoire et retracer brièvement la naissance des ateliers salésiens, qui constituent aujourd'hui un des centres importants de l'enseignement professionnel libre.

Pendant le temps où il achevait ses études ecclésiastiques à Turin, don Bosco eut l'occasion de visiter fréquemment les prisons de cette ville, et son cœur se serrait douloureusement en constatant qu'elles étaient pleines d'enfants, amenés là en expiation de délits dont la société était plus responsable que les coupables eux-mêmes. Abandonnés à leurs instincts, privés de tout bon conseil, de tout appui moral ou matériel, ces petits malheureux achevaient de se pervertir dans les promiscuités de la détention, et ne sortaient de leur géhenne que pour y rentrer bientôt sous le coup de nouveaux méfaits. Ne serait-ce point une œuvre méritoire, bien digne de remplir une vie entière que de se consacrer aux enfants pauvres et abandonnés, qui pullulaient dans les faubourgs de Turin, et d'endiguer le recrutement de l'armée du vice? Don Bosco le pensa et résolut de refuser les postes qu'on lui proposait dans le clergé paroissial pour se mettre de suite à la tâche. Mais il n'avait pas encore de plan bien arrêté, et ce fut une circonstance accidentelle qui lui amena son premier néophyte. Voici comment :

Il se préparait un jour, dans la sacristie d'une église de Turin, à célébrer une de ses premières messes, quand un tapage inusité le força à détourner la tête, et il aperçut le sacristain de la paroisse en train d'administrer une maîtresse râclée à un petit gamin qui se défendait de son mieux.

« Pourquoi maltraitez-vous ainsi cet enfant? demanda-t-il au brutal.

— Parce qu'il refuse obstinément de servir votre messe, sous prétexte qu'il ne sait pas. Or, comme je n'ai aucun enfant de chœur à mettre à votre disposition si ce mauvais garnement ne s'exécute pas, vous n'allez pas pouvoir célébrer le saint sacrifice.

— Il suffit. Laissez là cet enfant que vous n'avez aucun droit de contraindre, et avec qui je désire causer, s'il le veut bien, dès que j'aurai dit ma messe. »

Le gamin, se sentant protégé et charmé de jouir de la confusion du sacristain, attendit volontiers que le prêtre fût libre, et, dès que don Bosco eut prononcé son action de grâce, le dialogue suivant s'engagea entre eux :

« Comment t'appelles-tu, mon cher petit?

— Barthélemy Garelli.

— De quel pays es-tu ?
— D'Asti.
— Ton père vit-il encore ?
— Non, il est mort ?
— Et ta mère ?
— Elle est morte aussi.
— Quel âge as-tu ?
— Bientôt seize ans.
— Sais-tu lire et écrire ?
— Non, je ne sais rien.
— As-tu fait ta première communion ?
— Pas encore.
— As-tu été déjà à confesse ?
— Je crois que oui, mais quand j'étais tout petit.
— Fréquentes-tu le catéchisme ?
— Non, je n'ose pas.
— Et pourquoi ?
— Parce que mes camarades, bien plus jeunes que moi, le savent et que moi, plus grand qu'eux tous, je n'en sais pas un mot.
— Et si je te faisais le catéchisme en particulier, viendrais-tu l'écouter ?
— Bien volontiers.
— Quand veux-tu que nous commencions ?
— Quand vous voudrez.
— Ce soir ?
— Ce soir.
— Et pourquoi pas tout de suite ?
— Tout de suite, je suis prêt. »

Alors don Bosco commença la leçon. La main de Dieu, dit celui de ses disciples qui a conté l'histoire, s'était posée sur sa tête et il connut sa mission. Garelli devait être pour lui mieux qu'un élève. Instruit, élevé par ses soins, il devint un de ses premiers collaborateurs, entra dans les ordres et fut un des prêtres salésiens de la première heure. Mais du premier jour ses offices commencèrent auprès du maître, car c'est lui qui lui amena les autres orphelins, ses compagnons de vagabondage, qui s'attachèrent aux pas de don Bosco. C'est pour eux que celui-ci, dans un hangar d'abord, puis dans une vieille église abandonnée, enfin dans des locaux moins délabrés offerts par une personne pieuse, institua son premier asile, destiné tout d'abord à recevoir les enfants pendant le jour seulement ; mais qui ne tarda pas à leur assurer une hospitalité plus complète dès que la maman Marguerite put venir s'occuper d'eux.

C'est au plus fort de cette période de misères, alors qu'on quêtait le matin les croûtes de pain qui devaient garnir la soupe du soir, qu'un jour don Bosco, entouré de ses enfants, leur dit : « Sur cette terre où vous prenez aujourd'hui vos ébats, s'élèvera l'autel d'une belle église où vous viendrez vous agenouiller et chanter les louanges du Seigneur. »

Car dès lors tous les nuages s'étaient dissipés dans son esprit, et il entrevoyait clairement, à côté du plan parfaitement arrêté d'enseignement qu'il réservait à ses protégés le développement de son œuvre avec toutes ses ramifications et toutes ses conséquences, la société ecclésiastique de Saint-François-de-Sales pour l'éducation des garçons, l'œuvre de Marie auxiliatrice destinée à favoriser et aider les vocations religieuses chez les adultes et comportant un ordre de sœurs pour la direction des jeunes filles, les missions lointaines, bref, le partage de la terre entre les ouvriers de la société salésienne.

Il parlait de toutes ces choses comme si elles eussent été déjà réalisées, et leur exécution semblait alors si problématique, que le clergé de Turin n'était point éloigné de croire que don Bosco ne fût atteint de mégalomanie. On le crut fou pour tout de bon, et deux de ses confrères, sans doute avec l'autorisation diocésaine, projetèrent, pour ramener un peu de calme dans ses idées, de l'amener par surprise dans une maison de santé où il serait gardé quelques mois entouré des soins assidus d'un médecin dévoué. Ils vinrent le chercher à l'oratoire en calèche fermée, sous couleur de faire en leur compagnie une promenade dans la campagne d'alentour. Le cocher avait le mot et devait, dès qu'il entendrait fermer la portière de sa voiture, partir à fond de train et ne s'arrêter que dans la cour de l'asile.

Certes don Bosco n'était point prévenu. Cependant, lorsque ses amis l'eurent déterminé à les suivre, il ne voulut, sous aucun prétexte, monter le premier dans le véhicule, et fit assaut de courtoisie pour passer le dernier. A peine ses deux collègues étaient-ils installés, qu'il ferma la porte et, restant à terre, cria à l'automédon : « En route, et vivement ! » Celui-ci, jaloux de bien remplir sa mission, fit partir ses chevaux au grand galop, et ne les arrêta qu'au lieu dit. La descente donna lieu au plus comique des quiproquos. L'aliéniste, prévenu de l'arrivée d'un prêtre qu'il ne connaissait pas de vue, mais qui probablement protesterait contre son internement, en voyant deux au rendez-vous, ne s'inquiéta pas de ce surcroît de pensionnaires et les jugea l'un et l'autre de bonne prise. Malgré les cris et les réclamations des conjurés, il les fit conduire en cellule et la douche allait intervenir, quand les infortunés eurent enfin l'idée de se réclamer de l'aumônier de l'établissement. Celui-ci accourut et réussit à les faire remettre en liberté, mais du coup les deux prêtres renoncèrent à tout jamais à faire enfermer don Bosco.

Le succès commençait d'ailleurs à venir confirmer les promesses du hardi créateur. Déjà son œuvre s'étendait et portait ses fruits. Nous ne pouvons point ici en suivre pas à pas le développement. Qu'il nous suffise de dire le programme appliqué dans le fonctionnement des maisons qui s'ouvraient une à une.

Partout l'atelier marche de pair avec l'école. Les professeurs et les chefs d'atelier sont en général des Salésiens, prêtres, clercs ou laïques ; à défaut de Salésiens, on prend autant que possible d'anciens élèves ayant appris leur métier dans les maisons salésiennes et devenus d'honnêtes pères de famille. Cependant si les nécessités de l'enseignement technique l'exigent, on a recours à des contremaîtres étrangers, mais ceux-ci ne s'occupent absolument que de diriger le travail, et un prêtre salésien se trouve de permanence dans la section pour veiller à la discipline et à la direction morale.

Les enfants sont reçus à partir de onze ans aux études, à partir de treize ans aux établis. Comme il ne serait pas juste que ceux qui peuvent payer grèvent le budget de leurs camarades plus pauvres, le principe de la gratuité n'est pas absolu. On exige donc théoriquement une pension de 25 frans par mois, mais en réalité les trois quarts ne payent rien, ce qui est d'autant moins surprenant que la préférence est toujours accordée pour les admissions aux orphelins et aux enfants abandonnés. Chaque maison jouit d'une entière autonomie administrative et subsiste à ses risques et périls avec l'appui de ses bienfaiteurs personnels, de telle sorte que la chute de l'un ne saurait entraîner celle des autres ou compromettre leur existence.

Quant au système d'éducation, il se résume dans ce précepte formulé par don Bosco : prévenir les fautes de l'enfant pour n'avoir pas à les réprimer. Le fondateur ajoutait :

« Éclairer et former la conscience de l'adolescent, ouvrir et dilater son cœur en se mêlant à ses jeux, fortifier sa volonté en lui suggérant ce qu'il doit faire plutôt qu'en le lui imposant ; éviter ce formalisme inutile, cette réglementation minutieuse qui énervent l'élève et le fatiguent ; peu lui commander pour obtenir beaucoup. Et, s'il faut punir, ne pas employer ces châtiments violents qui irritent l'élève et avilissent l'autorité du maître, mais priver le coupable des récompenses et témoignages d'estime et d'affection, pour le relever tendrement ensuite, pour lui rendre confiance et courage : voilà, mes frères, quelle doit être votre règle. L'emploi de cette méthode veut la pratique d'une piété vraie, c'est-à-dire débordante d'allégresse. Il exige de l'éducateur un surcroît de labeurs, d'assistance, de patience inaltérable, mais il conquiert le cœur de l'enfant et assure à celui qui y a recours une reconnaissance, un attachement, une influence qui durent toute la vie. »

La moyenne des pensionnaires de chaque maison est d'environ 200, pourtant celle de Lille en compte 300, et celle de Turin près de 1000.

La première maison salésienne fondée en France fut celle de

Nice. L'établissement de Paris, qui ne date que de 1885 et fut créé par don Ronchail, l'ancien supérieur de Nice, comprend des ateliers de tailleurs, de cordonniers, de relieurs, de papetiers, de doreurs, de menuisiers, de mécaniciens, de compositeurs-typographes, de serruriers et de forgerons. Ce sont les corps de métier qui sont représentés dans toutes les maisons de don Bosco. A Lille, on enseigne en plus la galvanoplastie et la lithographie; à Liège, la fabrique des armes.

Comme il nous serait malaisé de suivre l'enseignement de tant de spécialités diverses, nous nous bornerons à examiner de près la manière dont est constitué l'atelier de cordonnerie de Paris-Ménilmontant.

L'ATELIER DE CORDONNERIE

Le métier de cordonnier semble un des plus avantageux qui se puisse apprendre : il assure à celui qui l'exerce une grande indépendance; car on y peut travailler à ses heures; il n'exige pas d'outillage cher ou compliqué, ne connaît point autant de morte saison que bien d'autres, et permet d'aller installer son établi un peu partout, au gré de ses préférences ou de ses fantaisies; car en tout lieu où existe une agglomération d'hommes civilisés on porte et on use des souliers. Et puis la profession jouit d'une popularité de bon aloi, elle évoque comme un écho de rires et de chansons; combien de vieux contes ou d'antiques fabliaux ont mis en scène des cordonniers et savetiers! tous y jouent un rôle malicieusement sympathique. On ferait une thèse avec ce titre : *Du rôle et du caractère des cordonniers dans la littérature.*

Oui, tous gais et bons garçons! Il n'y a guère qu'Isaac Laquedem dont puisse rougir la corporation, encore le souvenir de ce vilain juif est-il compensé par celui de saint Roch, sans parler des frères Crépin et Crépinien, qui méritèrent de devenir les saints patrons de la confrérie. Et voyez l'influence du métier: ces saints eux-mêmes jouèrent tant de tours à leurs bourreaux, que le récit de leur persécution trouve moyen de faire rire aux dépens de leurs persécuteurs.

On sait qu'ils étaient venus de Rome à Soissons, où ils multipliaient les conversions parmi les nombreux habitants de cette ville, qui accouraient à leur boutique pour profiter du bon marché et de l'excellence des chaussures qui s'y fabriquaient. Les ouvriers se faisaient apôtres, et l'empereur Maximien-Hercule, qui se trouvait en ce temps-là en Gaule, ordonna à son prévôt Rictiovare de les en punir.

Ce prévôt était ennemi forcené des chrétiens, raconte l'hagiographe Vollet; il fit étendre Crépin et Crépinien sur une roue et ordonna de les battre, dos et ventre, avec une barre de fer; mais les saints se moquaient des tourments et chantaient les louanges de Dieu. On leur enfonça des alènes dans les ongles et on leur tailla dans le dos de larges courroies; mais les alènes et les tranchets rejaillirent avec violence contre les tortionnaires et les blessèrent. Rictiovare fit attacher à des meules, et jeter à la rivière les patients; mais les meules, devenues légères, élevèrent les saints au-dessus de l'eau et les portèrent sur la rive. On les reprit et on les mit dans une chaudière de plomb fondu; une goutte de ce plomb jaillit à l'œil de Rictiovare et le creva. On les plongea, tête en bas, dans une cuve remplie de poix et d'huile bouillante; mais un ange les en tira plus vermeils et robustes qu'ils n'y étaient entrés. A cette vue Rictiovare, mû de fureur par l'instinct du malin esprit, se précipita dans le feu qu'il avait allumé et y acheva ses jours impies. Crépin et Crépinien, indemnes et victorieux, passèrent la nuit en prières et supplièrent le Seigneur de ne pas leur refuser la palme du martyre. Un ange leur apparut qui leur annonça que leur vœu serait exaucé, et, en effet, le lendemain Maximien leur fit trancher la tête.

Au temps de ces saints martyrs le terme de *cordonnier* n'existait pas encore; on appelait les ouvriers en chaussures des *sueurs,* c'est-à-dire des couseurs (du latin *sucre,* coudre), parce qu'ils assemblaient au moyen de coutures les cuirs nécessaires à leur industrie. Ce terme ancien ne s'est plus conservé que dans les noms propres, comme beaucoup d'autres qui révèlent aux familiers du vieux français la signification de noms patronymiques dont le sens échapperait sans cela. Les Lesueur, les Chapuis [1], etc., rappellent ainsi le corps de métier auquel appartint leur premier ancêtre, celui qui donne son nom à toute la lignée.

On ne commence à parler de cordonniers ou de *cordoua-*

---

[1] Les chapuiseurs étaient les fabricants de carcasses en bois pour selles de chevaux.

niers, comme on disait au début, qu'à partir du temps de Charlemagne, époque où le cuir de chèvre fabriqué à Cordoue par les Arabes commença à devenir célèbre par ses qualités de solidité et de souplesse, et fut employé à la confection des chaussures de luxe. Les cordonniers n'entendaient pas être

Combien de vieilles images ont mis en scène des cordonniers !

confondus avec les simples sueurs; mais bientôt plusieurs villes du Midi de la France, Montpellier et Toulouse notamment, s'étant mises à tanner, elles aussi, les peaux de chèvres, l'usage du cordouan se répandit au point que tout le monde en usa peu ou prou, et que la corporation des cordouaniers s'identifia avec celle des sueurs. Néanmoins ces artistes eurent soin d'établir une ligne de démarcation bien nette entre leur métier et celui des *saveloniers,* qui n'avaient le droit que d'employer la basane pour l'établissement de leurs produits. A leur tour ceux-ci se distinguaient nettement des *saveliers,* lesquels ne pouvaient faire que les réparations : travailler dans le vieux, à l'exclusion du neuf.

L'apprentissage durait cinq ou six ans. Était-ce trop?

« Quiconque, dit M. Appert, le rapporteur du jury de la classe de chaussures à l'exposition de 1889, a vu le modeste cordonnier d'autrefois travaillant sur son tabouret, sa femme et son apprenti à ses côtés, a pu se rendre compte des soins que nécessite la confection d'un bon soulier.

« Après avoir tracé les contours du pied sur une feuille de papier, il en prenait la longueur avec un compas, divisé en douze pouces de quatre points chacun, qui, dit-on, représentait la longueur du pied de Charlemagne, et était, pour cette raison, appelé *pied de roi.* Cette mesure équivalait à 0 m. 325. On s'en sert encore de nos jours, mais le système métrique tend à la remplacer.

« Ensuite il prenait les épaisseurs du pied et de la jambe au moyen d'une bande de papier qu'il écornait à chaque mesure, et qui devait lui servir à dresser la forme et les patrons sur lesquels il coupait les semelles et les dessus. La femme piquait ces dessus à l'alène ou à l'aiguille, le maître préparait son cuir pour les diverses parties du semelage, le battait de façon à l'égaliser et le rendre imperméable, tandis que l'apprenti, appelé *bœuf* dans le métier, faisait les fils, les poissait et y ajustait une soie de porc ou de sanglier.

« Un jour venait où le patron mettait une alène entre les mains de son apprenti. C'était le grand jour, car alors commençait l'initiation à tous les détails du métier. Cela durait cinq ou six années avant que l'apprenti, devenu ouvrier, pût songer à partir pour le tour de France. D'abord aspirant compagnon, il travaillait dans la chambrée avec les compagnons. Dans cette chambrée, d'habitude égayée par la présence d'une pie ou d'un corbeau, le travail se faisait le soir autour d'une mauvaise lampe, dont la lumière était augmentée, pour chaque artisan, par un globe rempli d'eau. Il régnait là une camaraderie dont se souviennent avec plaisir tous les anciens compagnons et qui durait toute la vie.

« Nantes, Bordeaux, Toulouse, Marseille, Lyon étaient les principales stations de cordonniers qui faisaient leur tour de France. Le nombre des compagnons a diminué considérablement, et on doit le regretter, car ils étaient tous de très bons ouvriers. On a pu en juger à l'Exposition de 1889, où ils se montraient collectivement pour la première fois. »

Si la corporation s'est ainsi restreinte, c'est que le métier de cordonnier, comme tant d'autres, a été bouleversé par l'invasion de la fabrication mécanique. Au point de vue général de la richesse nationale il ne convient pas de s'en plaindre, puisque l'exportation a triplé de ce fait depuis moins de trente ans; mais au point de vue de l'autonomie et du bien-être de l'ouvrier, les conséquences n'ont pas été là moins déplorables qu'ailleurs. Aujourd'hui une chaussure peut se faire en entier mécaniquement.

On découpe les dessus à la scie ou à l'emporte-pièce à vapeur. Les sous-bouts, les contreforts, etc., se débitent au moyen de presses de toutes sortes. On emploie la machine pour graver, coudre, redresser et déformer, pour poser le noir et la cire, pour faire le grattage des semelles et des talons. Il n'est pas jusqu'au montage des dessus qui ne se puisse faire à la grosse. Le résultat de ces perfectionnements pratiques a été de dépeupler les échoppes tandis que se peuplaient les manufactures, où l'apprentissage n'existe plus; de telle sorte que le métier de cordonnier à la main ne répond plus qu'aux exigences de la clientèle de luxe, ou à la réparation : les deux bouts de l'échelle. Encore la plupart des réparations commencent-elles à s'exécuter mécaniquement.

Les vrais disciples de saint Crépin, ceux qui travaillent à leur compte et non pour des intermédiaires, se font de plus en plus rares, et leur profession est appelée à disparaître. C'est pour cela sans doute que les établissements libres d'enseignement professionnel comptent si peu d'ateliers de cordonnerie dans leurs programmes et que la création des prêtres salésiens se trouve isolée à Paris.

Toutefois, comme le travail de cordonnerie à la main, pour menacé qu'il soit dans son avenir, ne cessera pas du jour au lendemain, comme il peut encore nourrir pendant longtemps un certain nombre d'ouvriers, on ne peut que se féliciter de voir un moyen pratique d'apprentissage mis à la portée des intéressés par l'œuvre de Ménilmontant. Cette œuvre répond à un des desiderata formulés par le rapporteur de 1889, qui résumait ainsi ses observations et ses vœux sur la profession et ceux qui l'exercent.

« Les ouvriers cordonniers aiment comme d'autres à fêter le lundi et ne sont pas ennemis des amusements; mais ils se réunissent d'ordinaire entre eux, fuyant les sociétés trop bruyantes. L'habitude de vivre et de travailler en famille leur fait volontiers partager leurs plaisirs avec leurs femmes et leurs enfants. Dans le métier ils se montrent chercheurs, appliqués, et pour la plupart font preuve d'un bon sens remarquable; ils poussent très loin l'esprit de camaraderie, et se soutiennent entre eux dans le malheur avec un dévouement admirable. Ils cèdent difficilement aux excitations à la grève et savent défendre eux-mêmes leurs intérêts. Du reste, les relations entre les patrons et les ouvriers sont généralement cordiales, ce qui tient à l'indépendance réciproque et à la liberté dont ils jouissent de se quitter sans avis préalable, ce qui, en terme de métier, s'appelle « se scier ». Aussi compte-t-on peu de grèves dans la corporation, et toutes partielles.

« La diversité des produits et des moyens de production entraînant une très grande variété dans le taux des salaires, les grèves générales sont devenues presque impossibles.

« Malheureusement les bons ouvriers font actuellement peu d'apprentis. Le compagnonnage a décliné : les loyers sont très élevés partout ; les moyens d'existence sont devenus coûteux, et on se décide difficilement à sacrifier cinq ou six années pour apprendre un état et acquérir une habileté qu'on perdra en partie pendant le service militaire.

Ces artistes eurent soin d'établir une démarcation bien nette entre leur métier et celui des savetouniers.

« Aussi les écoles professionnelles seraient-elles utiles surtout pour permettre aux ouvriers des ateliers de se perfectionner, soit avant, soit après leur présence au régiment. Il serait bon aussi que les cordonniers sachant bien travailler soient incorporés de préférence dans les compagnies hors rang, pour ne pas perdre l'habitude de leur profession. »

Ce dernier trait du rapport de M. Appert touche à un point

Dans cette chambre le travail se faisait autour d'une mauvaise lampe.

très grave, à une des causes de ruine de l'apprentissage au temps actuel : la nécessité du service obligatoire, pendant lequel le jeune ouvrier a tout le temps voulu pour perdre la main et oublier l'habileté technique qu'il a pu acquérir. On sait que la loi sur le recrutement a récemment admis pour certains ouvriers d'art, ayant justifié de leur supériorité par des concours, la limitation du service à un an, de même qu'elle en use avec quelques catégories d'élèves des cours supérieurs de nos facultés. Mais ce palliatif n'a guère d'autre effet que de souligner l'existence du mal, car les bénéficiaires de la faveur accordée sont précisément ceux qui pâtissent le moins d'un arrêt momentané de leurs études, la mémoire des doigts se perdant plus vite que les connaissances théoriques.

Cependant, comme nous nous trouvons en présence d'une situation de fait, peu modifiable tant que n'aura pas pris fin la veillée des armes à laquelle s'est condamnée l'Europe, ce serait temps perdu et paroles oiseuses que de chercher la résurrection de l'apprentissage par des moyens qui nous échappent.

Examinons donc comment, sans attendre l'abolition des armées permanentes, l'œuvre de don Bosco s'est mise à la tâche et comprend l'enseignement professionnel pour ses apprentis cordonniers.

Les enfants travaillent, ainsi que nous l'avons dit, sous la direction d'un habile contremaître, rétribué par l'établissement et qui doit tout son temps à ses élèves. Néanmoins les leçons ne se passent pas en cours théoriques, et le groupe forme un atelier où les connaissances de chacun sont pratiquement utilisées au fur et à mesure de leur acquisition. C'est dans cette chambrée que se fabriquent toutes les chaussures usées par les maîtres et élèves de l'établissement, ainsi qu'un certain nombre de commandes venues de l'extérieur. La maison exerce en effet au même titre que n'importe quel atelier libre, possède ses prix courants, ses conditions de vente; elle annonce des articles pour hommes, dames, garçonnets, fillettes; elle a même une spécialité qui sort du programme ordinaire des magasins de cordonnerie : les ballons confectionnés en veau, ces gros ballons que la mode du foot-ball nécessite si solides et rendent d'une vente si courante.

Évidemment pour remplir auprès de la clientèle les promesses d'un programme aussi varié, il faut que l'atelier de Ménilmontant comprenne des ouvriers suffisamment habiles. Ceux-ci ne sont pas pris au dehors, mais fournis par les adolescents ayant terminé les trois ans d'exercices préliminaires constituant l'apprentissage proprement dit. On considère en effet à l'atelier salésien que ce délai, s'il a été bien employé par l'enfant, est suffisant pour faire de lui un véritable ouvrier. Or, entré à treize ans, il a terminé sa période d'initiation à seize ans, et il lui reste quatre années avant le service militaire pour faire œuvre d'artisan réel.

Tous les travailleurs sont réunis, à l'ancienne mode, dans la même pièce, ce qui, en dehors des conseils du maître, permet le bénéfice de l'enseignement mutuel.

Mieux vaut être sûr de gagner six francs par jour.

Les plus jeunes débutent, suivant l'usage traditionnel, en apprenant à « tirer leur fil » et à « composer une branche »; entendez par là qu'ils unissent et tordent ensemble une aiguillée composée de plusieurs brins de fils solides, qu'ils poissent et enfilent ensuite dans la soie de porc qui sert d'aiguille. Cela est plus minutieux qu'on ne croirait. La soie doit être fendue en deux jusqu'à moitié de sa longueur, et c'est entre les deux branches qu'on insère le bout du fil aussi aminci que possible. Il importe de ne pas gâcher les soies, lesquelles sont l'accessoire le plus cher du métier. Mais pourquoi se servir d'une soie et non d'une aiguille? Ah voilà! c'est que l'aiguille n'aurait pas la souplesse voulue pour se contourner dans le trou que l'alène perce dans le cuir et qui est rarement pratiqué en ligne droite. Va! mon petit bonhomme, tu en apprendras bien d'autres! Si au bout de quinze jours tu as appris à composer une branche sans défaut, tu n'auras pas perdu ton temps.

La seconde phase du travail élémentaire consiste à faire des coutures à points découverts, puis on aborde le ressemelage et on se risque à brocher, c'est-à-dire à couper le cuir à la dimension des formes.

Ce n'est guère qu'à partir de la seconde année que l'apprenti se mettra sérieusement au travail du neuf. Nous ne le suivrons pas dans ses rapports avec la trépointe, la « première », la semelle, les talons; qu'il nous suffise de dire qu'en troisième année il saura établir complètement une chaussure, sauf la coupe des dessus, lesquels s'achètent généralement tout faits dans les fabriques de tiges. Le métier de coupeur forme généralement une spécialité à part, qui ne s'enseigne pas dans l'apprentissage ordinaire. Il est permis de le regretter, car c'est une lacune qui laisse le jeune ouvrier tributaire de la manufacture et le gênerait le jour où il lui plairait de transporter son alène et son pied de roi dans quelque colonie lointaine.

En résumé, à l'expiration de ses trois ans d'études, le compagnon formé par l'atelier salésien est en mesure de gagner sa vie dans n'importe quel autre atelier où il s'embauchera. Que si l'ambition lui vient de monter plus haut, de devenir un véritable maître cordonnier, il devra compléter plus tard son bagage technique. Mais, par notre temps de démocratie, mieux vaut être sûr de gagner six à huit francs par jour, que rêver la destinée d'un Lestranges. Vous vous souvenez de l'aventure de ce cordonnier historique qui, pour se tirer de pair, imagina de fabriquer à Bordeaux, pour Louis XIV, qu'il n'avait jamais vu, une paire de bottes sans coutures, du moins sans coutures apparentes. Le travail fut trouvé si stupéfiant, que le grand roi, non content de mettre les susdites bottes le jour de ses noces, défendit à l'artisan d'en faire de semblables pour aucun de ses sujets, et le fit venir de Bordeaux à Paris, avec le titre de cordonnier du roi et des princes. Il le gratifia même d'armoiries extrêmement parlantes : d'azur à la botte d'or couronnée de même, avec une fleur de lis de chaque côté. En échange de tous ces bienfaits, Lestranges inventa pour la cour ces souliers décorés de rubans sur l'empeigne et surmontés d'une rosette, d'où s'échappaient deux longues ailes de dentelles montées sur fil de fer, le tout faisant ressembler les seigneurs ainsi chaussés à des pigeons pattus enchevêtrés dans leurs plumes.

Malgré d'aussi remarquables inventions et la faveur momentanée du roi Soleil, Lestranges finit par tomber en disgrâce et alla mourir dans la Gascogne, qui l'avait vu naître, le cœur plein de déboires et d'amertumes.

Ce dénouement consolera les petits cordonniers salésiens de n'être point à même de fabriquer des bottes sans coutures pour les monarques.

L'ŒUVRE D'AUTEUIL

L'Œuvre de la première communion, fondée à Auteuil, en 1866, par l'abbé Roussel, est devenue dans la suite un centre d'enseignement professionnel assez important pour justifier un chapitre spécial dans toute étude soucieuse d'exposer, sans trop d'omissions, les efforts de l'initiative privée en pareille matière. Il est nécessaire toutefois d'observer qu'à son début elle fut exclusivement inspirée par des préoccupations de charité et de zèle religieux. Le nom de l'abbé Roussel, son créateur, est si intimement lié avec cette fondation, qu'il est, d'autre part, utile de rappeler en quelques mots les antécédents de l'homme pour bien comprendre l'esprit de son entreprise.

Celui qui devait devenir l'abbé Roussel ne songeait pas, étant jeune homme, à s'engager dans les ordres, mais était uni par des relations de famille et une ardente sympathie personnelle avec l'abbé Desgenettes, qui institua l'archiconfrérie de Notre-Dame-des-Victoires. Celui-ci utilisait, au mieux des intérêts de sa pieuse propagande, le zèle de son jeune ami, et lorsque les conférences de Saint-Vincent-de-Paul, fondées environ vers la même époque, s'affilièrent à l'archiconfrérie, il l'engagea tout particulièrement à réserver le meilleur de son activité à cet apostolat laïque. On sait que les conférences de Saint-Vincent-de-Paul ont eu pour but, dès la première heure, la visite à domicile des pauvres et l'assistance « par contact direct ».

Sur ces entrefaites, et comme le jeune Roussel était déjà un des membres les plus actifs des conférences, il fit une longue et cruelle maladie qui le mit aux portes du tombeau. Pendant son séjour à l'hôpital où il était soigné, il se promit, s'il échappait au danger, de se faire prêtre, et, guéri, entra à Saint-Sulpice. C'était au lendemain de la révolution de février.

Quand il sortit du grand séminaire, plus âgé que ses condisciples, l'abbé Roussel préféra, aux offres de son ami M. Desgenettes, qui le demandait comme vicaire à Notre-Dame-des-Victoires, sa nomination à titre d'aumônier des patronages de Saint-Vincent-de-Paul, où il retrouvait la suite de sa tâche interrompue : en même temps il était nommé aumônier militaire à la caserne du Gros-Caillou.

Dans cette double fonction, qui l'obligeait à résider à Grenelle, il eut à constater bien des fois l'état de délaissement dans lequel croupissait une partie des enfants de ce quartier encore pauvre de nos jours, mais alors misérable, avant que les diverses expositions universelles eussent laissé par là les vestiges de leur grandeur.

Une nuit d'hiver, comme il rentrait à son domicile après l'accomplissement d'un des devoirs de sa charge, il aperçut dans une de ces ruelles sordides qui, en attendant leur classement par la voirie, sont éclairées par les riverains au moyen de lanternes à pétrole, un petit vagabond déguenillé, occupé à fouiller le contenu d'une boîte à ordures. L'abbé crut qu'il s'agissait d'un jeune chiffonnier absorbé par sa tâche coutumière ; mais comme le froid était mordant, et que le gamin n'avait pour tout vêtement, sur ses épaules nues, qu'une vieille camisole de femme, il s'approcha sans bruit, ému de tant de pauvreté, rêvant vaguement à l'aumône possible de quelque gilet de laine.

« Que fais-tu là, mon petit ami ? »

L'enfant eut un sursaut brusque, un tressaillement de chien sans maître dont le premier mouvement est un geste de fuite :

mais voyant devant lui une soutane de prêtre, au lieu de l'uniforme d'un sergent de ville, il se remit vite et dit en reprenant sa besogne :

« Je prépare mon dîner. »

Il ajouta même, avec un petit grognement de satisfaction : « Il y a du gras!... » Et il désignait, à côté d'une carotte crue et de deux croûtons de pain dur et sale, un os de côtelette, fruit de ses trouvailles, rangés déjà sur le bord du trottoir, dans un morceau de journal.

« Laisse là tout ceci, dit le prêtre, le cœur serré, et viens avec moi. Tu feras, ce soir au moins, un meilleur repas. »

L'autre ne se fit pas prier, et suivit le protecteur que la Providence lui envoyait. Chemin faisant tous deux causèrent. L'abbé Roussel demeurait confondu des confidences recueillies. Cet enfant était abandonné à lui-même depuis plus d'un an, ne savait ni lire ni écrire, n'avait jamais entendu parler des plus élémentaires enseignements de la religion. Et l'ecclésiastique se disait : « Il faudrait au moins que je puisse le garder quelques mois, le temps de faire de lui un chrétien, de le mener jusqu'à sa première communion. »

Aussi le lendemain, quand le petit Mohican de Paris se réveilla dans la chambrette de l'aumônier, la première parole qu'il entendit fut celle-ci : « Si tu veux rester, je te garde; je t'apprendrai à prier le bon Dieu. »

Trois mois après il y était encore, mais non plus seul. Une demi-douzaine de compagnons d'infortune partageaient son abri, amenés par l'abbé Roussel au hasard de ses pérégrinations dans les bas-fonds de Grenelle, petite colonie déjà trop nombreuse pour le logement et la bourse d'un aumônier militaire.

Il fallait aviser. L'abbé Roussel songea à intéresser à son œuvre naissante Mgr Darboy, qui venait de succéder à Mgr Morlot comme archevêque de Paris, et il lui adressa, à l'appui de son projet, un mémoire dans lequel se lisaient ces lignes :

« Des hommes généreux et charitables, persuadés que l'avenir de la société dépend de la première éducation de l'enfance, ont tout sacrifié pour soustraire aux funestes conséquences du mauvais exemple toutes les catégories d'enfants les plus délaissées. Ainsi le pays s'est doté d'un grand nombre d'établissements de bienfaisance destinés à répondre aux besoins des différents âges. Il reste cependant une lacune bien regrettable à combler. Personne n'a songé jusqu'à ce jour à ces enfants ou adultes de douze à vingt ans, si nombreux à Paris et dans les environs, échappant à l'action des paroisses, sans faire la première communion. Il en est qui ne sont pas baptisés. On les rencontre vagabondant et errant sur les places publiques, déguenillés, insolents et querelleurs. C'est ce qui arrive trop souvent aux enfants d'ouvriers quand la famille est nombreuse ou que les parents viennent à mourir. A l'heure du mariage ces jeunes hommes refusent de paraître à l'église, dans la crainte qu'on les oblige à faire leur première communion.

« On conçoit ce que deviennent alors ces jeunes gens. Plusieurs descendent jusqu'au crime, et occupent de leurs tristes exploits les annales des cours d'assises. Ceux qui n'y tombent pas deviennent presque toujours des mauvais sujets de la pire espèce, un fléau pour l'Église, pour la famille et pour la société. C'est à cette grande misère que nous voudrions apporter remède en recueillant ces enfants dans une maison spéciale, pour leur procurer l'instruction et l'éducation chrétienne. »

Cet exposé fixa l'attention du cardinal-archevêque, qui, quelques jours plus tard, manda l'abbé Roussel et lui dit : « Votre œuvre est très bonne. Non seulement je l'approuve, mais je veux encore être son premier bienfaiteur. Voici deux mille francs pour les premiers frais; commencez dès demain, Dieu fera certainement le reste. — Monseigneur, répondit l'abbé, dans quinze jours nous serons installés en une petite maison d'Auteuil que j'ai en vue. »

« Le 3 mars 1866, conte le chanoine Guers, qui a consacré à l'histoire de cette fondation tout un volume d'une attrayante lecture, l'abbé Roussel visita pour la première fois la masure-baraque dont il voulait faire sa maison. A l'extrémité d'une petite allée de peupliers ébranchés ou pourris, elle était solitaire, délabrée, ruinée, ouverte à tous les vents, et si abandonnée que le propriétaire et les rats eux-mêmes dédaignaient de l'habiter. Sept étroites chambrettes formaient tout le logis. Les murs avaient des lézardes, et la toiture quelques crevasses à ciel ouvert. En visitant la chambre dont il voulait faire sa chapelle, il sortit de sa poche un petit groupe de la sainte Famille, qu'il avait l'habitude de porter sur lui, et, le plaçant sur l'humble cheminée qui en faisait tout le décor, il murmura secrètement cette ambitieuse parole qui valait la plus fervente prière : « Saint Joseph, vous y êtes ! tâchez d'y rester maintenant. »

L'Œuvre de la première communion était fondée. Nous ne raconterons pas ses premiers développements et les difficultés disciplinaires qu'elle rencontra par suite du recrutement de ses premiers adeptes. Ceux-ci étaient la plupart du temps de jeunes vagabonds auxquels ne s'intéressait âme qui vive, et qui, échoués à la suite d'une circonstance quelconque dans un commissariat de police, se voyaient, en l'absence de tout délit grave, envoyés et recommandés à l'abbé Roussel par le commissaire, qui ne jugeait pas indispensable leur internement à la petite Roquette. Ces réfractaires n'admettaient guère le joug d'un règlement, et l'attrait de la rue leur faisait souvent franchir en fuyards les murs de la maison hospitalière. Pourtant peu à peu un esprit se créa, les évasions devinrent moins fréquentes, surtout depuis le jour où l'abbé Roussel eut l'idée d'établir comme portier un enfant qui s'était lui-même évadé trois fois et était revenu, après chaque fugue, au bercail, progressivement assagi et amendé par des mésaventures subies au dehors. Les meilleurs gardes-chasses sont d'anciens braconniers.

Le programme primitif, celui qui est encore suivi dans son ensemble pour le plus grand nombre des orphelins d'Auteuil, consistait à recevoir pour une période de trois mois seulement un groupe d'enfants aussi considérable que le permettaient les ressources de la caisse, à les vêtir des pieds à la tête, à les nourrir, à les coucher dans des lits propres et confortables, et à les instruire sans relâche pendant ce trimestre des principes de la religion chrétienne, de manière qu'ils se trouvassent

Les tailleurs à Auteuil.

à l'expiration de leur séjour en état de faire leur première communion. Si ce délai de trois mois peut sembler court, vu l'état d'ignorance des catéchumènes, il importe de noter que toutes les heures du jour étaient consacrées à l'enseignement religieux, de sorte qu'en fin de compte les enfants d'Auteuil avaient reçu autant de leçons que ceux des paroisses, lesquels suivent le catéchisme pendant deux années, il est vrai, mais à raison d'un jour par semaine seulement.

La cérémonie de la première communion se célébrait à l'une des quatre grandes fêtes concordataires de l'année, et, dès le lendemain, une nouvelle promotion de néophytes entrait dans la maison et y prenait la place rendue vacante.

Ce n'est pas sans une vive appréhension, sans inquiétudes poignantes que l'abbé Roussel et les bienfaiteurs qu'il avait su intéresser à son œuvre, se voyaient ainsi obligés de remettre sur le pavé leurs petits sauvages à peine apprivoisés. Ils se rendaient parfaitement compte que la brièveté de la protection accordée rendait nulle leur œuvre sociale, et très problématiques les résultats de leur ensemencement religieux. Sans doute on tentait bien de prolonger l'assistance, en s'occupant du placement en apprentissage de quelques-uns des enfants les plus délaissés; mais déjà, à la fin du second empire, rares étaient les patrons qui consentaient à élever leurs apprentis en famille, et ceux-là ne se montraient guère empressés de puiser leur personnel à une source aussi trouble. D'autre part qu'attendre, au point de vue de la conservation et du développement des idées religieuses, du contact de l'atelier pour des adolescents livrés à eux-mêmes?

La nécessité apparaissait donc plus pressante chaque jour de compléter l'œuvre de la première communion par une œuvre d'apprentissage professionnel, dans laquelle seraient recueillis au moins les enfants n'ayant absolument aucun parent éloigné ou proche, susceptible de s'intéresser à eux et présentant des garanties de moralité suffisantes. On convint qu'il fallait créer sur place des ateliers-écoles, et s'occuper sans délai de réunir les ressources nécessaires à cette fondation. Déjà la maison d'Auteuil avait pu être achetée, grâce aux souscriptions de quelques personnes bienfaisantes, et l'organisation des ateliers était étudiée de près lorsque éclata la guerre de 1870.

L'abbé Roussel put, avant l'investissement complet de Paris, faire partir pour la Sarthe ceux des orphelins qui formaient en ce moment son petit troupeau, et qui furent gardés dans leur abri improvisé, loin de tout danger et de toute privation, pendant toute la durée du siège et de la commune. Lui-même s'enferma dans la maison d'Auteuil, qu'il transforma en cercle militaire et en ambulance.

Pendant ces jours troublés, plusieurs des anciens pensionnaires d'Auteuil firent parler d'eux, et quelques-uns trouvèrent une mort glorieuse devant l'ennemi. L'œuvre était déjà assez vieille pour que ses vétérans aient fourni des conscrits à la défense nationale. A côté de ces dévouements patriotiques, les annales de l'établissement ont conservé le souvenir d'un service civil, rendu à la cause de l'humanité par un des derniers hôtes de la rue Lafontaine, un bambin trop jeune pour avoir été inscrit nulle part comme enfant de troupe. Il s'appelait Paul Broda, et l'on conte que c'est en partie à lui que le curé de Saint-Eustache dut de ne pas avoir été fusillé comme otage. Voici comment l'abbé Couillé, vicaire de la paroisse des Halles, qui fut plus tard évêque d'Orléans, a narré l'anecdote :

« Les dames de la Halle avaient résolu de sauver leur curé. L'une d'elles s'offre pour aller porter à l'Hôtel de Ville une pétition couverte de signatures.

— Mais il ne faut pas y aller seule, lui disent ses compagnes.

— Eh bien, j'irai, moi ! » répond de suite un jeune enfant de douze ans, Paul Broda. Sa mère restée seule est marchande au détail. La proposition du petit homme est acceptée ; ils partent. Arrivé au premier bureau du comité central, Paul frappe à sa façon et est introduit avec la dame déléguée.

A la lecture de la lettre, le citoyen chef du bureau s'écrie :

« Encore ce curé de Saint-Eustache !... »

Là-dessus Paul murmure entre ses dents.

« Que dis-tu, toi, marmot ?

— Je dis qu'il n'a pas un bon feu comme vous, mon curé de Saint-Eustache.

— C'est qu'il n'a pas de bois.

— Pardi, pas de bois, il le donne aux pauvres, et son argent aussi !

— Qu'en sais-tu ? t'en a-t-il jamais donné à toi ?

— Pas à moi, mais à ma mère ; il lui en donne pour acheter ses choux, et maintenant qu'elle a une fluxion de poitrine, c'est lui qui lui envoie du bon bouillon. »

Ces paroles, dites avec l'aplomb que l'enfant de Paris possède, étonnent ces messieurs.

« Allons ! allons ! ton curé ira dans la grande boutique.

— Qu'est-ce que c'est que votre grande boutique ? » répond Paul, qui a compris ; et de grosses larmes coulent sur ses joues. Mais bientôt il reprend :

« Vous ne me le rendrez donc pas, *mon curé ?* qui est-ce qui me donnera à manger ce soir ?

— Il donne donc beaucoup aux pauvres, ce curé-là ? dit le chef.

— Venez voir à l'église, ajouta l'enfant, la queue qu'il y a tous les matins.

— Eh bien, mon garçon, tâche de trouver quelqu'un qui te donne à manger ce soir, et demain ton curé te donnera à déjeuner. »

Cependant, au milieu du bouleversement général, l'œuvre d'Auteuil semblait près d'être anéantie, sa maison ruinée, ses protecteurs dispersés. L'abbé Roussel, comprenant qu'il lui serait impossible de trouver les ressources nécessaires dans Paris dévasté, se rendit à Londres muni d'une lettre de recommandation du vicaire général de l'Archevêché, et fut assez heureux pour en revenir avec d'assez importants subsides. Il se remit donc à la tâche, mais une situation nouvelle imposait des devoirs nouveaux. Les fureurs de la guerre civile avaient multiplié les orphelins dans la capitale et le désarroi momentané de l'industrie rendu plus malaisé que jamais leur placement dans des ateliers urbains. Pour constituer à Auteuil la vaste ruche ouvrière qu'il projetait, l'abbé avait besoin d'acquérir le grand terrain qui environnait sa maison. Mais ce lot de dix-huit mille mètres ne pouvait être cédé à moins de 300000 francs, somme qui ne se trouve pas tous les jours dans l'escarcelle d'un frère quêteur. A ce moment précis, et comme l'abbé Roussel tremblait de voir le terrain vendu par lots pour y édifier des maisons de rapport qui eussent à jamais rendu impossible la réalisation de ses projets, la Providence mit sur son chemin un anonyme, un prétendu lord anglais, qui n'était en réalité qu'un vieux Parisien intéressé à ses efforts, et qui lui offrit une rente de 25000 francs pendant cinq ans. C'était énorme, mais insuffisant. C'est ce qu'expliqua l'ecclésiastique à son généreux donateur en lui annonçant qu'il partait le lendemain en pèlerinage pour Paray-le-Monial pour remettre les destinées de son œuvre entre les mains de Celui qui a dit :

« Laissez venir à moi les petits enfants. »

Ici se place une anecdote bien typique, montrant à côté de la foi intrépide de l'abbé son dédain des obstacles humains. Avant de monter en chemin de fer, il fit réunir toutes les médailles de cuivre du Sacré-Cœur qui étaient dans l'établissement, rangea ses orphelins à genoux devant la haie du terrain tant désiré, puis, lançant par-dessus leurs têtes la pluie des médailles, fit entendre cette seule oraison :

« Mon Dieu, si vous voulez que cette œuvre grandisse, changez en or ce cuivre consacré à votre sacré Cœur. »

En même temps il conviait ses enfants à l'accomplissement d'une neuvaine de prières faite pour la même intention qui motivait son voyage. Puis, la valise à la main, il se mit en route, absolument convaincu qu'il ne reviendrait pas sans les capitaux nécessaires.

Sa confiance ne devait pas être trompée. A la gare il rencontra deux personnes qui le guettaient : le propriétaire du terrain, résolu à diminuer ses prétentions, et son faux Anglais, que la réalisation d'une rentrée imprévue mettait à même de lui glisser dans la main un chèque de deux cent mille francs. La neuvaine devenait une neuvaine d'actions de grâces.

Joyeux, mais non surpris, l'abbé Roussel s'en fut conter sa bonne fortune au curé d'Auteuil, qui lui dit :

« Je vous félicite, vous avez maintenant le capital nécessaire à votre acquisition, mais avez-vous songé aux frais d'actes? Ils se monteront à 25000 francs, et je vous engage à ne rien faire sans vous les être assurés.

— Ah! fit l'abbé, je n'y avais pas pensé ; voilà un fâcheux contretemps. Enfin, puisque je ne me rends pas à Paray-le-Monial, je vais aller au moins à Notre-Dame-des-Victoires pour la remercier de ce qui nous est arrivé. »

Parvenu au sanctuaire et sa prière faite, le prêtre s'en va causer avec le trésorier de l'archiconfrérie et lui conte le dernier embarras financier qui l'arrête.

« Voici qui est bien étrange, répond celui-ci. Ce matin, une personne qui n'a pas dit son nom est venue me remettre une enveloppe contenant de l'argent, avec mission de la remettre à la première bonne œuvre qui viendrait se recommander à Notre-Dame-des-Victoires. Mon visiteur parti, j'ai ouvert le pli : il contenait vingt-cinq billets de mille francs. Les voici ; c'est évidemment vous qui étiez destiné à les recevoir. »

Ainsi s'évanouissaient, par une suite de circonstances qui ne méritèrent jamais mieux l'épithète de providentielles, les derniers obstacles que rencontrait le projet d'organisation des ateliers. Le terrain fut acheté et des baraquements construits pour l'installation des diverses industries ; mais l'effort porta principalement sur l'apprentissage de la typographie, susceptible de produire aux futurs ouvriers des salaires rémunérateurs et de leur offrir des débouchés nombreux. M. le chanoine Guers a rendu ainsi compte de ce qui fut fait à cet égard :

« Dès 1875, les ateliers nécessaires à l'imprimerie furent installés dans un bâtiment spécial. Trois presses mécaniques, dont deux à rétiration, du format double-jésus, furent montées. On y ajouta un laminoir à quatre cylindres, et la maison Artige, de Grenelle, fut chargée de fournir une bonne machine à vapeur de huit chevaux. A la suite de l'atelier des machines, on installa la salle de composition, pouvant contenir trente ouvriers. Dès lors on pouvait se hasarder à entreprendre des travaux pour le dehors.

« Les difficultés à surmonter furent nombreuses; d'un côté, les apprentis, tout nouveaux dans la partie, avaient besoin d'une surveillance continuelle et d'une formation sûre et rapide; d'un autre côté, la place de Paris se montrait peu empressée à confier ses ouvrages à des mains jeunes et inhabiles. Mais petit à petit l'imprimerie sut se créer une clientèle; si tout n'était pas parfait dans l'exécution de ses ouvrages, du moins on s'accorda unanimement à louer le goût et la bonne impression des livres sortant de ses presses. Des travaux de luxe lui furent confiés, entre autres des journaux illustrés, hebdomadaires et semi-mensuels. A cette époque le besoin se fit fortement sentir d'adjoindre aux ateliers déjà existants une clicherie. Bientôt une autre sorte de pénurie se manifesta : les caractères formant le matériel de la composition avaient été achetés d'occasion, et, par conséquent, déjà plus ou moins usés ; il fallut songer à les remplacer, et la meilleure manière de parer à cet inconvénient, tout en restant dans l'esprit de l'œuvre des apprentis orphelins, était certainement de créer un nouvel atelier, une fonderie. Ce fut la maison veuve Foucher qui monta ces deux ateliers, clicherie et fonderie.

« Dès lors, il semble que l'imprimerie ne pouvait plus rien attendre, n'ayant plus qu'à utiliser son matériel et ses cinq ateliers : fonderie, composition, clicherie, imprimerie, brochure. Mais une seule machine à fondre ne fut pas suffisante; une deuxième, d'une puissance plus grande, fut acquise. Une presse à percussion, un coupe-papier de grand format furent aussi achetés pour la brochure, en même temps que l'on établissait les appareils pour la fonte des rouleaux.

« C'est dans cette extension que les années 1876 et 1877 se passèrent.

« Quatre-vingts apprentis, dirigés par vingt ouvriers, furent habilement occupés sans interruption. De nombreux livres pour plusieurs librairies de Paris ou pour des particuliers furent exécutés; onze journaux s'imprimèrent à la fois; de

Les cordonniers à Auteuil.

fines gravures, tirées sur papier de luxe, sortirent bientôt de ses presses.

« Le local devenait encore insuffisant; pour permettre de satisfaire à toutes les demandes des clients, de nouvelles constructions étaient faites, et chacun des ateliers de l'imprimerie des apprentis orphelins était doublé.

« A l'exposition de 1878 on pouvait voir un détachement des apprentis faisant fonctionner journellement trois presses Marinoni, deux machines à fondre de MM. Foucher, et la machine à composer de M. Delcambre. M. Marinoni, l'inventeur des presses qui portent son nom, ne craignit pas de choisir douze orphelins pour faire manœuvrer ses machines.

« Des milliers de visiteurs purent voir travailler les jeunes ouvriers d'Auteuil, admirer d'un seul coup les merveilleux instruments et l'habileté non moins surprenante de ceux qui les faisaient mouvoir, devenus en quelques années, sous une direction paternelle et chrétienne, dociles, laborieux, et habiles ouvriers. »

Capable de façonner de pareils artisans, l'œuvre d'Auteuil voyait affluer les demandes d'admission, et sa notoriété s'établir de plus en plus. Sa Sainteté le pape Pie IX la comblait de ses faveurs apostoliques et lui accordait des indulgences spéciales, tandis que l'Académie française décernait à son fondateur le grand prix Montyon. Malgré tout, cependant, elle comportait une défectuosité qui la mit maintes fois à deux doigts de sa ruine, et qu'il convient d'autant moins de dissimuler, que l'aveu peut servir d'enseignement à d'autres œuvres qui souffrent, à des degrés divers, du même mal.

L'abbé Roussel, toujours prêt à aller de l'avant et à poursuivre contre vents et marées l'extension incessante de sa création, semble avoir été un très imprudent administrateur. Le geste du semeur de médailles en cuivre ne saurait constituer un système budgétaire, et l'on risque de lasser la Providence en faisant perpétuellement traite sur elle. L'œuvre d'Auteuil, dotée une première fois dans les conditions que nous avons rapportées se trouvait, à quelques mois de là, écrasée de dettes, quand elle fut sauvée par la souscription orgnisée par M. de Villemessant, laquelle lui rapporta près d'un demi-million. Une seconde fois elle fut tirée d'un pas également difficile par l'héritage inattendu de sir Henry Dodd, un véritable Anglais celui-là. Plus tard, les articles de Maxime du Camp lui vinrent aussi en aide, et de nombreuses donations, qu'il serait oiseux d'énumérer, servirent à la remettre à flot. Néanmoins, quand à la mort de l'abbé Roussel les frères de Saint-Vincent-de-Paul acceptèrent de continuer sa tâche, ils se trouvèrent encore en présence de 300 000 francs de déficit qu'il leur fallut payer, et de baraquements en ruine qu'ils durent restaurer ou remplacer. On peut donc se demander avec quelque inquiétude ce qu'il serait en dernier ressort advenu de l'œuvre des apprentis orphelins, si la suite de leur destinée n'était venue leur apporter l'élément de vie qui leur manquait, sous forme d'une administration raisonnée et prudente.

Aujourd'hui l'institution est définitivement assise ; certains des ateliers se suffisent à eux-mêmes par la production du travail qu'ils accomplissent au dehors, quelques-uns commencent même à réaliser des bénéfices, comme l'imprimerie, qui, en dehors de ses commandes de ville, assure la publication de la *France illustrée,* journal qui a su conquérir dans la presse artistique un rang enviable. Si donc l'équilibre du budget n'est point encore absolument atteint en raison de la multiplicité des apprentis et de la dépense de matières premières qu'ils gaspillent, cet équilibre ne tient plus qu'à une question de temps et de deniers au lieu d'être à la merci de libéralités princières. Or nous pensons que les seules fondations charitables qui ont su évoluer ainsi ont la sécurité du lendemain. A l'heure où la multiplicité des œuvres sollicite et épuise les ressources de la bienfaisance en amoindrissant la part qu'elle peut apporter à chacune d'elles, il n'est que sage, pour celles qui veulent résister et durer, de se faire de la prévoyance une vertu, et de l'économie stricte un devoir quotidien.

Pour en revenir à l'œuvre d'Auteuil, régularisée et consolidée par la forte direction des frères de Saint-Vincent-de-Paul, elle comprend à l'heure actuelle l'enseignement professionnel donné par treize corps de métiers qui sont les suivants : composition typographique, imprimerie, clicherie, fonderie de caractères, brochage, reliure, serrurerie, tailleurs, cordonniers, menuisiers, peintres décorateurs, jardiniers, boulangers.

Les enfants entrent en apprentissage à partir de treize ans ou plus tard, conformément aux prescriptions légales, et sont recrutés parmi les élèves de l'œuvre de la première communion, laquelle continue à fonctionner comme par le passé et amène, de trois mois en trois mois, des promotions successives de soixante à cent nouveaux. A l'issu du trimestre, les trois quarts des premiers communiants sont rendus à leurs parents quand ils en ont, ou placés au dehors par les soins de l'œuvre, le dernier quart, plus particulièrement composé d'orphelins sans aucun appui, est gardé à la maison et forme le contingent des ateliers.

Le système d'enseignement diffère de celui en vigueur à Saint-Nicolas en ce sens que les contremaîtres ou maîtres de l'institut d'Auteuil sont à sa solde et n'ont point à se préoccuper du plus ou moins de production qui résulte de leurs leçons. Les intérêts commerciaux sont réglés par la maison elle-même qui fait acte personnel d'exploitation industrielle et en assume les risques et les périls. Elle pratique d'ailleurs strictement les prix de la place de Paris pour échapper à toute suspicion de concurrence au rabais faite à l'industrie privée, et le meilleur éloge des résultats qu'elle obtient se résume dans cette constatation qu'elle trouve dans ces conditions, et malgré l'extrême jeunesse de la plupart de ses ouvriers, autant de travail et de commandes qu'elle en peut exécuter.

L'apprentissage dure de trois à quatre années, suivant les corps de métier; en ces derniers temps on s'est efforcé de le rendre plus complet et plus perfectionné, de façon à établir, s'il était possible, la tradition de la supériorité de main-d'œuvre des ouvriers sortant d'Auteuil. Des progrès ont été certainement réalisés pour la typographie de luxe et pour la serrurerie artistique. D'une façon générale, les artisans de la rue Lafontaine trouvent actuellement des salaires normaux, dans leur partie à Paris, et de bonnes places en province quand ils préfèrent s'y établir au retour de leur service militaire.

Telle est, considérée dans son ensemble, cette œuvre d'Auteuil qui, créée dans un but d'assistance morale pure, a été conduite par le développement naturel de son programme de charité à devenir une éducatrice professionnelle.

LE CERCLE DES MAÇONS

ET

TAILLEURS DE PIERRE

Il existe à Paris une colonie limousine de quarante mille à cinquante mille membres, les uns sédentaires, les autres nomades, c'est-à-dire retournant chaque année au pays quand chôment les travaux de construction. Tous ces Limousins, ou presque tous, sont en effet maçons, et, en venant bâtir les maisons de la capitale, suivent la tradition de leurs ancêtres qui s'expatriaient pour aller, par tribus entières, édifier les jetées de La Rochelle, à l'appel du cardinal Richelieu, ou les murs du palais de Versailles au bon plaisir du grand roi.

L'exercice de la profession de maçon est donc séculaire chez les Limousins de même que leurs exodes périodiques. La création des chemins de fer, qui a bouleversé les conditions d'existence de tant d'industries, n'a rien changé à leurs habitudes. Ils se déplacent peut-être en plus grand nombre et avec plus de facilité, voilà tout. On les voit arriver à Paris en mars pour s'en aller à la fin de novembre, ou même plus tard si l'hiver n'est pas rigoureux et n'interrompt pas trop vite les travaux.

Tenaces, vigoureux, durs à la fatigue, sobres au moins pour la nourriture sinon pour la boisson, d'une économie extrême qui confine à la parcimonie, leur idéal est d'accumuler chaque année les épargnes réalisées sur leur paye, pour acheter un jour, dans leur village natal, un lopin de terre et une maisonnette où ils finiront leur existence en petits propriétaires. Ils n'y vivront pas très vieux, selon toute apparence. L'épuisement matériel qui résulte de leur surmenage et de leurs privations n'est point favorable à la longévité.

Il en est cependant qui réussissent mieux et plus vite. On compte parmi les entrepreneurs de Paris, et pas les moindres, un assez grand nombre d'anciens maçons limousins.

Celui qui construisit l'Hôtel de Ville et répara le Louvre, pour n'en citer qu'un seul, était venu de la Corrèze en sabots. Nul doute qu'il n'ait, pour ses grandes entreprises, embauché de préférence ses compatriotes, car du petit au grand la colonie est unie par les liens d'une étroite solidarité : c'est là encore une de ses vertus essentielles, rare à une époque où l'ombre du clocher s'efface et se noie dans les brouillards du cosmopolitisme.

Mais pour quelques-uns qui émergent, combien restent dans le rang ? De ceux-là quelle est la destinée ?

Nous parlions tout à l'heure des fatigues matérielles résultant du labeur quotidien : il est pour les Limousins d'autres causes de déchéance, quelques-unes issues de leurs vertus mêmes. La nécessité où ils se trouvent d'abandonner au pays femme et enfants, s'ils en possèdent, pendant plus des trois quarts de l'année, disloque et annihile pour ainsi dire les liens de la famille. Le désir d'économiser le plus possible les incite à vivre en chambrée, dans les taudis malsains des faubourgs les plus reculés. C'est un surcroît de harassement pour se rendre à pied à leur chantier, distant quelquefois de deux heures de marche de leur garni. Le soir, il est vrai, ils ont la ressource du transport en omnibus, au prix d'une minime dépense, mais de grand matin les voitures publiques ne circulent pas, et c'est toujours dès l'aube qu'on doit se trouver au travail. Inutile de dire que, privés d'intérieur, ils ne prendront leurs repas que dans les plus infimes gargotes, où on leur débitera une nourriture qui n'aura rien de substantiel ni d'hygiénique. Enfin, privés de toute distraction, de toute préoccupation *d'esprit*, ils auront bien de la peine à résister aux entrainements du dimanche de paye, qui est leur seul jour de repos mensuel régulier, et pendant lequel ils ne seront que trop tentés de se livrer à la basse *noce*, aux orgies crapuleuses à bon marché. Il en résulte que ces courageux travailleurs,

Maçons et garçons.

qui mériteraient certainement mieux, passent la plus grande part de leur vie dans un grand délaissement moral et intellectuel.

C'est sous l'empire de cette préoccupation que Mgr Fruchaud, évêque de Limoges, eut la pensée de créer, pour ses brebis éloignées du bercail, une mission dans la capitale, analogue à celle qui existait déjà pour les Flamands. Il en confia la direction à un jésuite, le père Montazeau, qui en sa qualité de Limousin, se trouvait en relation avec beaucoup de ses compatriotes, et lui donna toute latitude pour organiser quelque chose suivant les convenances qui s'imposeraient.

L'œuvre débuta par des convocations à la chapelle du catéchisme de Saint-Étienne-du-Mont, où les maçons vinrent pour la joie d'entendre prêcher en patois de leur pays, puis se transporta à la mairie du v⁰ arrondissement, où l'on commença à faire des conférences et des cours. Jusque-là elle n'avait qu'un but exclusivement moral. Dès qu'elle fut étayée par la fondation d'une société civile, constituée en 1867, et reconnue d'utilité publique en 1876, elle affecta, sans perdre son premier point de vue, un caractère plus résolument pédagogique.

Actuellement le cercle des maçons et tailleurs de pierre, installé dans un immeuble à lui, 7, rue des Chantiers, est une véritable école professionnelle avec des cours gratuits d'enseignement primaire, de géométrie pratique, de dessin, de métré, de comptabilité, de géométrie descriptive et de coupe de pierres [1].

Cette école est venue combler une lacune des plus essentielles, et pour comprendre tous les services qu'elle est en mesure de rendre, il nous faut examiner en quoi consistent, au point de vue technique, les professions distinctes de maçon et de tailleur de pierres.

Lorsqu'il se rend à Paris, âgé de quinze à seize ans, dans le but de gagner sa vie la truelle à la main, l'apprenti maçon, ou, pour le désigner sous son appellation propre, le *garçon*, n'a d'autre science que celle qu'il a acquise à l'école primaire, s'il l'a fréquentée au village conformément à la loi. C'est dire qu'il sait tout juste lire, écrire et compter. Il ne possède donc que sa bonne volonté et ses deux bras. Il n'ignore pas d'ailleurs qu'on ne l'embauchera pas directement, mais comme aide, comme accessoire d'un compagnon, lequel a le droit de le choisir, et qu'il ne quittera pas plus que son ombre. Ce droit absolu à l'ouvrier du choix d'un garçon est sanctionné par les usages, afin d'éviter les réclamations, les plaintes, les récriminations auxquelles pourraient donner lieu l'accouplement de

---

[1] Voir pièces annexes.

ces deux activités inséparables. Ayant désigné lui même son aide, le compagnon en devient responsable, sinon au point de vue pécuniaire, au moins en ce qui concerne l'exécution de la tâche.

L'adolescent ira chercher le compagnon à la grève; il en existe plusieurs à Paris, dont la plus importante se tient derrière l'Hôtel-de-Ville. Elles sont fréquentées tous les jours,

Limousinants et briquetiers.

mais le matin seulement, car les entrepreneurs viennent rarement dans l'après-midi recruter du personnel. Si notre jeune homme n'avait pas de connaissances ou de relations dans la partie, il risquerait fort de voir ses avances repoussées. Précisément parce qu'il est responsable du travail, le maçon ne tient pas à s'encombrer d'un inconnu débutant. Mais en raison de la grande confraternité dont je parlais plus haut, le garçon même inexpert, trouvera un bienveillant accueil chez ceux de ses compatriotes qui le connaissent, lui ou sa famille. Souvent des promesses d'embauchage faites au pays se réaliseront là.

Le voilà donc engagé, sans limite de contrat, il est vrai, mais dans les mêmes conditions que l'ouvrier, puisque celui-ci peut être congédié ou quitter son patron, dans les vingt-quatre heures, sans avis préalable de part et d'autre.

Sur le chantier, le garçon n'aura d'autre tâche que d'apporter au compagnon ses matériaux, de lui passer les moellons ou les seaux d'eau, de gâcher son plâtre ou son mortier. C'est une besogne purement machinale que n'importe qui peut faire. Elle plaît si bien à quelques-uns, les moins intelligents ou les moins ambitieux, qu'ils s'y confinent toute leur vie. On voit des garçons à barbe grise, ce ne sont pas les moins recherchés, parce qu'ils possèdent si bien la routine de l'emploi, qu'on n'a même plus besoin de les commander.

Durant les premiers temps de son apprentissage, le garçon n'aura donc d'autre moyen d'apprendre que de regarder faire. Petit à petit son compagnon s'enhardira peut-être à lui demander un coup de main plus spécial, dans un moment de presse, à lui laisser mettre « la patte à l'ouvrage », mais il est peu d'exemple qu'avant la vingtième année le garçon soit capable de sortir de ses humbles fonctions.

Un jour vient cependant où il se juge assez fort pour tenter l'aventure. Ce jour-là il achète une auge et une truelle, et se présente à l'embauchage en qualité de compagnon. C'est alors qu'il devra décider s'il compte s'engager comme limousinant, comme briquetier ou comme maçon.

Ce dernier terme, générique hors de Paris, pour tous les ouvriers de la partie, ne désigne en effet dans la capitale qu'une spécialité du métier, celle qui ailleurs comprend les plâtriers.

Le limousinant est l'ouvrier qui travaille à la grosse maçonnerie, qui élève les murs en moellons et en meulière, à l'exclusion de ceux en pierres de taille ou en briques. Le briquetier, ainsi que son nom l'indique, se charge exclusivement d'édifier des murs en briques. Ces deux emplois sont les plus simples et résultent de la spécialisation à outrance qui caractérise l'industrie contemporaine.

L'appareilleur et les tailleurs de pierre.

Afin d'aller plus vite, dans des travaux qui sont généralement concédés à la tâche, afin d'obtenir le maximum du rendement possible de la main d'œuvre, on la confine dans un rôle unique et monotone, où assurément elle acquiert une grande dextérité, mais au détriment de toute autre connaissance. L'ouvrier de Paris se fait un titre de gloire de ce particularisme : en province, dit-il, le même travailleur sait tout faire, mais lentement et mal. Ceci serait à discuter.

Le métier de briquetier et de limousinant n'exige pas, on le voit, de grandes connaissances théoriques, mais il n'assure aussi que les plus petits salaires de la profession : soixante à soixante-cinq centimes l'heure pour les compagnons, quarante-cinq à cinquante centimes pour les garçons. Ce serait encore honnête sans les mortes saisons.

Cependant l'ouvrier qui se pique de quelque ambition cherche à devenir au moins maçon. On appelle ainsi, avons-nous dit, l'artisan qui exécute tous les revêtements intérieurs ou extérieurs des murs en plâtre. Cela comprend la confection des moulures et des corniches, et exige déjà la connaissance élémentaire du dessin. Ici nous voyons poindre l'utilité des cours du cercle. Mais la spécialité de maçon possède sur ses rivales un autre avantage, c'est qu'elle est celle qui conduit de préférence à l'acquisition du titre de maître-compagnon, lequel tirera son détenteur hors de pair.

Le maître-compagnon est, en effet, un gros personnage, une sorte de capitaine sorti des rangs. C'est lui qui dirige les travaux, qui surveille le chantier et les hommes, ce qui l'oblige à savoir assez de comptabilité pour tenir ses carnets d'attachement ; qui préside à la réception des matériaux, ce qui l'oblige à en connaître la nature et à pouvoir par conséquent en apprécier la qualité. Mais son rôle le plus délicat consiste à faire la « plantation du bâtiment ». On lui remet un plan et cela doit lui suffire pour qu'il l'exécute. Il faudra donc qu'il sache parfaitement lire ce plan, en comprenne toutes les indications et puisse les interpréter, après tous les travaux d'arpentage et de nivellement qu'il nécessitera.

Il saute aux yeux que le maître-compagnon se trouverait au-dessous de son rôle s'il ne connaissait à fond la géométrie plane, et où aurait-il pu l'apprendre, en limousinant ou en briquetant, sans l'existence des cours techniques de l'école? Enfin ce chef aura à surveiller la besogne de tous les travailleurs, à exécuter les modifications qu'on pourra exiger au cours de la construction, à éviter toutes les sottises et à réparer toutes les erreurs. Il doit en petit posséder toutes les connaissances d'un entrepreneur.

Tout différent, mais autrement difficile et relevé dans son ensemble est le métier de tailleur de pierres. Nous ne comprenons pas dans cette désignation le carrier, qui extrait les blocs et dont le labeur est aussi machinal. Mais dès que la pierre est arrivée sur le chantier et qu'il s'agit de l'attaquer à la pioche ou au maillet, de la dégrossir et de l'ébaucher suivant les lignes tracées au charbon à sa surface et qui indiquent la direction et la profondeur des entailles à opérer, l'artisan devra, non seulement faire un usage constant de l'équerre et du compas, mais encore avoir présents à l'esprit les principes de la géométrie descriptive.

Jadis, objectera-t-on, il existait de meilleurs tailleurs de pierre que de nos jours, et pourtant ces habiles ouvriers ignoraient totalement les sciences exactes. « Totalement, » c'est trop dire; s'ils méconnaissaient l'énoncé des théorèmes, ils en savaient l'application et faisaient de la descriptive comme M. Jourdain faisait de la prose, sans le savoir. Mais ce qui leur permettait de remplacer par une routine adroite ce que leurs successeurs sont aujourd'hui obligés d'apprendre dans les livres, c'est qu'ils étaient entourés de chefs-d'œuvre de toute espèce, indiquant les formes et les coupes les plus variées, avec lesquelles leur œil était familiarisé depuis l'enfance, tandis que de nos jours, en raison de la substitution du fer à la pierre partout où cela est possible, et de la rareté de l'emploi de cette dernière substance dans la construction moderne, il faut pour ainsi dire créer à nouveau chaque modèle sortant de l'ordinaire.

Un exemple entre cent. Jadis on faisait presque tous les escaliers en pierre, et les tailleurs avaient à chaque instant l'occasion de débiter des marches; maintenant la construction d'un escalier de pierre est un travail tout à fait exceptionnel.

Si la descriptive est utile pour le simple tailleur de pierres, à plus forte raison sera-t-elle obligatoire pour l'appareilleur, c'est-à-dire pour celui qui, d'après des indications purement graphiques, doit tracer sur le bloc les lignes suivant lesquelles on le débitera avec le moins de déchet possible.

La plus petite erreur de calcul peut se traduire par la perte de matériaux et occasionner un dommage coûteux : le métier est un de ceux dans lesquels il n'est pas permis de se tromper. Aussi l'appareilleur forme-t-il l'aristocratie de la corporation et jouit-il d'avantages sérieux. Il est payé non à l'heure, mais au mois, comme du reste le maitre-compagnon, et touche un traitement de trois cents à quatre cent cinquante francs; de plus il ne connait guère le chômage, car en cas de ralentissement de l'ouvrage, les maisons qui possèdent de bons appareilleurs débauchent leurs tailleurs et confient provisoirement à ceux-là la besogne de ceux-ci. Au besoin le bon appareilleur serait capable de se faire praticien chez un sculpteur, car il n'est pas sensiblement plus difficile de dégager sur une maquette donnée une statue d'un bloc de marbre, que tel ou tel motif d'ornementation d'un bloc de granit. Le ravaleur, qui travaille la pierre mise en place, tient le milieu, au point de vue hiérarchique, entre l'appareilleur et le tailleur.

Nous avons dit que le moindre coup de maillet donné de travers peut mettre un bloc hors d'usage. Cela n'est pas pour faciliter le recrutement des apprentis, à une époque où on entend qu'ils gagnent de suite au lieu de payer leurs maitres. Il en résulte que le métier de tailleur de pierres ne s'apprend guère que de père en fils, et que la mode de ce genre d'hérédité ayant passée, la profession est une de celles qui a le plus périclité depuis un siècle.

J'entendais tout récemment un spécialiste déclarer que s'il fallait exécuter de nos jours une œuvre de l'importance de

Notre-Dame, il serait absolument impossible de trouver dans la France entière une équipe de tailleurs de pierres capable d'ouvrer convenablement les matériaux. Selon lui les plus simples artisans qui ont collaboré à la taille des pierres de Notre-Dame devaient être au moins aussi experts que le sont nos meilleurs appareilleurs actuels.

Il était donc grand temps que le cercle de la rue des Chantiers vînt enrayer, dans la mesure de ses forces, la ruine d'une profession sans laquelle l'architecture monumentale cesserait d'être possible dans notre pays. Les services rendus par cette fondation ont été du jour au lendemain si manifestes et si efficaces, que lorsque la chambre syndicale des entrepreneurs s'est émue à son tour de la situation, elle n'a rien vu de mieux à faire que de copier l'organisation du cercle des maçons et tailleurs de Paris, à qui elle a emprunté non seulement ses programmes, mais ses professeurs. Conquis à leur tour, des syndicats ouvriers ont fait également des tentatives analogues. Il ne semble pas que leurs efforts aient été couronnés de succès, car plusieurs cours ouverts par eux ont dû être fermés pour des motifs que nous ne connaissons point. Mais le mouvement a entraîné la ville de Paris, qui s'est tout récemment décidée à ouvrir une école municipale de cet ordre. On ne peut que lui souhaiter de faire autant de bien que sa devancière, qui a distribué déjà à plus de dix mille artisans les bienfaits de son enseignement professionnel.

L'ŒUVRE GÉNÉRALE

DES

ÉCOLES PROFESSIONNELLES CATHOLIQUES DE JEUNES FILLES

Pour se rendre compte du but et de l'organisation de cette œuvre, nous ne saurions mieux faire, avant d'examiner quelques-unes des écoles qu'elle protège, que de publier son manifeste, tel qu'il a été conçu par le comité directeur lui-même. Voici comment il s'explique :

« L'œuvre des écoles professionnelles catholiques se propose un double but : enseigner aux jeunes filles qui les fréquentent l'exercice d'un métier manuel, à l'aide duquel elles puissent vivre honorablement ; leur inculquer les principes religieux et les vertus morales qui en feront de solides chrétiennes et des mères de famille exemplaires. Ces deux préoccupations n'ont jamais été séparées dans la pensée des promoteurs. Sans doute, on rend un grand service aux jeunes filles sorties de la classe ouvrière en leur procurant un état qui les met à même de venir en aide à de vieux parents, et, plus tard, de contribuer par des salaires abondants à l'entretien des familles qu'elles auront fondées. Toutefois ce n'est là qu'une partie, et la moins importante, de la tâche assignée à nos efforts.

« Ce que nous avons voulu, avant tout, c'est préserver la foi et les mœurs de ces enfants exposées à tant de dangers dans une grande capitale comme Paris. Il ne manque pas d'écoles et d'instituteurs qui s'appliquent à leur enseigner tous les arts, toutes les sciences, à les initier à toutes les professions féminines, mais affectent de ne jamais parler de devoirs envers Dieu ni envers l'Église, quand ils ne vont pas même jusqu'à attaquer directement ou à tourner en dérision ces grandes et saintes choses.

« C'est contre d'aussi déplorables tendances que nous avons voulu réagir : dans nos écoles, la première place appartient à l'instruction religieuse, à la piété, à la formation morale de l'enfance et de la jeunesse. C'est ce caractère franchement chrétien qui leur a valu d'être placées, dès l'origine, sous le haut patronage de Nos Seigneurs les archevêques de Paris.

« Les débuts de l'œuvre remontent à l'année 1867 ; ils furent des plus modestes : son patronage s'étendait alors à deux écoles seulement, situées l'une rue du faubourg Saint-Denis, l'autre, rue des Lions-Saint-Paul, et recevant ensemble quarante-trois jeunes filles. Mais déjà elle était en possession d'un organisme complet, comprenant un comité consultatif d'hommes accoutumés aux affaires ; des programmes sagement combinés, quoique suffisamment étendus, avaient été adoptés ; des dames, membres des divers comités, visitaient fréquemment les ateliers et y faisaient des lectures pendant le temps consacré au travail manuel. Aussi les progrès furent-ils aussi rapides que considérables : moins de trois ans après la fondation, c'est-à-dire dès 1870, le nombre des écoles agrégées s'élevait à dix, et celui de leurs élèves à six cents. Les événements de l'année terrible ne retardèrent pas cette marche ascendante, puisqu'en 1875-1876 les écoles professionnelles catholiques atteignaient le chiffre de vingt-neuf, avec une population de près de dix-neuf cents enfants. Une bonne part de ces heureux résultats doit être attribuée aux éminents directeurs ecclésiastiques qui présidèrent pendant cette période notre conseil général. Il nous suffira de rappeler les noms de Son Éminence le cardinal Langénieux, de Mgr Perraud, évêque d'Autun ; de Mgr d'Hulst, alors recteur de l'Institut catholique de Paris.

« Pendant les années qui suivirent 1870, nous eûmes à lutter

ÉCOLES PROFESSIONNELLES DE JEUNES FILLES

contre des obstacles et des difficultés de tout ordre : troubles politiques, persécution religieuse, crises économiques et commerciales, concurrence d'une multitude d'œuvres devenues indispensables.

« Toutefois, si le nombre des écoles patronnées est descendu à vingt et un[1], celui des jeunes filles qui les fréquentent est encore de seize cent soixante-quinze, chiffre sensiblement égal à celui des années les plus prospères. L'organisation est restée celle des premiers jours; au centre, un conseil général, qui se réunit tous les mois, sauf pendant la période des vacances, et que préside un ecclésiastique, désigné par Son Éminence le cardinal archevêque de Paris. Ce conseil compte parmi ses membres des dames et des messieurs; les premières sont chargées de visiter les écoles agrégées, de leur procurer de l'ouvrage dans la mesure du possible, et de rendre compte de leurs progrès et de leurs besoins; les seconds s'occupent plus spécialement des difficultés contentieuses qui peuvent surgir. Chaque année une commission d'enquête nommée par le conseil visite les écoles, fait un rapport sur leur situation morale et financière, et propose la répartition des subventions à distribuer à chacune d'elles.

« Chaque école a d'ailleurs sa vie propre : organisation des cours et du travail, recrutement des élèves, prix de la pension, ressources financières, tout dépend de chaque directrice particulière, laquelle est quelquefois assistée d'un comité local; quant au conseil général, il ne fait qu'exercer, comme nous l'avons déjà dit, un patronage moral, auquel il joint quelques secours pécuniaires bien insuffisants pour faire vivre chaque maison.

« Les écoles professionnelles catholiques peuvent se diviser en deux catégories : les unes sont dirigées par des congréganistes, les autres par des maîtresses laïques. Les premières, de beaucoup les plus nombreuses, puisqu'elles s'élèvent au chiffre de dix-huit sur un total de vingt et un, sont en très grande majorité

---

[1] Voir aux pièces annexes la liste de ces écoles et de l'enseignement particulier de chacune.

confiées aux sœurs de Saint-Vincent-de-Paul ; trois seulement relèvent d'autres congrégations.

« Les écoles professionnelles des sœurs de Saint-Vincent-de-Paul ne sont pas, en général, des institutions isolées ; elles font partie d'un ensemble d'œuvres groupées sous une même supérieure et dans les mêmes bâtiments. Si, par exemple, vous franchissez le seuil du n° 77 de la rue de Reuilly, vous trouverez, à côté de l'école professionnelle, des classes primaires et maternelles qui ne reçoivent pas moins d'un millier d'enfants, un patronage destiné aux jeunes filles qui fréquentent les écoles laïques du quartier, un catéchisme destiné à préparer et à faciliter la tâche du clergé paroissial, un orphelinat de petites filles. Le même spectacle attend le visiteur au n° 44 de la rue de Vandrezanne ; là, les sœurs consacrent leurs soins dévoués à des classes primaires et enfantines fort nombreuses, à une crèche pour les nouveau-nés, à une maison de retraite pour les vieillards. L'école professionnelle est le couronnement de ce bel ensemble d'œuvres placées sous une même directrice.

« Les sœurs de Saint-Vincent-de-Paul se proposent d'apprendre aux jeunes filles qui leur sont confiées l'exercice d'un métier manuel, en rapport avec leurs aptitudes. Dans toutes leurs maisons on enseigne, la couture qui est en quelque sorte la profession naturelle de la jeune fille, et on forme des ouvrières qui arrivent à une habileté extraordinaire, ainsi qu'en témoignent les ouvrages sortis de leurs mains et recherchés par les magasins les plus en vue de la capitale. Chaque école a, en outre, sa spécialité, qu'elle tient à honneur de conserver.

« Ainsi, rue de la Sourdière et rue Poulletier, on peut admirer les toilettes les plus élégantes, des robes de bal et de soirées, des robes de mariées, des manteaux d'une grande richesse. Rue de Reuilly et rue Vandrezanne, la broderie règne en maîtresse : broderies pour ornements d'église, broderies pour robes, broderies pour casquettes d'employés, broderies en jais, broderies en perles, broderies au tambour, tous ces genres si différents sont pratiqués avec un égal succès.

« Une industrie moins élégante que les précédentes, mais qui a le grand avantage d'être plus lucrative et d'être soumise à beaucoup moins de chômages, est celle du blanchissage et du repassage ; il faut voir dans ce genre les magnifiques installations de la rue Bouret et de la rue Jenner. Dans cette dernière maison surtout, les ateliers de blanchissage ont atteint le dernier degré de perfectionnement. Dans une immense salle de 18 mètres de long, sur 10 de large et autant de hauteur, s'étalent seize grandes tables largement espacées et alignées sur deux rangs, à chacune desquelles deux jeunes filles sont occu-

Les blanchisseuses d'antan.

pées à repasser des pièces de linge. A la suite, et en enfilade, se trouvent le séchoir à air chaud, la salle des essoreuses et des lessiveuses, celle du pliage et de l'amidonnage, et en retour la buanderie proprement dite, plus vaste encore que la première salle : le tout donnant sur un jardin qui, par le temps sec, sert lui-même de séchoir à l'air libre. Quelques autres professions, comme celles des fleurs artificielles et des chaussures cousues à la machine, sont encore pratiquées dans nos écoles, mais elles n'occupent qu'un nombre relativement restreint d'ouvrières, et il n'y a pas lieu de s'y arrêter davantage.

« Quelques-unes de nos écoles, comme celles de la rue de Rome, de la rue Saint-Antoine et de la rue Vieille-du-Temple, présentent un caractère un peu différent. Les élèves qui les suivent se recrutent, non plus parmi les enfants de la classe ouvrière, mais parmi les jeunes filles de la bourgeoisie et du petit commerce : d'où la nécessité de leur donner un autre genre d'éducation.

« On ne se préoccupe plus ici de leur apprendre un état purement manuel ; ce qu'on leur enseigne, c'est le dessin sous toutes ses formes, la peinture sur porcelaine et sur émail, l'enluminure. En outre, dans ces trois maisons, des cours de français, d'arithmétique, de physique, de langues vivantes, préparent les élèves à l'obtention du brevet de capacité de l'enseignement primaire, ou les mettent en état d'occuper des places de comptables dans le commerce, ou encore d'entrer dans les administrations publiques, comme les postes et télégraphes, le Crédit foncier, la Banque de France.

« Quels que soient les avantages attachés à ces différentes situations, et malgré la nécessité de se plier aux exigences des parents, quand elles sont légitimes, nous n'encourageons pas nos directrices à entrer dans cette voie, parce qu'elle nous paraît une déviation du but primitif de notre œuvre, qui est de former des ouvrières, non des institutrices ni des employées de commerce. Notre crainte est toujours que nos écoles professionnelles ne se transforment et ne dégénèrent en écoles primaires supérieures : aussi demandons-nous à celles qui ont un peu ce caractère de faire une part, dans le travail de chaque jour, à l'enseignement de la couture.

« Parmi les élèves qui suivent les écoles professionnelles, 999 sur 1675, c'est-à-dire près des trois cinquièmes, sont internes ; 676 seulement sont externes. Les directrices de nos maisons ont une tendance à augmenter le chiffre des pensionnaires, pour avoir une action plus continue et plus efficace sur elles. Mais il ne faut pas perdre de vue, d'autre part, que les dépenses de logement et de nourriture occasionnées par les internes sont de beaucoup supérieures à celles nécessitées par les externes : d'où l'obligation de restreindre le nombre des élèves, quand on donne la préférence au premier système. Au surplus, l'option ne dépend pas toujours uniquement du choix des directrices ; il y a des convenances qui sont imposées par la clientèle de l'école, par le quartier où elle est située, par le genre de travail qui y est pratiqué.

« En définitive, qu'il s'agisse d'internes ou d'externes, les élèves de toutes nos maisons nous donnent une entière satisfaction. La presque totalité de nos jeunes filles sortent de nos écoles pour entrer dans des ateliers chrétiens, pour fonder des familles où elles apportent les sentiments religieux que leur ont inculqués leurs vénérables maîtresses. C'est là un résultat précieux qui explique la faveur toute particulière dont les premiers pasteurs du diocèse se sont toujours plu à entourer notre œuvre, et qui la recommande à la sympathie de toutes les personnes dévouées à la classe ouvrière, en même temps qu'attachées aux principes de la foi catholique. »

. . . .

Cet exposé des motifs que nous avons tenu à reproduire dans toute son étendue, car il a le mérite de donner, outre une vue très nette de l'œuvre, l'appréciation que porte sur elle ceux qui l'ont fondée, déclare très expressément qu'ici le but éducatif prime le but professionnel. Faire des chrétiennes d'abord et des chrétiennes catholiques, puis par surcroît des ouvrières capables de gagner leur vie : tels sont les deux termes successifs du programme.

On ne saurait douter que le premier ait été entièrement rempli, car tous les rapports partiels des différentes maisons en font foi chaque année. Mais c'est le second que nous avons plus particulièrement à examiner dans cet ouvrage. Afin de nous rendre compte des résultats obtenus à cet égard, nous examinerons l'organisation de quelques-uns des établissements patronnés par l'œuvre, en commençant, si vous le voulez, par celui qui est destiné aux filles de la bourgeoisie : l'école Sully, de la rue Saint-Antoine.

L'ÉCOLE SULLY

Il n'y a pas que les filles d'ouvrier qui aient à se préoccuper de venir en aide, par leurs salaires, à leurs familles. Tous ceux qui savent combien est précaire à Paris, plus qu'ailleurs, la position du petit bourgeois, employé d'administration ou minuscule commerçant, obligé souvent, par suite de traditions sociales ou de convenances de milieu, à garder une tenue et l'apparence d'habitudes qui cadrent mal avec ses ressources vraies, à tenir comme on dit « son rang », peuvent supputer au moyen de quelles privations et de quels miracles budgétaires, la famille de ce travailleur en redingote arrive à joindre les deux bouts. Élevée dans des idées de fierté peut-être excessive, mais respectable à tout prendre, la jeune fille issue de ce milieu connaîtra, certes, plus que la fille du peuple l'amertume de la pauvreté. Adolescente, elle sera privée de petites joies qui sont familières à l'autre; sortira moins parce que, dans son monde, il faut avoir des gants, fussent-ils raccommodés, pour sortir; ne voisinera guère, parce que ses parents ne sont pas en mesure de faire ou de recevoir de visites. Devenue grandette, elle songera, non sans mélancolie, qu'il lui sera bien plus difficile de se marier qu'à une autre, car si les ouvrières ont coutume d'être recherchées sans dot, les « demoiselles » n'ayant à apporter en ménage que leur brevet, simple ou supérieur, sont peu courues. Elles constateront cet égoïsme des prétendants de leur caste sans s'en étonner. Elles réfléchissent, en effet, que la situation de deux jeunes gens qui mettent en commun leurs gains journaliers ne s'amoindrit pas pendant les premières années du mariage, jusqu'à ce que les enfants viennent compléter la famille, époque à laquelle on a eu le temps soit

Entrée de l'école Sully, rue Saint-Antoine.

de faire des économies, soit de s'établir, soit d'atteindre des salaires supérieurs. Dans une union bourgeoise où au contraire le chef réalise seul des gains, ses ressources diminuent presque de moitié, du jour où il a une seconde bouche à nourrir. Oui, l'avenir de la jeune bourgeoise pauvre est plus sombre que celui de l'ouvrière, et pour peu qu'elle soit intelligente, dès qu'elle sera en âge de raisonner, elle s'en inquiétera et y cherchera un palliatif.

Pour l'aider, pour lui tendre la main, pour lui aplanir les obstacles de la route, rien n'avait été fait avant l'école Sully. Ce fut donc une idée d'une haute philanthropie qui inspira à MM^{mes} Dufaure, Legentil et Daviller, l'idée de créer pour les enfants de cette classe intermédiaire, en 1867, un établissement où on leur enseignerait de petites industries n'exigeant point le travail en atelier, mais susceptibles tout de même d'être lucratives, et d'apporter des ressources appréciables à celles qui voudraient les exercer sérieusement. Ce ne fut pas d'ailleurs sans quelques tâtonnements que l'on arriva à la conception de l'école telle qu'elle est comprise aujourd'hui; on essaya notamment de diverses applications de travaux d'aiguille, que l'expérience révéla infructueux. Mais il est inutile de s'appesantir sur cette période expérimentale, et il suffit de voir à quoi l'on a abouti.

Un mot, en passant, de la maison qui abrite l'école, ses pareilles n'ayant pas coutume de jouir d'un pareil décor. C'est l'ancien hôtel Sully, bien connu des archéologues, et dont la somptueuse ornementation se révèle au curieux, dès que celui-ci a franchi la porte cochère du n° 160 de la rue Saint-Antoine. Au fond d'une vaste cour seigneuriale on aperçoit le principal corps de bâtiment, que reproduit une de nos illustrations, avec sa profusion de sculptures plus riches que délicates, tandis qu'à droite et à gauche la cour s'encadre dans deux ailes non moins ouvragées. La façade sur la rue Saint-Antoine a été ajoutée plus tard pour compléter le quadrilatère. Au delà de la primitive façade, et faisant pendant à la cour, s'étendent de vastes jardins complantés de vieux arbres comme on n'en trouve plus guère à Paris, surtout dans ce quartier-là, et qui vont rejoindre les constructions de la place Royale.

Les vieux dictionnaires content que cette opulente demeure avait été construite par un sieur Gallet, traitant enrichi, que poursuivait le démon du jeu. Un jour la fortune lui fut défavorable, et ayant perdu tout ce qu'il possédait de biens liquides, il risqua sur un dernier coup de dés sa dernière propriété, l'hôtel qu'il venait à peine d'achever. Cette fois encore il perdit.

La légende est pittoresque, mais fantaisiste. En réalité, le sieur Gallet était un modeste aubergiste qui tenait dans le voisinage un cabaret à l'enseigne de l'hôtel de Sully. Il fit de très mauvaises affaires et mangea son fonds, qui dut disparaître avec son enseigne. De là la confusion.

Quant à l'édifice qui nous occupe, il fut authentiquement bâti par du Cerceau pour le compte de Maximilien de Béthune, duc de Sully, sur l'emplacement de l'hôtel des Tournelles. Il devint plus tard la propriété de Turgot et passa enfin aux mains de la famille de Boisgelin, qui le posséda jusque dans les premières années de ce siècle. Des détails de la décoration intérieure retracent ces avatars, et les lambris d'un beau salon du premier étage portent encore fort distinctement le chiffre des Sully.

Quoi qu'il en soit, les petites écolières de l'école sont aujourd'hui les principales locataires de cette demeure historique, qu'elles occupent presque en entier et dont leur taille menue exagère l'immensité des pièces. A elles aussi les épais ombrages des jardins, qui leur constituent un lieu de récréation unique dans le vieux Paris.

L'institution n'a jamais affecté le caractère d'œuvre philanthropique ; c'est-à-dire qu'une rétribution scolaire y a toujours été exigée. Très minime au début, à l'époque où l'on pensait pouvoir produire pour le dehors, elle s'est élevée aujourd'hui à 15 et 20 francs par mois ; c'est le tarif de la plupart des bons externats de Paris.

On accepte les petites filles à partir de l'âge de six ans, et elles peuvent séjourner à l'école jusqu'à l'obtention de leur brevet supérieur. Jusqu'à treize ans, il n'est pas question pour

Un coin de la cour de récréation de l'école Sully.
(Dessin d'élève de l'école.)

elles d'enseignement professionnel; et, sauf la régularité des leçons de couture et de dessin, plus nombreuses et plus longues ici qu'ailleurs, le programme qu'elles suivent ne diffère pas sensiblement de celui d'un pensionnat primaire. Leur treizième année atteinte, les enfants peuvent se spécialiser; mais, en pratique, elles ne le font que lorsqu'elles ont obtenu leur brevet simple. C'est alors qu'elles cessent de s'absorber dans l'instruction générale pour suivre des cours particuliers où on leur enseignera des connaissances lucratives.

L'école produit surtout des comptables et des peintres. Elle s'est occupée également de former des fleuristes, et possède une maîtresse fort experte dans cette partie; mais la profession de fleuriste, ne répondant pas exactement aux desiderata du milieu bourgeois où se recrutent les élèves, n'attire pas beaucoup. Au contraire, quantité de ces jeunes personnes étant filles de commerçants peuvent, en sachant bien la comptabilité, rendre d'immédiats services à leur famille. C'est certainement le meilleur emploi qu'elles soient capables de faire de leur science, lorsque les circonstances s'y prêtent. Si elles doivent, au contraire, aller tenir les livres d'une maison étrangère, elles seront encore capables de gagner des traitements mensuels de 60 à 100 francs. Un jeune homme serait payé le double ou le triple à connaissances égales : ainsi le veut l'absurde usage de la dépréciation du travail féminin.

J'ai regretté que l'école Sully limitât son apprentissage commercial à la fonction de comptable. Le commerce est et sera encore longtemps, à tout prendre, un des plus importants débouchés ouverts à l'activité des femmes ; il peut les utiliser non seulement comme vendeuses, mais comme auxiliaires de tous ses rouages administratifs. Des vendeuses je ne parlerai pas, car on n'en éduque nulle part, pas plus dans les écoles privées que dans les écoles publiques. Nos grands magasins de nouveautés, qui en mobilisent des armées entières, sont réduits à chercher leur contingent parmi les apprenties sorties des magasins de détail de second et de troisième ordre. Qu'en résulte-t-il? C'est que ces vendeuses, admises à dix-huit ou vingt ans, assez jeunes pour pouvoir faire leur carrière dans le grand établissement, et obligées de justifier déjà d'un entraînement probable de trois ou quatre années, sont forcément de petites ignorantes, très inférieures comme moyenne intellectuelle à la position fort sortable qu'elles pourront occuper plus tard.

Dans le grand jardin de l'école Sully.
(Dessin d'élève de l'école.)

Ce n'est qu'à force de tact, de volonté, de prodiges d'ingéniosité qu'elles parviennent à se transformer de servantes de boutique en demoiselles de magasin. Parisiennes, elles sauront instinctivement porter la toilette et se montrer assez élégantes pour ne pas déparer leur étalage; mais par quel miracle pourraient-elles, sorties à treize ans de l'école pour aller épousseter des vitrines de détaillants, savoir à vingt ans ce que les jeunes gens du même âge ont appris dans les écoles commerciales qui, partout, leur sont si libéralement ouvertes?

Qu'on ne m'objecte pas que la spécialité de vendeuse se passe fort bien de connaissances théoriques. S'il est inutile qu'une employée du « rayon de la chaussure » puisse discuter la question des cuirs avec la cliente à qui elle prend mesure, on admettra tout au moins qu'il lui serait profitable de pouvoir répondre en anglais ou en allemand à l'étrangère qui réclame des renseignements. Et combien de choses, à côté des langues vivantes, sont susceptibles d'être apprises hors du magasin et d'augmenter la valeur personnelle de l'employée! Nous parlions tout à l'heure des places de bureaux que le commerce de gros et de demi-gros attribuerait volontiers à un personnel féminin s'il y rencontrait des sujettes pourvues d'une compétence suffisante. Croit-on, par exemple, que si l'école Sully apprenait à ses élèves la sténographie et l'usage de la machine à écrire, qu'on exige maintenant dans presque toutes les maisons de quelque importance, les intéressées n'obtiendraient pas de prime-saut des emplois rétribués plus de 60 à 100 francs par mois?

Il reste énormément à faire dans le perfectionnement du programme des études commerciales de la femme: c'est un point qui devrait attirer la sollicitude des œuvres d'initiative privée, et d'autant plus impérieusement que les résultats seraient immédiats.

On a préféré, dans l'établissement de la rue Saint-Antoine, faire porter le principal effort sur l'enseignement du dessin et de la peinture, qui y sont remarquablement organisés. En dehors des leçons de dessin, il n'existe pas moins de trois cours spéciaux de peinture, professés par des maîtresses distinctes, et qui ont pour objet: la *miniature, l'aquarelle et gouache (fleurs)*, la *peinture sur porcelaine*. Chacune de ces spécialités correspond à un ou plusieurs débouchés industriels, et comme les élèves ont été exercées constamment à composer des modèles, elles peuvent ambitionner des émoluments d'artistes au lieu de se contenter d'un salaire d'ouvrier. Beaucoup ont l'enseignement public ou privé en vue ; quelques-unes parviennent à s'y créer une place. J'imagine que ces privilégiées sont peu nombreuses; car, dans l'enseignement public tout au moins, l'encombrement est grand. A l'heure actuelle, il y a pour le professorat des écoles de la ville de Paris, six mille candidates inscrites et pourvues des diplômes nécessaires, et à peine quarante vacances annuelles. A la dernière session, l'administration a pris soin d'aviser officiellement les impétrantes que l'acquisition du diplôme ne pouvait en aucune manière garantir la titularisation des intéressées.

Quelle est donc la perspective d'avenir d'une jeune fille à qui on a mis en main un crayon comme outil de travail ? Celle d'une lutte quotidienne pour l'emploi de son savoir et peut-être de beaucoup d'échecs et de nombreux découragements. Il faut ne pas craindre de dire ces choses et y insister, au risque d'enlever quelques illusions aux âmes généreuses qui ont rêvé par ce moyen l'amélioration du sort de toute une classe sociale des plus intéressantes.

En réalité, voici ce qui attend la jeune artiste formée à l'école Sully ou ailleurs, mais dépourvue de protections précises. Tout d'abord elle songera à faire des éventails. C'est une industrie qui, autrefois, a utilisé dans une large mesure la main-d'œuvre féminine, et où elle peut espérer que ses facultés d'invention, développées avec tant de soin, trouveront à s'exercer. Mais les diverses maisons auxquelles elle s'adressera l'informeront que, depuis une vingtaine d'années, la fabrication de l'éventail s'est entièrement modifiée. Au lieu de rechercher la variété de la composition, les éventaillistes, menacés par la concurrence étrangère, se sont préoccupés avant tout de diminuer leur prix de revient, et pour cela ont établi des séries à la grosse sur un modèle donné. Les sujets s'impriment à la manière des images d'Épinal, et n'importe quel manœuvre peut les badigeonner sans apprentissage préalable.

Restent les éventails de luxe, portant une signature connue, et d'un débit d'ailleurs fort restreint. Le client, dans ce cas, achète la signature, et le fabricant la payera de 300 à 500 francs, et même plus, à Madeleine Lemaire ou à Mme Abbéma. C'est un couronnement de carrière et non un début.

Les boites à bonbons ont aussi jadis utilisé la peinture sur soie; la mode en a été remplacée par celle des broderies mécaniques et des chromos. Passée aussi la mode du vernis Martin, qui employait, chez les marchands de meubles, quelques mains adroites à la décoration des meubles et des pianos. Enfin l'industrie allemande a tué l'improvisation des images religieuses et des menus de repas. Là, comme pour les éventails, le commerçant, obligé de calculer à un centime près, se borne à commander des modèles à des spécialistes et les fait reproduire mécaniquement à des milliers d'exemplaires.

Déçue de tous ces côtés notre artiste cherchera, en désespoir de cause, à glaner quelques leçons particulières, et si elle n'en trouve pas, comme c'est probable, songera à partager, dans les fabriques de faïences ou de porcelaines, le maigre salaire des ouvrières, payées cinquante sous ou trois francs par jour pour reproduire indéfiniment le même filet sur la même espèce de soucoupe. Là encore on lui préférera la robuste travailleuse, ne sachant peut-être ni lire ni écrire, mais capable de rester douze heures à l'établi sans penser au dessin d'Ingres ou au coloris de Delacroix.

Encore une chute, elle va devenir la proie des industriels véreux qui spéculent sur son genre de misère.

« Monsieur, me disait dernièrement l'une d'elles, je suis restée deux jours sans manger, l'an passé, à cause de ces voleurs-là. Faites donc connaître leurs procédés; peut-être éviterez-vous à de pauvres filles comme moi la même mésaventure.

« Voici comment la chose est arrivée :

« A l'époque des vacances j'avais perdu les leçons de dessin que je donnais dans un pensionnat de demoiselles, et je songeais à me placer comme bonne, car mes ressources s'épuisaient. Il ne me restait plus que 12 francs.

« Un beau matin je lus à la quatrième page d'un journal l'annonce suivante :

> TRAVAIL FACILE. On demande personnes pour petites peintures, 8 à 10 francs par jour, sans connaissances spéciales et sans quitter emploi. S'adresser rue X, n° ...

« Huit francs par jour, sans savoir peindre et en ne travaillant qu'une partie de ses journées! A ce compte combien gagnerais-je, moi qui disposais de tout mon temps et avais une aquarelle reçue au Salon!

« Immédiatement je me rendis à l'adresse indiquée. C'était, au fond d'une cour, un magasin de couleurs tenu par un vieillard d'apparence respectable qui, dès mon entrée, se mit à me faire ressortir les bénéfices de mes futures occupations, en insistant sur ce point qu'il était parfaitement inutile d'avoir fait des études préparatoires pour réussir. Il s'agissait d'enluminer des photographies pour portraits-primes, ou de colorier des tableaux connus. Les portraits étaient payés un franc et les tableaux deux francs. On pouvait faire facilement dix des premiers ou cinq des seconds par jour.

« Effectivement, les modèles qu'il me donna étaient si grossièrement exécutés que n'importe qui en aurait fait autant.

« — J'espère, monsieur, dis-je à l'entrepreneur, réussir beaucoup mieux que cela, car je suis artiste de profession. »

« Cette déclaration n'eut pas l'air de l'enthousiasmer. Il me sembla qu'il eût préféré me voir complètement ignorante. Plus tard j'ai compris pourquoi.

« — Combien, ajoutai-je, voulez-vous me confier de panneaux pour commencer?

« — Mais le nombre que vous voudrez. Chaque planchette coûte un franc. Le prix en est remboursé en même temps que nous payons le travail. »

« Je songeai : je vais en prendre dix et je garderai quarante sous pour la journée de demain.

« — Vous avez nos couleurs? continua le marchand.

« — Non, mais j'ai les miennes, qui sont excellentes.

« — C'est qu'il est essentiel que nous puissions garantir nous-mêmes l'inaltérabilité de nos petites compositions. Il vous est indifférent de vous servir chez nous ou ailleurs, puisque nous ne vendons pas plus cher. Du reste, nous ne donnons de commande qu'aux personnes qui s'approvisionnent dans notre magasin, c'est de toute justice.

« — Ah! mon Dieu! et que me coûteront les tubes nécessaires à l'exécution de cette *Mater Dolorosa* de M. Bouguereau que je vais reproduire?

« — Oh! une bagatelle... : sept francs. »

« Mon calcul fut vite fait. Il me restait cinq francs pour les panneaux, à condition de ne pas déjeuner le lendemain, mais je pourrais rendre la besogne, réduite de moitié, dans l'après-midi et dîner le soir.

« Je tirai ma bourse et en versai le contenu sur le comptoir.

« — Pardon, observa le vieillard, il y a trois francs à prélever pour prix du modèle.

« — Mais puisque je le rapporterai...

« — Oh! mademoiselle, les règlements de la maison sont formels. Nous ne pouvons pas nous amuser à tenir une comptabilité semblable. C'est à prendre ou à laisser. »

« Intimidée, je me résignai à n'emporter que deux panneaux. Le lendemain, avant midi, j'étais là.

« Mon bonhomme déballa mes petits tableaux et, sans presque les regarder, me dit d'un ton maussade :

« — Ce n'est pas cela! ce n'est pas cela du tout! Vous vous appliquez à fignoler, à faire de la miniature, alors que mes clients veulent des choses largement brossées. Je ne puis accepter ces reproductions. Essayez du portrait, cela vaudra mieux. Je vais vous remettre six panneaux et des pinceaux de notre fabrication; certainement, avec cette dépense de dix francs vous arriverez à...

« — Et où voulez-vous que je les trouve ces dix francs? Hier vous m'avez pris mes derniers sous.

« — Ceci est une considération dans laquelle nous n'avons

pas à entrer. Je vous offre du travail, vous le refusez, c'est votre affaire.

« — Comment! je le refuse? quand c'est vous qui rejetez des copies dix fois mieux faites que le type! Tenez, je comprends votre genre de commerce, maintenant. Voici votre modèle, rendez-moi mes trois francs, et bonsoir.

« — Les modèles ne se reprennent pas.

« — Par exemple, c'est trop fort! »

« J'eus beau prier, supplier, le vieux scélérat se contenta de hausser les épaules. Comme, en fin de compte, j'élevais un peu la voix :

« — En voilà assez, conclut-il; pas de scandale dans une maison honnête, je vous prie, ou j'appelle un gardien de la paix pour vous faire sortir. »

« Me voyez-vous conduite au poste par un sergent de ville? Je gagnai la rue en maudissant le hasard fatal qui m'avait fait lire l'annonce. Le lendemain, comme je n'avais pas eu un croûton de pain à me mettre sous la dent et que j'avais grand'-faim, je retournai, malgré ma honte, chez le faiseur de dupes. J'espérais qu'il me reprendrait mon modèle pour vingt sous, pour dix sous, pour ce qu'il voudrait... Il me fut impossible de voir le patron.

« Par contre, je croisai dans la cour une jeune fille qui pleurait à chaudes larmes. En nous regardant, nous comprîmes vite que notre infortune était la même.

« Sur un banc du Luxembourg elle me conta son cas.

« Elle était élève sage-femme, et en un mois le fripon lui avait soutiré soixante-dix francs. Comme elle n'avait appris le dessin qu'à l'école primaire l'exploiteur lui disait : « Vous gâchez un peu de marchandise, ce n'est pas étonnant, inexpérimentée comme vous l'êtes; mais, tenez, il y a déjà progrès; la prochaine fois je parie que votre travail sera acceptable. » Et il l'avait bernée comme cela indéfiniment. En dernier ressort elle avait mis ses boucles d'oreilles au mont-de-piété pour acheter une nouvelle série de tubes, et ce matin même le marchand, à qui elle faisait l'aveu de sa détresse, lui avait dit : « Non, mon enfant, vous ne réussirez pas du tout ; quoique ce soit bien simple, je vous conseille d'abandonner. »

« Toutes deux nous résolûmes, n'ayant pas d'autre recours, d'écrire au journal pour lui signaler la canaillerie qui s'abritait dans ses colonnes. Mais il ne semble pas avoir tenu compte de nos renseignements, car lorsque je le lis encore, de temps à autre, j'y vois toujours l'annonce de notre larron ou celle d'un de ses compères. Ils sont en effet toute une bande, à Paris, qui n'ont pas d'autre industrie que de vider les tire-lires des filles pauvres en leur promettant, par voie de publicité, un *travail artistique*. »

En retraçant ici cette lamentable anecdote, une des plus typiques qui nous aient frappé dans nos enquêtes de publiciste, nous n'avons point l'intention de la présenter comme un cas ordinaire et d'amener le lecteur à conclure que le sort de notre héroïne est celui qui attend couramment les jeunes artistes. Si, en particulier, la brave fille dont il vient d'être question avait été une ancienne élève de l'école Sully, elle ne se fût jamais trouvée aussi isolée dans l'existence, aussi dépourvue de consolations et de conseils. Elle aurait participé à la protection latente que l'école exerce sur les siens, même quand ils sont sortis du nid, et, à la veille d'une entreprise plus ou moins aléatoire, elle aurait trouvé auprès de son ancienne directrice Mlle Viard, la doyenne de l'enseignement libre, où elle exerce depuis soixante ans, les avis pratiques pour éviter de fausses ou d'imprudentes démarches.

Sous ces réserves il n'en reste pas moins constant que l'exercice des professions artistiques dérivant de la peinture est essentiellement problématique, et que la tentative de l'école Sully, acceptable parce qu'elle est très limitée, pourrait devenir périlleuse si on la généralisait.

L'ÉCOLE DE LA RUE DU CHERCHE-MIDI

COUTURIÈRES, MODISTES ET FLEURISTES

L'école de la rue du Cherche-Midi, issue comme la précédente de l'œuvre des écoles professionnelles catholiques, et dirigée par les Dames auxiliatrices du Purgatoire, se propose un but plus modeste et n'aspire à faire de ses élèves que des ouvrières proprement dites. L'idée de sa création est due au Père jésuite Olivaint, qui mourut fusillé par la Commune, dans le massacre des otages, peu de temps après avoir tracé le programme de l'institution, qu'il ne lui était pas réservé de voir fonctionner. Il s'agissait, dans la pensée du P. Olivaint, de fournir aux familles de la petite bourgeoisie, ou de la classe laborieuse aisée, le moyen d'apprendre à fond les métiers de couturière, de modiste ou de fleuriste à leurs filles, sans que celles-ci fussent obligées de passer par l'atelier ou d'abandonner le foyer domestique. Il fallait donc que la maison fût assez close pour ne pas présenter les inconvénients des ateliers urbains, assez ouverte pour ne point affecter des allures d'un pensionnat où l'enseignement théorique se donnerait sans souci de l'exploitation pratique.

C'est en effet le tort trop fréquent des écoles professionnelles de s'éloigner des contingences de la réalité, de négliger les questions de rapidité du travail, d'économie des matières premières, etc.; si bien que l'apprenti formé par elles, et mis ensuite aux prises avec une tâche rémunérée, se voit obligé de modifier ses errements, de changer sa manière de faire, sous peine de voir son labeur improductif. Afin de ne pas chavirer dans ce travers il fut entendu que l'école du

Cherche-Midi serait une véritable maison de commerce, exécutant des travaux pour une clientèle réelle, une clientèle qui payerait et aurait par conséquent le droit d'être exigeante; que les jeunes filles, admises de treize à seize ans aux divers ateliers, y fourniraient un nombre d'heures de présence et de travail équivalent à celui qui est exigé de leurs compagnes dans l'industrie libre; enfin que l'apprentissage, d'une durée de trois années, serait onéreux pour être effectif.

En conséquence la rétribution fut fixée à dix francs par mois. Cependant, à l'heure présente, cette mince quotité n'est plus exigée que d'un tiers des inscrites, les deux autres tiers bénéficiant d'une gratuité qui se dissimule sous forme de bourses. Le principe seul est sauf.

Les élèves sont reçues de treize à seize ans, pourvues autant que possible du certificat d'études primaires. Sous le titre de *répétitions*, on leur fera dans la maison des cours de revision d'études, destinés plutôt à les empêcher d'oublier ce qu'elles ont antérieurement acquis qu'à étendre le champ de leur instruction générale. Toutefois on leur apprendra la tenue des livres et l'anglais au point de vue commercial, choses qui ne figuraient pas au programme de l'enseignement primaire.

Les cours ont lieu de huit heures à neuf heures et demie du matin, puis jusqu'à onze heures les jeunes filles se répartissent entre les divers ateliers. Celui des couturières, avec cinq maîtresses, absorbe les deux tiers des apprenties; les ateliers de modes et de fleurs, dirigés l'un par une maîtresse unique, l'autre par deux maîtresses, se partagent, par parties à peu près égales, le tiers restant des jeunes filles. Leur nombre total est monté, en certaines années, à cent cinquante; il varie actuellement, selon les exercices, de cent quinze à cent vingt.

De onze heures à midi a lieu le déjeuner, dont les éléments ont été apportés du dehors et préparés dans la cuisine de l'établissement; puis vient une courte récréation, à laquelle succède une nouvelle séance d'atelier qui dure jusqu'à quatre heures et demie pour les grandes, jusqu'à deux heures et

L'école de la rue du Cherche-Midi. (Couturières, modistes et fleuristes.)

demie seulement pour les petites. De cinq heures et demie
à la sortie, classes nouvelles pour les apprenties, sauf pour
celles de troisième année, qui retournent au travail manuel.

Les maîtresses changent peu, datant la plupart de la fondation, et les sous-maîtresses, ou contremaîtresses sont recrutées parmi les anciennes élèves et rétribuées au tarif que pratiquent, pour les emplois similaires, les bonnes maisons de ville.

L'enseignement technique semble très suffisamment organisé,

La marchande de modes au siècle dernier.

mais la gestion commerciale ne va pas sans quelques difficultés. Les jeunes ouvrières partent volontiers à l'expiration de leur seconde année de présence; c'est-à-dire dès qu'elles se croient capables de gagner des salaires au dehors. La maison se trouve ainsi frustrée de la seule collaboration qui pourrait lui être utile; d'autre part ne pouvant embaucher, en temps de presse, des auxiliaires salariées, ce qui serait contraire à son principe, elle se trouve hors d'état d'entreprendre de grosses commandes livrables à date fixe. Enfin, s'interdisant de travailler au rabais, elle ne peut pratiquer la concurrence industrielle dans toute son âpreté. Il en résulte que les débouchés manquent parfois, et que la clientèle ne peut pas s'étendre avec l'élasticité désirable.

La tentative de l'école de la rue du Cherche-Midi n'en reste pas moins fort intéressante, parce qu'elle se maintient dans les limites d'une école professionnelle sans présenter les inconvénients des ouvroirs.

Quel est, au point de vue social, l'avenir qu'attend l'ouvrière formée par ses soins, ou par ceux de tel autre établissement similaire, c'est ce que nous allons examiner dans le chapitre suivant.

LE MÉTIER DE COUTURIÈRE

On compte qu'il existe à Paris 90.000 ouvrières couturières, sans parler de celles exerçant des professions analogues ou s'y rattachant. M. Gaston Worth, dans le *Précis sur l'industrie de la couture et de la confection,* qu'il a établi pour le ministère du Commerce, en dénombre 63.050, d'après les seules indications du *Bottin*. Il recense :

6 maisons de couture occupant une moyenne de 400 à 600 ouvrières, soit un total de. .				3.000	ouvrières
50 maisons à 100 ouvrières environ, soit.			.	5.000	»
50	»	50 » » »		2.500	»
1530	»	15 » » »		22.950	»
296 maisons de nouveautés confectionnées ayant 10 entrepreneuses occupant chacune 10 ouvrières environ, soit.				29.600	»
			Total	63.050	»

Si on ajoute à cette somme le nombre des couturières-patronnes ayant de 2 à 5 ouvrières chacune, et celui des ouvrières libres qui vont en journées bourgeoises, sans dépendre d'aucun atelier, on conclura que le chiffre de 90.000 est plutôt inférieur que supérieur à la réalité.

D'autre part, l'Office du travail a recherché, pour la France entière, le nombre des couturières vivant de leur métier, et, d'après les données qu'il a publiées dans la statistique générale du ministère du Commerce, il y aurait pour l'industrie de l'habillement 225.054 chefs de maison, se décomposant en 81.406 patrons et 143.648 patronnes, qui occupent 135.977 hommes et 564.824 femmes.

Comme dans la presque totalité des cas, patrons et patronnes mettent eux-mêmes la main à la pâte, il convient de les additionner dans le nombre des travailleurs, ce qui porte celui-ci à un total de 925.855 individus: disons un million en chiffres ronds.

Là-dessus, il faut déduire 136.000 tailleurs et deux fois autant de tailleuses s'occupant exclusivement de la fabrication des vêtements d'hommes. Il reste plus d'un demi-million de couturières vivant exclusivement du costume féminin. Autrement dit, sur 100 femmes il y en a 3 et demi qui subsistent en cousant des vêtements pour les autres. Or comme sur ces 100 femmes un très grand nombre, surtout dans le peuple, n'a pas recours à des mains étrangères pour la confection de ses robes ni pour celles de ses enfants, le rapport entre l'ouvrière proprement dite et la cliente peut descendre de 1 à 15, peut-être à 12 ou à 10.

Ainsi on ne saurait rencontrer, de près ni de loin, un métier qui ait une importance sociale comparable à celui de la couturière. Tout ce qui le concerne touche à un nombre infini de têtes; et il semble qu'il a dû en être toujours plus ou moins ainsi.

Pourtant cette profession, si étendue qu'à elle seule elle embrigade plus de monde que vingt autres réunies, est née d'hier. Il n'existait pas une seule couturière avouée il y a quelque deux cents ans.

La corporation des tailleurs eut seule pendant une longue suite de siècles le privilège d'habiller les hommes et les femmes. L'article 4 de leurs statuts de 1660 précise encore ce monopole:

« Il n'appartiendra, — y est-il dit, — qu'aux dits maîtres marchands tailleurs d'habits de faire et vendre toutes sortes d'habits et accoutrements généralement quelconques à l'usage d'hommes, de femmes et d'enfans. » Par exception les filles des maîtres tailleurs pouvaient avant d'être mariées « habiller les petits enfants jusqu'à l'âge de huit ans seulement ».

Il fallut arriver au règne de Louis XIV pour que cessât cet état de choses. Les couturières clandestines, qui essayaient de vivre malgré tout, en dépit de la guerre à outrance que leur faisait la corporation privilégiée, des amendes répétées, des saisies d'étoffes dont elles étaient l'objet à la suite des dénonciations au lieutenant général de police, surent intéresser à leur cause quelques grandes dames de la cour et adressèrent

Blason des couturières.

à l'autorité royale une requête tendant à l'érection de leur métier en communauté régulière.

Le roi-soleil prit en considération cette demande dans un rescrit où, après avoir constaté l'existence de fait des couturières, malgré les sévérités et les vexations résultant de leur situation irrégulière, il ajoute :

« Ces femmes et ces filles nous ayant remontré que de tout temps elles se sont appliquées à la couture pour habiller les jeunes enfans et les personnes de leur sexe, et que ce travail était le seul moyen qu'elles eussent pour gagner honnêtement leur vie ; ayant d'ailleurs considéré qu'il était assez dans la bienséance et convenable à la pudeur et à la modestie des femmes et filles de se faire habiller par des personnes de leur sexe lorsqu'elles le jugeraient à propos, érigeons la profession de couturière en titre de maîtrise-jurée pour faire à l'avenir un corps de métier... »

Suivaient les statuts accordés à la nouvelle corporation, placée sous le patronage de saint Louis, et dont les armoiries, reproduites ci-contre, devaient être « d'*azur*, à des ciseaux d'argent ouverts en sautoir ».

En possession d'un pareil titre, il semblait que les couturières dussent se multiplier comme par enchantement. Il n'en fut rien. Les usages séculaires étaient trop solidement établis pour se modifier ainsi subitement ; d'ailleurs, par suite des entraves mises à la libre confection et à la vente des vêtements de femme, l'immense majorité des Françaises avaient coutume de s'habiller elles-mêmes ; à cela n'avait jamais pu faire obstacle la corporation des tailleurs. Les intéressées continuèrent donc, comme par le passé, dans le menu peuple et dans la bourgeoisie, à couper et à coudre pour leur propre usage les étoffes qu'elles achetaient chez le drapier. Il n'y eut guère qu'une partie des dames de la cour, de la noblesse et de la finance qui profitèrent des facilités nouvelles mises à leur portée. C'est ce qui explique qu'au commencement du xviiie siècle, vingt-cinq ans après la promulgation de l'édit, on ne comptait encore à Paris que six maîtresses couturières établies, lesquelles devaient occuper chacune un nombre très restreint d'ouvrières.

Rappelons, à titre de curiosité, les noms de ces vénérables ancêtres dont la postérité s'est multipliée si incroyablement dans la seconde moitié du xixe siècle. C'étaient : Mme Charpentier, rue Montorgueil ; — Mme Villeneuve, près la place des Victoires ; — MM^{mes} Rémond et Prevôt, rue des Petits-Champs ; — Mme Billard, rue Sainte-Avoye ; — Mme Bonnemain, rue des Fossés-Saint-Germain-l'Auxerrois ; — Mme Fauvé, au port Saint-Landry.

J'ai négligé de dire qu'en obtenant le droit à la maîtrise, les couturières n'avaient point conquis de prime-saut l'intégralité de l'exercice de leur profession. Les tailleurs avaient conservé le privilège de confectionner les corps de robes, c'est-à-dire les vêtements de dessus plus ou moins ajustés. D'autre

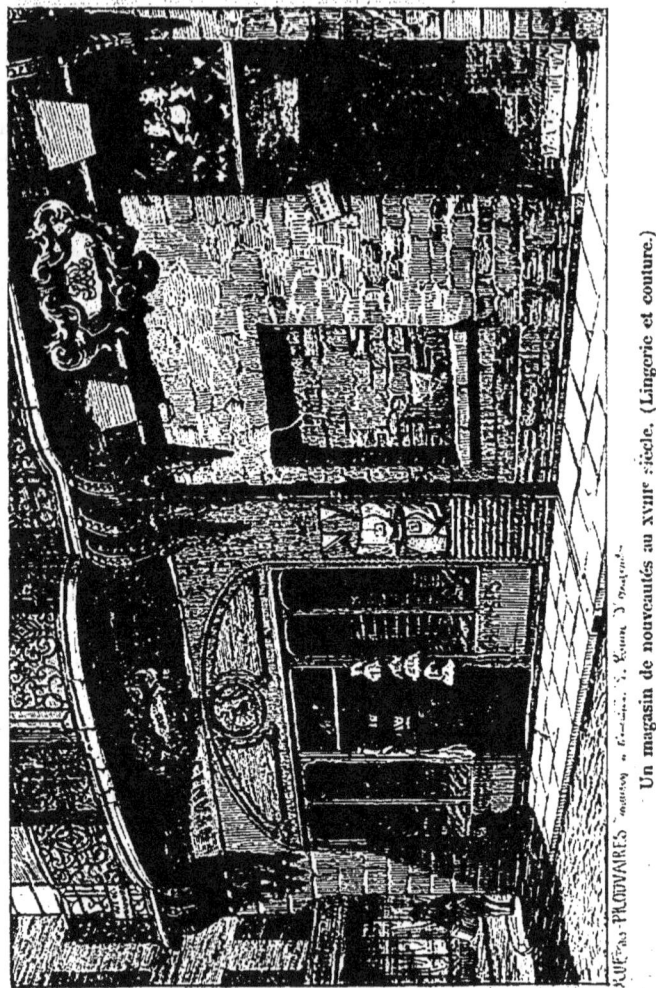

Un magasin de nouveautés au XVIIIe siècle. (Lingerie et couture.)

part, il restait entendu que les couturières ne pouvaient tenir chez elles aucune étoffe en pièce ni en faire commerce. Ce n'est donc qu'à la Révolution qu'elles furent complètement libres. Toutefois cette nouvelle étape ne marqua pas encore l'épanouissement complet du métier, tant s'en faut. En 1801, on ne comptait dans la capitale que 1700 ouvrières de la couture, même en y comprenant les lingères, dont la spécialité doit cependant former un groupement à part.

A quoi tenait la lenteur de ce développement? A ce que la MODE avec tous ses caprices et ses incessantes métamorphoses ne régnait point encore souverainement en France. Ceci demande quelque explication.

Assurément il a existé des modes françaises avant la seconde moitié de ce siècle, et l'étranger n'a pas attendu cette époque pour s'en inspirer, au besoin pour les copier. On peut reconnaitre même que la somptuosité et l'élégance des vêtements de gala de nos ancêtres dépassait de beaucoup l'éclat assez négatif des habillements contemporains. Néanmoins il est nécessaire d'observer que ces costumes, pour brillants qu'ils fussent, ne variaient guère pendant de très longues années pour une même catégorie d'individus. Réglés pour la noblesse par l'étiquette observée à la cour[1], pour le tiers état par les us et coutumes des diverses provinces et les prescriptions des corporations, qui ne permettaient pas de déplacer un bouton ou d'allonger d'un centimètre une basque sans avoir légiféré sur l'utilité de la modification, les vêtements constituaient des sortes d'uniformes pour chaque classe. Cela est si vrai, qu'il nous suffit de regarder une estampe ancienne pour déterminer par le costume des personnages non seulement la condition de ceux-ci, mais l'époque exacte du dessin. Les peintres allaient même plus loin. Ils représentaient le héros, les saints et les saintes, les acteurs de scènes bibliques vêtus de l'accou-

[1] Sous Louis XIV, l'étiquette, qui réglait tout, imposait des obligations auxquelles les gens de la cour, de même que les personnes riches et de bon ton, ne pouvaient se soustraire. Les étoffes étaient classées par saisons : en hiver, les velours, les satins, les ratines, les draps; en été, les taffetas; en automne et au printemps, les draps légers. Les dentelles même variaient suivant les saisons : le point d'Angleterre, pas plus chaud cependant que les malines, ne pouvait plus paraître après les fêtes de Longchamp. Les fourrures se prenaient le jour de la Toussaint; à Pâques, on quittait les manchons sans qu'il fût permis de les reprendre, même s'il tombait de la neige. Lorsqu'une dame avait atteint l'âge de quarante ans, elle ne devait plus se présenter à la cour sans avoir une coiffe en dentelle noire. (Duchesne aîné, conservateur à la bibliothèque Mazarine.)

trement en usage au moment où ils peignaient. Pourquoi? Ce n'était pas toujours par ignorance ou par naïveté, mais parce qu'ils comprenaient que les spectateurs de leurs toiles, accoutumés de pères en fils à la vue de vêtements identiques, à formes quasi invariables, seraient tout désorientés par l'aspect de vêtements latins, grecs, hébreux, qu'ils ne soupçonnaient point et qui les déconcerteraient.

Les conditions même dans lesquelles s'établissaient les costumes de prix ne favorisaient pas la rapidité des transformations de la mode. Pour chamarrer et broder tel manteau de gala il fallait deux années et plus; l'impatience, la versatilité

Blason des lingères.

des goûts n'eussent donc pas été de mise pour des commandes si longues à livrer. Enfin la valeur intrinsèque de la marchandise lui garantissait une faveur durable : c'était l'époque des habits inusables et des robes qu'on se léguait de mère en fille.

Pendant la première moitié de ce siècle, des motifs d'un ordre différent s'opposèrent encore aux mutations fréquentes de la mode.

Après l'engouement provoqué par l'école de David pour la draperie antique, et qui excita si longtemps les dames à s'habiller ou à se déshabiller comme des statues, les guerres du premier Empire remplirent les têtes de tout autres soucis que ceux de l'élégance civile. Les émigrés rapportèrent d'Angleterre le style déplorablement lourd qui caractérisait les costumes d'outre-Manche, et l'imposèrent pendant de longues années. Sous Louis-Philippe il y eut une préoccupation de simplicité poussée jusqu'à l'affectation, et l'on vit triompher les cachemires et châles, qui pouvaient varier par le dessin et la richesse du tissu, mais non par la forme, élément cependant essentiel de la mode. Bref, on arrive aux premières années du règne de Napoléon III en constatant toujours la même stabilité dans le costume féminin, composé essentiellement de robes exécutées en étoffes diverses, mais semblables de contexture et d'aspect, et d'un manteau enveloppant le corps entier, avec ou sans manches, et s'adaptant aussi peu à la personne que les châles qui partageaient avec lui la faveur publique.

C'est alors qu'eut lieu la révolution à laquelle nous avons déjà fait allusion et qui a transformé entièrement les conditions du métier de couturière. Chose inattendue, elle fut due à des hommes, lassés de voir que les femmes faisaient réaliser si peu de progrès à la profession qu'elles avaient envahie. C'était la revanche des tailleurs, revanche pacifique et féconde, car au lieu d'enlever cette fois le travail des mains de leurs rivales, ils allaient multiplier la besogne rémunératrice et augmenter dans une vaste proportion le nombre des ouvrières de l'aiguille.

« Ces réformateurs, a dit M. Leduc dans son rapport de classe de l'exposition de 1889, doués d'un instinct commercial et d'un sentiment esthétique de premier ordre, comprirent le parti qu'on pouvait tirer du vêtement féminin en le transformant. Elle était routinière, il fallait la rendre progressive; il fallait par des études attentives et sans cesse renouvelées s'appliquer, non pas à imaginer des ajustements plus ou moins gracieux, mais à créer le costume parfait, le costume le plus capable par sa forme et ses harmonies de mettre en valeur la beauté de la femme. Servis par le grand mouvement d'affaires qui favorisait alors l'éclosion des produits du luxe le plus raffiné, ils introduisirent dans la fabrication du vêtement des procédés nouveaux qui, en peu d'années, la renouvelèrent de fond en comble. Sous leur impulsion, étoffes, accessoires, modèles, méthodes de coupe, d'essayage et de travail, tout se modifia. De ce qui n'était qu'un métier, ils firent un art, et à coup sûr l'un des plus complexes et des plus savants qui soient au monde. »

De cet art du couturier, M. Leduc, qui n'était cependant pas de la partie, et exerçait pour son propre compte, si nous avons bonne mémoire, la profession de chapelier, a fait une monographie aussi exacte que complète dans son remarquable rapport. On nous saura gré d'en résumer ici les indications principales.

Le couturier, observe-t-il n'existe qu'à Paris. Il est, en effet, avant tout un créateur; non seulement il crée ses modèles, mais il crée individuellement, pour ainsi dire, chacun des costumes qu'il exécute dans ses ateliers. Bien plus, il crée lui-même, en partie du moins, ses tissus et ses accessoires. Or il n'y a qu'une ville au monde qui puisse lui fournir les ressources de toute espèce nécessaires à ce perpétuel enfantement, et cette ville, naturellement, c'est Paris.

La première préoccupation de notre spécialiste est de bien choisir les étoffes qu'il emploiera. Il attache à cette opération une importance capitale, et avec raison, car dans une grande mesure le succès de ses créations en dépend. Il ne suffit pas, en effet, que les tissus qu'il met en œuvre se recommandent par une exécution irréprochable et les agréments de leur aspect, il faut encore qu'ils séduisent l'œil par ce je ne sais quoi d'inusité et d'original qui constitue la *nouveauté*.

Tous les ans, quelques semaines avant l'ouverture de la saison d'été et de la saison d'hiver, les grands manufacturiers de France et d'ailleurs viennent lui soumettre les spécimens des derniers tissus qu'ils ont établis. L'examen des échantillons se fait avec le soin le plus minutieux. Le couturier y préside, assisté de ses principaux collaborateurs et notamment de ses *vendeuses,* lesquelles, étant en rapports quotidiens avec la clientèle de la maison, ont appris à deviner ses goûts, ses préférences et jusqu'à ses moindres caprices.

Le choix terminé on distribue les commandes. Souvent le couturier, en traitant avec son fournisseur, se réserve le monopole d'un article qui l'a plus particulièrement séduit. D'autres fois il en fait modifier la disposition en vue d'obtenir un effet plus heureux. Parfois même il fait mettre au métier, d'après ses propres instructions, une étoffe dont il a personnellement arrêté le type et le dessin. Car le couturier n'est pas seulement un homme de goût, c'est un chercheur qui étudie sans cesse l'histoire du costume; et, lorsqu'au cours de ses investigations il vient à rencontrer quelque belle étoffe ancienne, il n'hésite pas à la faire reproduire ou à en tirer les éléments d'une « nouveauté ». Dans le choix de ces accessoires il apporte les mêmes soins. Qu'il s'agisse de dentelles ou de broderies, de rubans, de fleurs ou de galons, il faut qu'il se procure, coûte que coûte, des articles d'un fini suprême, et par-dessus tout d'un caractère original.

Ceci fait, il s'occupe de préparer ses modèles.

C'est une grosse besogne matérielle et une entreprise artistique des plus délicates.

La première chose à faire est d'examiner le caractère des étoffes que l'on a acquises et les arrangements auxquels elles sont susceptibles de se prêter.

Il y a dans chaque grande maison de couture plusieurs jeunes femmes qu'on appelle des *mannequins*. Ce sont des ouvrières choisies entre toutes pour l'élégance de leur tournure, et dont le rôle consiste à revêtir les modèles quand on veut les présenter aux clients sous leur aspect le plus favorable. Une de ces jeunes femmes prend place sur une estrade. On drape sur elle les étoffes qui viennent d'arriver, de manière à se rendre compte de leurs plis naturels et de leur effet décoratif. On voit ainsi tout de suite quel parti il est possible d'en tirer.

Quand le couturier commence ses recherches, il a déjà dans l'esprit un certain nombre de conceptions et de projets.

Petit à petit, avec des réflexions et des tâtonnements ses idées se précisent. Il jette alors des croquis sur le papier, aidé par des dessinateurs exercés, qui savent interpréter ses moindres indications : c'est d'après ces dessins qu'on exécutera les modèles définitifs.

Lorsque la cliente a jugé de l'effet...

A cet effet, pour chaque vêtement, on choisit parmi les « mannequins » la jeune femme qui paraît devoir le porter avec le plus de grâce. On prend mesure sur elle afin de confectionner le vêtement à sa taille; car il perdrait en grande partie son cachet et son caractère s'il n'était point fait pour habiller une personne déterminée, capable de le faire valoir. On coupe donc les étoffes, on ajuste, on retouche, et sans cesse le travaille recommence, jusqu'à ce qu'on soit en possession d'un vêtement d'une forme et d'une harmonie irréprochables.

Pourtant les modèles ne sont que des types destinés à servir de guide dans l'élaboration des costumes de la saison. Jamais on ne les reproduira servilement. Autant de fois ils seront copiés, autant de fois ils seront modifiés, car ce qui sied à une femme ne sied pas à une autre; et d'ailleurs aucune de nos élégantes ne voudrait d'un vêtement qui serait la réédition pure et simple d'un modèle connu.

Lorsque la cliente a jugé de l'effet du type qu'on lui soumet, et qu'a revêtu un mannequin, elle réclamera soit une autre étoffe, soit d'autres dispositions ou d'autres ornements. Son âge, sa taille, son visage, ses goûts personnels justifient tous ces changements qui nécessitent une nouvelle étude. Souvent, avant de rien décider, on demande des croquis aux dessinateurs, afin de se rendre compte de ce que sera la robe avec les remaniements projetés. Au besoin, dans les cas difficiles, le couturier intervient en personne et donne sa consultation. Ainsi la nouvelle robe est le produit d'une élaboration toute spéciale, analogue à celle dont est sorti le modèle lui-même.

Ces préliminaires terminés, une *essayeuse* prend mesure et reçoit les instructions de la vendeuse au sujet des détails d'exécution. Elle porte ensuite l'ordre aux ateliers de coupe.

Ceux-ci sont, d'habitude, au nombre de deux. Dans l'un, qui ne comprend que des hommes, on prépare les vêtements « genre tailleur », tels que les jaquettes et les manteaux; dans l'autre, où il n'y a que des femmes, et dont seul nous avons à nous occuper ici, on prépare les robes de toutes espèces.

Les ouvrières s'y divisent en *coupeuses* et *apprêteuses*. Sous la direction de « l'essayeuse », les coupeuses y débitent les étoffes selon les mesures et les formes voulues, puis les apprêteuses les assemblent au moyen d'un bâti.

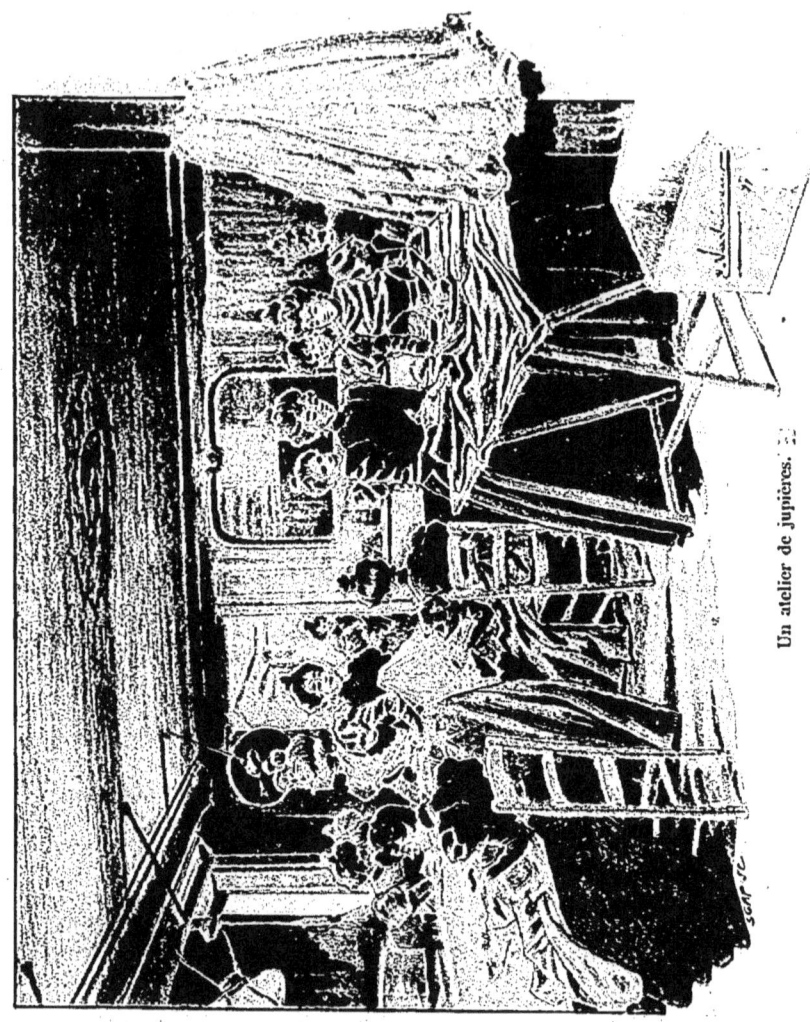

Un atelier de jupières.

Dès qu'une robe est assemblée, on procède à un premier essai sur la cliente. C'est l'essayeuse qui est chargée de ce soin, mais l'opération a toujours lieu en présence de la vendeuse, dont le contrôle et les conseils sont nécessairement fort précieux. Aussitôt après, la robe est revue, et il s'agit ensuite de la coudre et de l'ajuster.

Ici le travail se divise. Le corsage va à un atelier spécial, la jupe à un autre. *Jupières* et *corsagières* sont placées sous les ordres d'une *première*, qui distribue la besogne et en surveille l'exécution. Dans chacune de ces parties les ouvrières sont encore plus ou moins spécialisées. Les unes, par exemple, ne s'occupent que des manches, d'autres que des boutonnières.

Lorsque la robe est montée, et qu'un dernier essai a montré que l'ouvrage ne laissait plus rien à désirer, il ne reste plus qu'à le faire passer par les ateliers de garniture, où les garnisseuses y appliquent les ornements accessoires. Un suprême coup d'œil du maître et la robe est prête pour la livraison.

On ne s'étonnera guère qu'après tant de soins et des manipulations aussi multiples son prix soit fort élevé et accessible seulement aux privilégiées de la fortune. Mais on comprendra, d'autre part, que l'impulsion donnée à l'industrie par l'initiative des couturières et le luxe des grandes dames se soit propagée des maisons de première classe à celles de second et de troisième ordre, ait atteint les maisons de confection elles-mêmes en précipitant les métamorphoses de la mode.

Dès que la préoccupation de chaque acheteuse fut de ne plus se tenir à un type de robe unique et convenu, mais de prétendre à une forme spéciale en rapport avec son genre de beauté, il fallut songer à lui donner une satisfaction proportionnée à sa bourse. Ici on y arriva en employant des étoffes à meilleur marché, là en copiant par séries tel modèle d'un spécialiste en vogue. Mais au fur et à mesure que se succèdent ces décalques l'idée première de l'inventeur s'exagère, s'alourdit ou se ridiculise : c'est ainsi que les crinolines jadis, les manches bouffantes, plus récemment, finirent par devenir grotesques.

Il est donc de la destinée de la mode de s'avilir en se généralisant, et c'est pourquoi les personnes de goût l'abandonnent dès qu'elle est trop répandue pour en créer une nouvelle.

LE MÉTIER DE COUTURIÈRE 221

Ainsi s'établit le cycle sans fin de ces mutations éphémères.

Qui en profite? les fabricants d'étoffes et d'ornements sans doute, toujours en haleine pour créer du nouveau, mais plus

La première maîtresse de couture.

encore les petites aiguilles obligées de multiplier leurs services, pour renouveler ces formes dont on se lasse si vite. C'est comme cela que Paris est arrivé à posséder 90,000 ouvrières couturières.

Or il est presque incroyable que pour un métier qui appelle à lui tant de mains le véritable enseignement professionnel n'existe pas. L'école de la rue du Cherche-Midi est une tentative presque isolée.

Certes, nous ne voulons pas dire qu'on n'apprenne pas à coudre ailleurs. En France on apprend à coudre partout. La petite fille qui n'aurait pas eu sa maman pour première maîtresse de couture, se verrait enseigner la manière de faire un ourlet en même temps que l'*a, b, c* par ses institutrices laïques ou congréganistes. Depuis quelques années on a même introduit dans toutes les écoles des cours de coupe et d'assemblage qui font partie obligatoire du programme de l'enseignement primaire. Mais c'est chose toute différente que savoir suffisamment tenir l'aiguille pour réparer ses hardes, manier les ciseaux pour couper un fond de pantalon, et de se pouvoir offrir comme auxiliaire à un couturier. On a voulu faire de la robe un objet d'art, il en faut subir les conséquences. La première de toutes est qu'une ménagère ne peut plus s'habiller elle-même comme le faisait son aïeule : bourgeoise élégante, elle ne saurait; femme du peuple, elle n'y trouverait pas son bénéfice, car les magasins de confections lui vendront, tout fabriqué, un objet moins cher que celui qu'elle établirait elle-même. Déjà nos grands'mères n'avaient-elles pas renoncé à filer la laine ?...

Ainsi, il y a une séparation très nette entre l'adolescente sachant coudre, même bien coudre, et celle qui prétend exercer l'état de couturière. Pour passer de l'un de ces termes à l'autre quelles facilités sont offertes aux jeunes filles? Aucunes. Elles n'ont d'autre alternative que d'entrer en atelier, en qualité de *trottin*, et de passer par toutes les phases d'un apprentissage qui consiste seulement à regarder travailler les plus habiles de leurs compagnes, et à les imiter si elles peuvent.

La clef de voûte du métier c'est la coupe. On ne saurait s'étonner que les grands couturiers, ni même les grandes couturières n'en installent pas de cours chez eux. Leur habileté constitue leur marque, leur raison d'être; et ce serait leur demander un désintéressement extraordinaire que de les inviter à faire, dans leur propre maison, pépinière de rivales possibles, de concurrentes certaines. Mais les œuvres privées, qui ne sont

Le trottin.

sont point arrêtées par les mêmes scrupules, auraient dû se préoccuper d'éviter aux jeunes filles qu'elles élèvent et protègent l'alternative d'ignorer la technique du métier de couturière ou de l'aller chercher dans la promiscuité de l'atelier.

Tout ce que nous avons pu dire, en effet, au sujet des dangers qui guettent en apprentissage les jeunes garçons, est trop faible appliqué à des jeunes filles, lesquelles, à chaque pas, sont exposées à des occasions de défaillances infiniment plus multiples. Laissons de côté, si vous voulez, le point de vue moral, pourtant si important lorsqu'il s'agit d'une pareille armée de travailleuses; de quelles ressources disposera l'apprentie pour franchir les divers grades de sa profession ?

Quand elle aura, pendant de longs mois, couru à travers la ville au domicile des clientes, rempli auprès de sa patronne et même de ses compagnes le rôle de petite servante, été réassortir pour celles-ci les pelotes de fil, ou chercher la charcuterie qui constitue le repas des soirs de veillée, elle sera admise quelque jour à la faveur d'assister à un essayage, et de passer à l'essayeuse les épingles qui lui servent à marquer les défectuosités de la robe. Puis on lui donnera à surfiler les coutures intérieures d'un corsage ou d'une jupe, et de cet instant elle sera promue à la dignité et aux appointements de *petites-mains* : 1 fr. 25 par jour. Là elle peut stationner plusieurs années, si les circonstances ne font pas qu'on ait besoin d'elle pour une besogne plus difficile et plus lucrative. Cependant la chance la favorise encore : elle a su plaire à la première, prouvé qu'elle était apte à tenir sa place dans l'atelier des corsagières ou des jupières : la voilà installée en qualité d'ouvrière, et spécialisée dans une tâche qui lui rapportera en moyenne 3 fr. 50 à 4 francs par jour. Cette fois, c'est bien fini, à moins de hasards exceptionnels. L'avancement est clos pour elle, comme jadis pour les officiers qu'un défaut de noblesse empêchait de franchir certains grades.

Le sort de l'ouvrière gagnant de 3 à 4 francs par jour semblera peut-être assez satisfaisant pour qu'il n'y ait pas à se préoccuper outre mesure de son accession à une situation supérieure. Cela pourrait être vrai si le salaire était fixe; mais il faut compter avec la terrible question des mortes saisons et des chômages, qui au bout de l'année réduit la moyenne à moitié du salaire quotidien.

La clientèle a pris l'habitude de ne faire ses commandes qu'aux changements de saison, et d'attendre à la dernière limite pour être fixée sur les décrets de la mode. Il existe donc plusieurs périodes pendant lesquelles les ateliers sont écrasés de travail et ne peuvent suffire qu'en faisant appel à des auxiliaires temporaires, en même temps que les veillées

Elle peut rester « petites-mains » plusieurs années.

y sont prolongées jusqu'à la limite des forces humaines. Le coup de feu passé, on entre en morte saison, et la journée des ouvrières, qu'on n'a pas voulu congédier pour être sûr de les retrouver en temps opportun, se trouve réduite d'un nombre d'heures d'autant plus considérable que les affaires se ralentissent davantage. Le travail vient-il à manquer tout à fait, c'est le chômage et la suppression complète de tout salaire. Quelques maisons cherchent à en atténuer l'imprévu par des vacances régulières imposées, à dates fixes, à tout le personnel. Mais si le nom change, le résultat est toujours le même pour les ouvrières et se traduit par la famine.

Ce sont là rigueurs de la profession, qu'un changement dans les habitudes des dames qui font travailler pourrait seul atténuer. D'éloquents philanthropes le leur ont demandé, depuis

Jules Simon jusqu'au Père du Lac; mais les dames ont fait et continuent à faire la sourde oreille. Nous n'avons pas la naïveté de croire qu'en joignant notre voix à celle de ces apôtres nous obtiendrons un meilleur résultat qu'eux.

Toutefois nous demeurerions satisfait si nous pouvions convaincre ici les promoteurs d'œuvres professionnelles qu'en donnant une instruction insuffisante aux couturières qui sortent de leurs institutions ils créent précisément des candidates à la misère. Ce seront leurs anciennes protégées qu'on sacrifiera tout d'abord à la première menace de chômage, dont on réduira le plus vite possible les heures de travail en morte saison, qu'on payera le moins au temps de l'abondance des commandes.

Il n'en serait pas de la sorte si l'initiative privée s'était préoccupée plus sérieusement du véritable enseignement à donner. L'école de la rue du Cherche-Midi lui fournit en partie l'exemple à suivre, nous ne pouvons que souhaiter qu'elle en profite.

L'INSTITUT AGRICOLE DE BEAUVAIS

Dès que l'on pénètre dans le cabinet du frère Directeur de l'institut agricole de Beauvais et qu'on aperçoit, sur sa table, l'appareil téléphonique à multiples commutations qui permet, non seulement d'envoyer des ordres dans tous les services de l'institut lui-même, mais d'entrer en communication avec les fermes éloignées qui rayonnent autour de l'établissement urbain; dès qu'on a pu jeter un coup d'œil d'ensemble sur la symétrie des corps de bâtiments, tous battant neuf et éclairés des caves aux combles par la lumière électrique, comme les locaux des grandes administrations publiques ou des usines les plus récemment construites, on a la sensation de se trouver dans un milieu où tout marche à l'unisson du progrès, où tout fonctionne au mieux des ressources modernes.

Certes, parmi les œuvres d'initiative privée qui se sont consacrées à la vulgarisation de l'enseignement professionnel, celle-là n'est pas la seule où l'on ait mis à profit les améliorations possibles, mais il est rare que le cadre et le tableau s'harmonisent entièrement, parce qu'en général les créations se sont développées lentement, de pièces et de morceaux, au fur et à mesure des fonds disponibles. Ici, au contraire, il semble que tout ait jailli d'un coup, sur un plan *ne varietur*, et à une époque assez récente pour que des retouches aient été inutiles.

Pourtant les constructions seules, entièrement refaites de 1855 à 1860, peuvent se prévaloir de l'unité de plan : l'œuvre en elle-même, n'est point sortie comme Minerve, armée de pied en cap, du cerveau qui la conçut. Au début, les frères des Écoles chrétiennes n'avaient à Beauvais qu'un pensionnat analogue à ceux qu'ils ont fondés dans la plupart des départements, et la direction du cours normal de l'Oise créé pour fournir des instituteurs primaires.

« Le supérieur de l'école normale et du pensionnat, le frère Menée, s'affligeait, a écrit un de ses biographes, de voir un trop grand nombre de ses élèves de la campagne déserter la profession de leurs parents, pour aller grossir les rangs des déclassés des villes. » Aussi, quand l'honorable Édouard de Tocqueville, président de la société d'agriculture de Compiègne, lui proposa d'ouvrir un cours d'agriculture, et de le confier à un laïque dont la réputation était déjà grande, M. Gossin, il n'hésita pas à entrer pleinement dans cette voie. Dès ce jour, les relations les plus étroites s'établirent entre ces trois hommes faits pour s'entendre et mener une œuvre à bonne fin.

Au bout de quatre années, les résultats des cours faits par M. Gossin étaient déjà très appréciables; mais cela ne suffisait pas aux initiateurs, persuadés que le moment était enfin venu de réaliser l'idée qui les poursuivait depuis longtemps : « Introduire les leçons d'agriculture, dans une juste mesure, comme partie obligatoire de l'instruction publique à tous les degrés. »

Discuté et admis en principe par la plupart des membres du congrès central d'agriculture, ce vœu avait pour chauds partisans une foule d'hommes éminents de l'époque, parmi lesquels MM. Dumas, Blanqui et de Tocqueville.

Ce dernier, en compagnie des présidents des sociétés d'agriculture de Compiègne et de Beauvais, sollicitait particulièrement le frère Menée de créer une œuvre complète et définitive, capable de fournir les cadres de l'enseignement classique agricole. Le directeur hésitait, car c'était une entreprise nouvelle pour son ordre, et pour laquelle tout lui manquait, aussi bien le personnel enseignant que l'adhésion du supérieur général des frères.

Cependant, très encouragé dans ses vues par un des esprits les plus ouverts de sa petite communauté, le frère Eugène, qui devait plus tard lui succéder et donner une grande extension à l'institut, il triompha de tous les obstacles et finit par convertir à la cause de la fondation le supérieur général. L'institut agricole était créé. En 1854, il fut reconnu par le gouver-

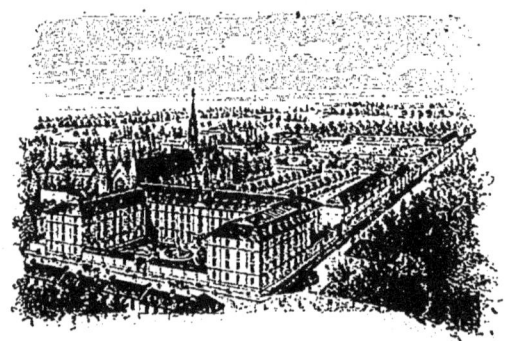

Institut agricole de Beauvais. Vue à vol d'oiseau.

nement, et, en 1855, solennellement inauguré, avec pour directeur particulier le frère Eugène.

Les premiers maîtres furent des professeurs civils, mais du premier jour l'âme de l'institution nouvelle fut le frère Eugène, qui se trouvait par des études spéciales préparé à sa mission, et qui surtout avait le feu sacré de la science agricole. C'est à elle qu'il donnait tous les instants que ses fonctions enseignantes lui laissaient libres, et bientôt ses recherches, ses découvertes lui acquirent une réputation qui s'étendit bien au delà des limites du département de l'Oise. On retrouve encore aujourd'hui son nom cité parmi les autorités de l'enseignement agricole, dans les ouvrages qui traitent de la matière.

Pour les leçons pratiques, on avait loué et peuplé d'un bétail de choix le petit domaine de l'abbaye de Saint-Lucien. Les terres y furent assolées et cultivées avec soin, une large part étant réservée aux champs d'expériences.

C'est là que, pendant dix ans, eurent lieu de nombreux essais sur les différentes espèces animales et sur les races convenant le mieux à la région du nord de la France. L'étude des plantes était aussi poursuivie à ce point de vue spécial.

Par les soins du frère Eugène, une collection des principales espèces et variétés de blés, d'orges et d'avoines fut renouvelée plusieurs années de suite, et expérimentée en tenant compte du climat, du terrain, de la valeur même de chaque variété en paille et en grain, de sa richesse en gluten, en amidon, etc. L'analyse des farines et leurs essais pour la panification firent l'objet de consciencieuses recherches, qui présentent encore de nos jours un grand intérêt.

Puis vint le tour de la pomme de terre; pendant vingt ans, deux cent cinquante à trois cents variétés furent soumises à des investigations de toute espèce, tant au point de vue de leurs aptitudes aux terrains que de leur rendement en fécule. Le résultat fut la création d'un type monstre, connu présentement dans les catalogues sous le nom d' « Institut de Beauvais »; il pèse couramment plus d'un kilogramme, et l'on en voit toujours quelques échantillons dans le musée des produits de l'établissement.

Les légumineuses, pois, haricots, etc., eurent aussi une large place dans les études pratiques de la première heure, et une magnifique collection de deux cents variétés de graminées fourragères fut établie, avec analyses indiquant leurs qualités nutritives et les ressources qu'elles offraient pour la confection des prairies naturelles, selon la nature du sol.

De tels travaux ne pouvaient rester ignorés, et le bruit s'en répandait peu à peu dans le monde savant, tandis que les récompenses commençaient à pleuvoir, dans les concours et expositions agronomiques, sur l'Institut des Frères. De 1854 à 1862, il obtint ainsi 49 prix, et la société polytechnique lui décerna son diplôme d'honneur spécial.

Depuis, aux expositions universelles et dans les diverses

Avenue du parc de Beauséjour.

expositions régionales de France et de l'étranger, l'institut de Beauvais a obtenu :

Pour ses produits agricoles, 12 médailles d'or, 4 d'argent et une de bronze.

Pour ses animaux reproducteurs, 30 médailles d'or ou premiers prix, 35 médailles d'argent ou deuxièmes prix, 30 médailles de bronze, 33 mentions honorables, 2 prix d'ensemble (objet d'art).

Pour ses animaux de basse-cour, 2 médailles d'or, 24 d'argent, 32 de bronze, 48 mentions honorables, 2 prix d'ensemble.

Pour la seule espèce chevaline, 40 premiers prix, 32 seconds, 23 troisièmes, 25 quatrièmes, 10 cinquièmes.

Pour l'apiculture et l'horticulture, 2 médailles d'or, 2 de vermeil, 3 d'argent et une de bronze.

Enfin pour l'ensemble de ses travaux pratiques et intellectuels, le frère Eugène recevait individuellement une prime d'honneur spéciale, consistant en un objet d'art d'une valeur de 3000 francs. Le délégué du ministre, ne disposant que d'un nombre limité de distinctions, l'avait mis en demeure d'opter entre la prime ou la croix de la Légion d'honneur.

« J'ai préféré la prime, dit-il, en sortant de l'audience ; elle restera comme le témoignage du travail de tous. La croix m'eût été trop personnelle, et je ne pouvais l'accepter sans une sorte d'injustice vis-à-vis de mes nombreux et dévoués collaborateurs. »

Enfin, pour en terminer avec ce palmarès, qui n'est jamais clos, puisque chaque année y ajoute des pages nouvelles, disons qu'à un des derniers concours régionaux de Beauvais, l'institut a obtenu un succès peut-être sans précédent dans les annales des cérémonies analogues : un rappel de prix d'honneur, deux prix d'honneur et d'ensemble pour porcherie et basse-cour ; une médaille d'or grand module pour l'arboriculture et 38 prix, objets d'art ou médailles pour les races chevaline, bovine, ovine, porcine, galline et pour les produits divers.

Tous ces résultats, scientifiques ou honorifiques, s'affirmaient au fur et à mesure du développement de l'œuvre, qui comptait maintenant avec des ressources autrement importantes qu'à la période de début. On avait loué, par un premier bail de vingt-sept ans, la ferme actuelle de la Maison-Rouge, dite ferme du Bois, d'une contenance de 100 hectares, où se pouvaient faire des opérations de grande culture, tandis que les prairies du Marais, également louées à long terme, permettaient l'élevage, et notamment l'élevage du cheval.

A une époque encore voisine, l'État mettait en dépôt chez le cultivateur des juments d'artillerie et du train des équipages pour les travaux des champs, et aussi en vue de la reproduction. Les poulains restaient la propriété du dépositaire. Cette disposition fut largement mise à profit, et par l'entremise du conseil général le frère Eugène obtint que l'administration installât à la ferme un haras, où des étalons de choix furent entretenus aux frais de l'institut. Telle est l'origine de l'élevage des chevaux à la ferme des Marais, qui produit annuellement un certain nombre de sujets pour la remonte.

Lorsqu'en 1891 le frère Eugène, chargé d'ans, s'endormit du sommeil des justes, l'établissement où il venait de célébrer ses noces d'or, et à qui il avait consacré l'infatigable activité de sa vie entière, atteignait un degré de prospérité qui le mettait à l'abri des vicissitudes dangereuses. Il était à craindre toutefois que la disparition d'une personnalité aussi puissante ne marquât un temps d'arrêt dans la marche en avant, et que, satisfaite du présent, la direction nouvelle se préoccupât moins de suivre ou de devancer le progrès. L'heureuse étoile de l'institut a permis qu'il en fût autrement, et qu'il se rencontrât dans les rangs des frères un autre technicien, non moins compétent et non moins épris de la science agricole pour recueillir cette lourde succession. Le directeur actuel, avait lui aussi un nom parmi les spécialistes de l'agriculture, et il se l'était acquis par des travaux d'avant-garde.

De son administration, sous laquelle la maison de Beauvais est arrivée au faîte de sa renommée, je ne dirai rien, ce livre étant destiné à apprécier les choses et non les hommes; mais, pour spécifier l'esprit de l'enseignement en vigueur à l'institut, je ne puis moins faire que de constater la hardiesse des expériences du frère directeur de Beauvais, hardiesse qui aurait peut-être effarouché dans un milieu plus officiel. En deux mots, ce novateur est un partisan et un apôtre de l'électro-culture.

On sait en quoi consiste cette doctrine, qui proclame l'influence de l'électricité atmosphérique, soit sur la germination des semences, soit sur le développement des plantes. Entrevue au siècle dernier par Nollet et Bertholon de Saint-Lazare, étudiée depuis lors quelque peu à l'étranger, mais totalement négligée en France, l'électro-culture était reléguée au rang des curiosités de laboratoire, lorsque les recherches du frère Paulin l'ont signalée de nouveau à l'attention publique et remise à l'ordre du jour. Le frère directeur de Beauvais a pu établir que si l'étincelle électrique ou décharge lumineuse désorganisait les tissus organiques des végétaux, l'effluve ou décharge obscure exerçait sur eux une influence physiologique, lente et éminemment salutaire. Pour mettre le sol en contact profond avec l'électricité ambiante de l'atmosphère, il a, dans des champs diversement ensemencés, disposé de place en place des appareils dénommés géomagnétifères, tiges de métal se terminant par plusieurs pointes à leur extrémité libre, par un réseau de fils à l'extrémité enterrée. Les résultats sur les récoltes ont été sinon définitifs, au moins suffisamment probants pour éveiller l'attention de tout le monde savant, et mon confrère au *Journal des Débats*, M. H. de Parville, concluait en ces termes un de ses feuilletons consacré aux grandes expériences d'électro-culture, récemment entreprises en Belgique et en Allemagne. « Grâce aux travaux du frère P..., directeur de l'Institut de Beauvais, l'honneur national est sauvé : la France est à la tête de ce progrès. »

Il va de soi que ces recherches sont spéciales au directeur, et que l'institut n'est point livré à des investigations scientifiques qui détourneraient du véritable programme, lequel consiste à faire des agriculteurs instruits, non des chimistes ou des physiciens; mais la digression était utile pour montrer qu'avec de telles préoccupations, l'esprit de routine n'était pas près d'envahir la maison.

Revenons à celle-ci et examinons-la au point de vue matériel. Nous avons dit que les bâtiments avaient été construits d'un seul jet, ce qui a permis de leur assurer une symétrie appréciable, surtout dans la partie située sur la rue de Nully-d'Hécourt. Ils sont divisés en deux sections, l'une affectée au pensionnat, l'autre à l'institut agricole, qui seul nous occupe ici.

Celui-ci peut recevoir cent dix élèves, qui lui viennent de France ou de l'étranger, et sont soumis au régime de l'internat, mais occupent chacun une chambre particulière, ce qui dès l'abord donne à l'intérieur de l'établissement l'aspect d'une vaste ruche, ou plus prosaïquement d'un immense hôtel aux couloirs interminables, sur lesquels s'ouvrent les portes alignées et numérotées. La variété se retrouve dès qu'on a franchi le seuil de ces chambrettes, disposées et ornées au goût particulier de chaque locataire. Pas n'est besoin d'être grand observateur pour avoir, au premier coup d'œil, une note sur le caractère des hôtes chez qui on pénètre. La disposition seule des objets mobiliers et le choix des ornements muraux racontent que celui-ci est un jeune homme d'ordre, cet autre un fervent du pittoresque, cet autre encore un dévot des souvenirs de famille ou des remembrances du pays natal. Plus l'élève est venu de loin, plus il semble qu'il se soit appliqué à s'entourer de ces reliques intimes, et tandis que les jeunes agriculteurs du département ou des provinces limitrophes ont l'air de camper là, comme dans une chambre de garnison, ceux qui durent traverser les mers pour venir à Beauvais, se créent des petites galeries de famille, avec les photographies de leurs parents, et de minuscules musées composés de bibelots d'origine lointaine. On ne sent vraiment combien on aime son clocher, que quand l'ombre en est devenue invisible.

A Beauvais, nombreux sont les étudiants étrangers, car la réputation de l'institut a depuis longtemps franchi les frontières; mais il est rare qu'ils se trouvent isolés, car ils viennent généralement par petits groupes et peuvent former des embryons de colonie, où se parle à discrétion le dialecte national. En ce

L'institut agricole de Beauvais. Vue intérieure.

moment c'est l'Espagnol qui domine, l'Espagnol de l'Amérique
du Sud. Auparavant il y a eu des promotions d'Anglais, puis de
Suédois. Cela se succède sans ordre apparent et sans cause bien
nettement déterminée.

Les chambres seraient sans doute soignées avec encore plus
d'intérêt si les élèves y passaient une grande partie de leur
temps. Mais en réalité ils n'y viennent que pour dormir et n'y
pénètrent qu'exceptionnellement dans la journée, puisque tous
les exercices techniques ou expérimentaux, cours, études, travaux des champs se font en commun. On voit donc rarement
s'ouvrir les cent dix fenêtres des chambrettes parmi les quatre
cents croisées qui percent les façades.

En dehors des salles de classes ou d'étude, il faut mentionner une bibliothèque presque exclusivement agricole et pourvue
de tous les ouvrages où se peut puiser la théorie de l'agriculture, la bibliothèque littéraire étant installée au pensionnat;
le musée, comprenant des collections de zoologie, de géologie,
de botanique, qui débordent, se trouvant trop à l'étroit, jusque
dans les autres locaux de la maison, et renfermant en outre
une série complète de tous les produits récoltés sur les terres
de l'Institut; la fameuse pomme de terre monstre y figure sous
ses aspects les plus triomphants; des salles de jeux, un préau
de gymnastique et d'escrime; un théâtre où se donnent des
concerts et des soirées dramatiques auxquels sont conviés les
habitants de Beauvais. On sait quels soins donnent les frères
des Écoles chrétiennes, dans leur programme d'éducation, à la
partie récréative; on ne saurait donc s'étonner qu'en cet établissement, le plus parfait peut-être qu'ils puissent présenter,
ils n'aient rien négligé pour permettre aux élèves d'employer en
distractions variées tout le temps qui n'est pas absorbé par leurs
études.

Les réfectoires de l'institut présentent un détail particulier
qui les différencie des autres. En cette région de l'Oise, nous
sommes à la frontière commune des buveurs de vin, de cidre
et de bière. L'Ouest, le Nord et le Midi, les zones des pommes,
de l'orge et du raisin se heurtent en ce point précis et gardent

chacune leur contingent de fidèles. Il en résulte qu'on voit alterner sur les tables les flacons de rubis, d'or ou d'opale dont les couleurs chatoient sous la lumière oblique des fenêtres et attestent les préférences des divers groupes d'élèves. Cependant le rubis domine, grâce à l'appoint des étrangers; mis en demeure de choisir entre les trois boissons usuelles de la France, ceux-ci vont droit au jus de la treille et font foin du reste. Ainsi le vin a pour lui la moitié du contingent des buveurs; le cidre et la bière se partagent également l'autre moitié.

Pour distribuer ces liquides variés il a fallu user d'un dispositif spécial. Le caviste de la maison emplit les bouteilles au moyen de trois pompes qui communiquent au loin, dans les caves, avec des tonneaux différents, de manière que sans quitter son tabouret il peut faire jaillir à volonté la source choisie.

Il convient encore de citer, parmi les choses qui ne sont pas semblables à celles des autres établissements, l'infirmerie, installée dans un petit pavillon séparé de tous les autres corps de bâtiment et aménagée avec un confort presque luxueux. Chaque malade dispose d'une chambre personnelle, et un petit dortoir d'isolement est prévu pour les cas d'affections contagieuses. Au rez-de-chaussée un cabinet de consultation permet au docteur, dont les visites sont quotidiennes, de faire passer la visite et de donner des conseils à tous ceux qui en ont besoin sans qu'ils aient à entrer en contact avec les malades.

La chapelle, qui est située en face de l'infirmerie, de l'autre côté des cours, et qu'on peut voir à droite de notre gravure, mériterait plutôt la qualification d'église en raison de son aspect architectural. Encore qu'elle soit commune à toute la population de l'établissement, qui avec le pensionnat forme une foule compacte de fidèles, elle paraîtrait disproportionnée à sa destination si l'on ne savait qu'en dehors de son rôle quotidien elle est le centre de l'archiconfrérie de Saint-Joseph, laquelle rayonne dans le monde entier. Deux prêtres distingués du diocèse sont chargés, en qualité d'aumôniers, de la direction spirituelle des élèves, et ce sont eux qui célèbrent les offices

Cour de la ferme du Bois.

dans la chapelle merveilleusement ornée à l'intérieur dans le style gothique flamboyant des xiii° et xiv° siècles, avec verrières de la fabrique de Beauvais.

Or, détail curieux, toute cette ornementation, d'un incontestable effet artistique, est le travail matériel des frères. En dehors des vitraux, ils ont tout fait, peintures, sculptures, ciselures. Quand la construction fut décidée, on fit venir des diverses maisons de France et de l'étranger tous ceux qui savaient manier un pinceau ou un ciseau, et ils se mirent à l'œuvre.

Avec quel zèle; on le devine. C'était pour ces artistes épars et inconnus du monde une occasion sans pareille de faire grand, d'écrire à la gloire de leur société une page peu commune, et ils ont tenté de se surpasser eux-mêmes.

En examinant ces décors, dont aucun détail ne trahit un manque d'expérience, je songeais à l'infinie variété d'aptitudes qui se découvrent parmi les frères des Écoles chrétiennes et l'incomparable adresse avec laquelle leur ordre sait profiter de la vocation de chacun de ses membres. Dès qu'un frère a montré une tendance quelconque, un goût particulier, ses supérieurs lui fournissent tous les moyens possibles de s'adonner à l'occupation de son choix, à son étude de prédilection, au lieu de contrecarrer ses préférences sous prétexte de discipline ou de mortification, et c'est ainsi qu'ils trouvent dans leurs rangs, du jour au lendemain, un personnel toujours prêt aux entreprises les plus diverses. Y avait-il rien qui semblât plus éloigné du professorat primaire que l'exploitation d'un domaine rural? Pourtant quand cela a été nécessaire, on a trouvé de bons fermiers parmi ces instituteurs, et non pas des fermiers surveillants, mais des fermiers mettant eux-mêmes au besoin la main à la pâte, soignant l'étable et conduisant la charrue si cela est utile, faisant *valoir* en un mot et gagnant de l'argent avec leur exploitation.

Je me souviens que dans cette ferme du Bois dont je parlerai plus loin, mon attention fut attirée par un groupe d'étudiants rangés en cercle autour d'un homme d'une soixantaine d'années qui, vêtu d'une longue blouse de maquignon et la tête nue, leur détaillait les tares peu visibles d'un cheval amené là pour être examiné. L'homme palpait la poitrine, les flancs, les tendons de l'animal, insistant sur la structure des jambes de devant, qui, disait-il, devaient forcément « billarder » avec une anatomie pareille; et au fur et à mesure qu'il parlait, sa voix s'animait, son œil s'incrustait sur le regard de ses auditeurs, son geste devenait plus nerveux, comme s'il eût voulu, par toutes les forces vives de son être, pousser sa pensée dans l'entendement d'autrui. De temps à autre les disciples hochaient la tête en signe d'approbation ou hasardaient une objection; ceux-ci feuilletaient un livre, ceux-là prenaient des notes.

Je demandai à un employé du haras de l'État, qui fumait sa pipe, adossé contre un mur :

« Ce... paysan; c'est un professeur en tenue de travail, n'est-ce pas ?

— Oui, me répondit-il, et un fameux! il n'a pas son pareil comme coup d'œil. Sans doute vous n'êtes pas d'ici, sans cela vous le connaîtriez, il préside presque tous les jurys des concours où il y a des chevaux à examiner, et on vient de très loin le consulter. » Mélancolique, l'employé ajouta : « Seulement il a la manie de la sévérité, il voit des défauts partout... Figurez-vous qu'il a trouvé trois tares à mon plus bel étalon.

— C'est un professeur de Paris ou de Beauvais ? »

Du coup le fonctionnaire des haras retira sa pipe de sa bouche, et me regardant comme si je revenais du Congo, voire même de plus loin, se décida à me dire avec une douce pitié :

« C'est le frère X***

— En cette tenue ?

— Naturellement! ils sont tous en blouse, à la ferme. Ils ne prennent leur soutane que le soir quand ils rentrent à la communauté. »

Je me trouvais en face d'un vétéran de l'hippologie, connu de toute la région, et cela déroutait un peu mes idées sur les frères des Écoles chrétiennes.

En évoquant quelques instants plus tard ce souvenir, en face des travaux des frères peintres ou sculpteurs, je pensais que les fruits recueillis par ce système de liberté à outrance laissé aux vocations contenait un enseignement dont pourraient profiter non seulement certains ordres religieux, mais les sociétés et les administrations laïques, qui se préoccupent en général si peu d'employer leurs membres au gré de leurs propres désirs. Je songeais aux magistrats qu'on empêche de parler hors du prétoire, aux universitaires à qui on interdit d'écrire, à un officier de

Le Marais. — Prairies d'élevage.

mes amis qui fut mis aux arrêts forcés pour avoir envoyé sous son nom une toile à un salon annuel, et je me demandais si la médiocrité moyenne ne tient pas à cette compression systématique. Sans doute on n'entre pas dans l'armée pour dessiner des paysages ni dans la magistrature pour faire du journalisme, mais un ministre de la guerre ou de la justice s'est-il jamais demandé s'il pourrait, pour le bien du corps qu'il dirige, utiliser les aptitudes d'un soldat qui aime à manier le pinceau, ou d'un juge dont la plume serait capable d'écrire autre chose que des considérants ?

Nous devons examiner maintenant en quoi consiste l'enseignement donné à l'institut, mais auparavant précisons en quelques mots sa situation vis-à-vis des pouvoirs publics.

Au début, l'œuvre créée promettait de si bons résultats et comblait une telle lacune, que les appuis officiels ne lui manquèrent pas. M. Magne, ministre de l'agriculture et des finances lui accorda une subvention pour aider à couvrir les frais de première installation. Les préfets de l'Oise Randoin-Berthier et Léon Chevreau lui valurent, sous deux régimes successifs, les faveurs des ministres Forcade de la Roquette, Rouher, Duruy, de Meaux, Teisserenc de Bord; les députés du département, les ducs d'Aumale et de Nemours, les comtes de Bouillé et de Diesbach, le marquis de Montlaur, et le baron de Corberon, MM. de Plancy, Gérard de Blincourt, le comte de Kergolay furent à tour de rôle ou simultanément ses avérés protecteurs. Aussi, pendant vingt-cinq ans l'institut agricole fonctionna-t-il entouré de l'entière bienveillance du gouvernement. Reconnu d'utilité publique, il jouissait d'une subvention de l'État, ses brevets, ses diplômes étaient sanctionnés par l'autorité préfectorale et la loi militaire de 1872 lui accordait la faveur du sursis.

Lorsque la politique eut amené la cessation brusque et complète de ce patronage, l'institut chercha une autre tutelle morale, et la rencontra dans la Société libre des agriculteurs de France. Tous les ans une délégation de la société fait subir les examens aux élèves et délivre, en son nom, et sous sa haute responsabilité, les brevets et les diplômes à ceux qui en sont jugés dignes. Il ne paraît pas que ce changement ait influé sur le degré de considération attribué aux parchemins ni à l'empressement des jeunes gens qui les convoitent.

L'institut de Beauvais ne reçoit que des internes âgés de seize ans au moins, au prix de 1 600 francs par an; il n'y a pas de boursiers ni de demi-boursiers. La durée des études est de trois ans. Toutefois les étudiants qui se présentent avec le titre de bachelier ou qui, après examen, justifient de connaissances sérieuses, peuvent être admis d'emblée dans les cours de deuxième année. L'internat est assez rigoureux, car, en dehors des vacances et des congés de Pâques et du nouvel an, il n'ad-

Une promotion.

met qu'une sortie mensuelle, dont l'élève ne peut profiter que si ses parents viennent le voir; l'administration n'admet pas, en effet, de correspondants pour ces sorties, ni à Beauvais ni ailleurs.

Les études, annonce le programme, sont théoriques et pratiques. Les premières se font à l'école. Les cours sont professés par des maîtres religieux ou laïques sur chacune des sciences se rapportant à l'agriculture : agriculture générale et spéciale, zootechnie, zoologie, économie rurale et comptabilité agricole, botanique, entomologie, droit rural, minéralogie et géologie, arboriculture et horticulture, génie rural, physique, chimie, chimie analytique, mathématiques appliquées, dessin linéaire et architecture. Les élèves doivent faire la rédaction ou le résumé de chaque cours, et leurs devoirs sont corrigés par les professeurs et appréciés par des notes.

Les études expérimentales pratiques ont lieu sur les exploitations annexes de l'institut et qui forment autour de lui un réseau de fermes dont la plus éloignée est distante de huit kilomètres. L'étendue de ces diverses exploitations est de deux cents hectares, et pour les visiter toutes en une seule journée, il est nécessaire de se pourvoir d'une voiture bien attelée : j'en sais quelque chose.

Le domaine le plus considérable est cette ferme du Bois, dont le nom est déjà venu sous notre plume, et où tout est organisé pour la culture en grand. Là, les travaux se font à la machine, le labourage à la vapeur. On y voit une superbe vacherie de 40 têtes de races hollandaise et normande. L'écurie compte 10 juments et 10 poulains d'élevage, la bergerie 300 moutons métis-mérinos, la porcherie plus de 100 porcs appartenant à la race yorkshire et à la race normande. La basse-cour comprend plus de 300 volailles. Toutes les spéculations se font sur le bétail : élevage, engraissement, etc.

Quiconque, après avoir pris part aux divers travaux de la ferme du Bois, a passé du détail aux vues d'ensemble, aux opérations d'achat et de vente, à l'examen de la comptabilité et aux discussions des plantations et assolements, est capable de conduire plus tard une vaste exploitation agricole aux multiples rouages : il a assisté aux grandes manœuvres, comme disent les soldats, et y a joué les rôles successifs d'unité combattante, puis de chef.

Tout autre est l'organisation du parc de Beauséjour, la plus récente des acquisitions de l'institut et d'une contenance de douze hectares seulement. Là, il existe une école d'arboriculture renfermant plus de six mille pieds d'arbres fruitiers des meilleures variétés, en cordons, en espaliers, en contre-espaliers, en plein vent, etc., où les élèves sont exercés à la plantation, à la conduite des arbres et à tous les travaux d'horticulture. Mais cette école n'est pour ainsi dire qu'une annexe de Beauséjour.

En réalité on a essayé de réaliser là le type de la petite propriété de rapport, appartenant à celui qui l'habite, et combinée de manière à ce que l'agréable s'y joigne, dans la plus grande latitude possible, à l'utile. Tandis que la ferme du Bois doit servir de leçon et de modèle à l'agriculteur qui tente une opération financière, qui se préoccupe de faire rendre à ses capitaux ou à ceux d'autrui tout le rapport dont ils sont susceptibles, le parc de Beauséjour représente le spécimen d'une installation pour gentilhomme campagnard qu'on suppose désireux de tirer parti de ses terres, mais soucieux avant tout de s'y plaire en y séjournant.

Donc, les animaux qui peuplent la petite ferme seront une sélection des espèces chevaline, porcine, galline, recrutés parmi les races non les plus productives, mais les plus fines; il y aura des échantillons variés capables d'un rendement pratique, mais capables aussi de flatter l'amour-propre du propriétaire quand il les soumettra à l'examen de ses amis connaisseurs.

Si l'on songe que, parmi les étudiants de l'École, beaucoup sont, par leur position sociale et l'état de fortune de leurs parents, appelés à opter un jour entre la vie active de propriétaire foncier et l'abandon de leurs biens en des mains mercenaires, on comprendra qu'une éducation pratique qui leur enseigne à aimer la terre et à voir les ressources qu'on en peut tirer sans l'avilir, est de nature à conserver à la France une catégorie d'hommes dont la disparition fait l'objet des doléances de tous les sociologues : ces terriens font souche d'autres terriens pour qui le travail n'est pas un servage, mais le développement d'une libre et indépendante activité.

En raison de la beauté de son site, de l'heureuse disposition de ses allées et de ses bosquets, le parc de Beauséjour est le lieu de promenade favori des élèves du pensionnat. C'est là,

La propriété de Beauséjour.

dans la belle avenue plantée d'arbres que représente notre gravure, qu'ils viennent prendre leurs distractions en plein air, organiser des parties de courses, de lawn-tenis, de foot-ball, de boules, et même, en été, des repas champêtres.

Pour terminer la description des annexes de l'institut, il conviendrait de parler encore de la ferme des Marais, avec ses trente hectares d'herbage où paissent en liberté les jeunes poulains d'élevage, et de la ferme de la Mie-au-Roi, qui est un des sites les plus pittoresques et les plus enchanteurs du département.

C'était jadis une vieille, très vieille abbaye de femmes, de bénédictines, si j'ai bonne mémoire, et la tradition conte que Louis XIV, en déplacement de chasses dans ces parages, la voulut visiter. Il se fit présenter l'abbesse, et en dépit de l'austérité de l'ordre auquelle elle appartenait, le Roi-Soleil, usant d'un privilège de sa toute-puissance, l'embrassa sur les deux joues en présence de tout le chapitre assemblé. Honorée de ce baiser royal, la nonne en conserva le surnom de la « mie au roy », et le couvent lui-même ne fut plus désigné aux alentours que sous l'appellation d'abbaye de la Mie-au-Roy. Une bonne partie des antiques constructions ont bravé l'injure du temps ; celles qui étaient délabrées ont été restaurées avec assez d'adresse, et la tourelle, qui nécessita la plus récente réfection, est bien restée dans le style de l'époque.

Ce n'est donc pas un mince sujet d'étonnement que de trouver dans ce cadre ancestral une installation d'une modernité hurlante : une usine d'électricité, qui va déverser des torrents de lumière jusqu'aux plus lointains bâtiments de l'institut. On a utilisé pour actionner les turbines une chute d'eau du Terrin, petite rivière célébrée par les poètes du cru, qui vantaient la beauté de ses ombrages et l'excellence de ses truites, un peu effarouchées maintenant par le grondement incessant des machines. Le Terrin passe au milieu de l'abbaye et a encore reçu une destination que je veux signaler, car elle montre bien l'ingéniosité de la direction de l'institut.

Celle-ci pensait qu'en creusant un large bassin pour retenir quelques minutes, dans leur cours, ces eaux cristallines, on pourrait établir à la Mie-au-Roi une superbe piscine, qui serait fort utile, pendant les chaleurs estivales, à tout le personnel de la maison. Dans les environs de Beauvais, en effet, aucun cours d'eau ne se prête à l'usage des bains froids.

Sans être excessive, la dépense, n'étant pas prévue au budget, risquait d'être remise, d'exercice en exercice, en faveur d'autres plus urgentes. Le frère Directeur n'était pas homme à s'embarrasser pour si peu. Il songea que, si ses élèves manquaient d'école de natation, les soldats de la garnison de Beauvais devaient également souffrir de cette privation. Il s'en fut donc trouver le général et lui dit : « J'offre l'emplacement, l'eau et les matériaux, fournissez-moi des hommes de corvée pour l'exécution des terrassements et de la maçonnerie : je ne les payerai pas, mais en échange je vous concéderai le droit d'user, en faveur des troupes, une fois par semaine, le jour qui vous conviendra, de la piscine construite ».

La convention, avantageuse à tout le monde, fut conclue sur-

Beauséjour : arboriculture pratique.

le-champ, et quelques semaines plus tard existait à la Mie-au-Roi un bel établissement de bains froids, d'autant plus apprécié et fréquenté qu'il est sans concurrent à plusieurs lieues à la ronde.

Le détail est minuscule, mais il a sa saveur. On songe que si l'institut avait appartenu au ministère de l'Agriculture et se fût lancé dans la même entreprise, avant que le département compétent eût échangé ses vues et ses rapports avec la Guerre, qu'on eût nommé des commissions d'enquête, et au besoin fait appel à la sagacité des ingénieurs des ponts-et-chaussées, des années se seraient passées et des monceaux de paperasses accumulés sans résultat appréciable pour les baigneurs.

Pour augmenter le bagage de leurs connaissances pratiques les élèves vont régulièrement, sous la direction de professeurs compétents, visiter les expositions et concours de la région, plusieurs marchés et foires, les exploitations les mieux comprises du département de l'Oise, les industries agricoles variées des environs de Beauvais.

Chacune de ces excursions donne lieu à des rapports lus et corrigés en séance publique.

Pendant l'automne et la saison d'hiver, le professeur de géologie et de minéralogie organise des déplacements pour l'étude appliquée des roches et des terrains. Les beaux jours revenus, on procède de même pour la botanique pratique. Chaque étudiant est tenu de faire une collection de minéraux et un herbier.

Le couronnement des études consiste dans l'obtention d'un diplôme d'instruction agricole qui s'obtient en passant un examen, à l'issue favorable duquel l'intéressé est déclaré apte à la soutenance d'une thèse devant la commission nommée par la Société des agriculteurs de France.

C'est cette thèse qui confère le véritable doctorat ès-agriculture, et que tous les élèves de troisième année s'efforcent d'obtenir. Je dis « s'efforcent », car le travail exigé n'est pas une dissertation quelconque, mais une étude approfondie, atteignant parfois les proportions d'un volume, et dans laquelle l'impétrant doit donner la somme de toutes ses connaissances.

Pour lui permettre de fournir toute sa mesure on lui laisse le choix du sujet; mais le thème doit toujours être pris dans la réalité, j'entends traiter non d'un domaine hypothétique, mais d'une exploitation existante et visible sous le soleil.

Dans la majeure partie des cas, le candidat argumente sur un problème qu'il aura à résoudre de façon effective dès sa sortie de l'école. Tel traitera du vignoble qui demain sera confié à ses soins, tel de la ferme dont il convoite le bail.

Voici un exemple de ces travaux.

La Mie-au-Roi.

L'auteur, M. Albert D., débute par l'épigraphe suivante :

> De l'amélioration ou du déclin de l'agriculture datent la prospérité et la décadence des empires.

Ces paroles ne sont pas de Cincinnatus, comme l'on pourrait le croire, mais de Napoléon III. Trop heureuse France, s'il n'eût jamais été hanté d'autres pensées! mais M. Albert D. ne s'attarde pas à des considérations historiques, il se borne à exhaler un regret.

« C'est en méditant ces paroles, dit-il, que je commence ce travail. Elles ont été bien prophétiques. Depuis plus de vingt-cinq ans, en effet, l'agriculture française, surchargée d'impôts et écrasée par la concurrence étrangère, marche à pas de course vers sa ruine, sans que le gouvernement semble beaucoup s'en préoccuper. On ne devrait pourtant pas oublier cet adage si vrai : « Que tout fleurit dans un pays où fleurit « l'agriculture ».

Sully parlait au moins d'une seconde mamelle, et l'exclusivisme de l'écrivain fait penser à M. Josse, orfèvre; mais le candidat formule l'espoir que l'initiative individuelle saura, grâce au progrès, suppléer à l'engourdissement des pouvoirs publics.

« En présence de cette triste réalité, le besoin d'acquérir une forte et solide instruction agricole est une impérieuse nécessité pour ceux qui veulent embrasser cette carrière. C'est en étudiant sérieusement chacune des branches de cette science, en proscrivant la routine, en adoptant les meilleures méthodes et les instruments les plus perfectionnés, qu'on parviendra à atténuer un peu les effets de cette crise sans précédents dans l'histoire. »

Ici cessent les considérations générales, qui n'ont rien de démesuré pour un opuscule de plus de cent pages, et M. Albert D. aborde résolument son sujet, qu'il expose ainsi :

« A titre de locataire vous faites valoir la ferme de Sandricourt, commune d'Amblainville, canton de Méru (Oise).

« Cette exploitation comprend 182 hectares, dont 165 labourables, 16 en prairies, 1 en cour, bâtiments et potager.

« Vous louez, avec bail de 20 ans à raison de 60 francs l'hectare, impôts en sus.

« Les terres sont d'une fertilité moyenne, les bâtiments sont en bon état, la main-d'œuvre est assez difficile, les débouchés sont faciles, les chemins et routes sont bien entretenus.

« Quel mode de culture adopterez-vous?

« Quelles spéculations ferez-vous pour tirer le meilleur parti possible de ce domaine?

« Donnez les résultats financiers que vous aurez obtenus au bout de la période de votre assolement. »

Sur ce canevas, dont la trame est fixe, mais dont le dessin comporte toutes les combinaisons que peut créer un esprit compétent, M. Albert D. s'est livré à une étude fort complexe que nous n'aurons garde d'analyser ici, mais qui lui a valu les éloges de son jury, dont plusieurs membres connaissaient sans doute autrement que de réputation la ferme de Sandricourt.

Veut-on d'ailleurs un exemple du jugement rendu par les appréciateurs? On nous permettra de copier au hasard dans les comptes rendus de 1895 un spécimen de ces verdicts :

« *Rapport sur la ferme d'Ansacq, par M. Mandon.*

« Notre camarade a fait une étude fort intéressante sur la ferme d'Ansacq, relatant une quantité de renseignements et d'observations personnelles qui prouvent un esprit d'observation très développé.

« Après un court exposé de la situation, des débouchés et du mode d'exploitation, M. Mandon étudie la nature des terres de la ferme au point de vue géologique, en joignant à ses descriptions deux coupes à l'appui du texte; puis il nous donne les valeurs locative et vénale. La disposition et l'état des bâtiments sont décrits avec beaucoup de soin et d'une façon très détaillée; l'outillage de l'exploitation est énuméré.

« Vient ensuite l'assolement, qui dans la ferme d'Ansacq est triennal. Cet assolement présente évidemment des avantages, mais ne renferme cependant pas tous ceux que M. Mandon veut bien lui accorder; les assolements à longs termes ont les qualités de ceux à courte durée, et leur sont souvent préférables, à cause de la plus longue durée qui sépare le retour sur une terre de la même plante.

« M. Mandon nous énumère les variétés de blés et d'avoines

Usine d'électricité de la Mie-au-Roi.

cultivées; il eût été intéressant de connaitre celles de betteraves et de pommes de terre.

« Les spéculations animales et végétales sont bien raisonnées et pratiquement établies. La nourriture des animaux est calculée avec beaucoup de précision. Le chapitre Bergerie contient une utile discussion des croisements entre dishley et mérinos très bien présentée; une erreur cependant s'est glissée dans la description du dishley, qui a la laine peu serrée, et non pas serrée, comme le dit l'auteur.

« Nous relevons également un chiffre inexact, relativement à l'étendue parquée chaque année par le troupeau de la ferme.

« 1 mouton parque un mètre carré par jour : 400 moutons

parquent donc 4 ares, soit 1 hectare 20 par mois, et 5 hectares 40 en quatre mois et demi, et non pas 15 hectares.

« Nous félicitons M. Mandon de la façon méthodique avec laquelle il a établi sa comptabilité; nous lui recommandons cependant de revoir quelques chiffres qui nous paraissent douteux; nous signalons aussi l'omission du compte *Betteraves sucrières,* qui ne figure pas au bilan.

« Sous la réserve de ces quelques remarques la commission, appréciant le consciencieux travail de M. Mandon, lui décerne une médaille d'argent. »

Nous nous sommes étendu, avec quelque complaisance, sur la composition des thèses agricoles soutenues à l'issue des études qu'on fait à l'institut de Beauvais, parce que seules elles peuvent bien faire comprendre l'esprit de l'enseignement qui y est donné, et qui se résume, d'une part, à fixer dans l'entendement des étudiants des connaissances très exactes, ce que j'appellerai la grammaire de l'agriculture; et, d'autre part, à développer leurs instincts de recherche et de progrès.

Si l'on jette un coup d'œil sur la composition de la population agricole dans notre pays, on comprendra l'importance toute particulière de ce second point de vue.

On sait que les diverses catégories d'agriculteurs forment encore aujourd'hui un peu plus de la moitié du total des travailleurs nationaux. On sait aussi que ces terriens se divisent en propriétaires fonciers, fermiers, métayers et journaliers.

Laissant de côté les journaliers, qui sont plutôt des ouvriers que des agriculteurs proprement dits, nous apprenons, de par la statistique, que sur 100 agriculteurs on trouve en France environ 72 propriétaires, 20 fermiers et 8 métayers. Cette proportion prouve que près des trois quarts des intéressés sont maîtres du sol qu'ils cultivent.

Or l'exploitant de ses propres terres n'a de comptes à rendre à personne, il est absolument libre de suivre les méthodes qui lui paraissent les meilleures, et d'y apporter les changements qu'il juge opportuns. Il sera donc l'artisan de sa fortune ou de sa ruine; et comme les qualités d'ordre et d'économie, ni

Bergerie de la ferme du Bois.

même le travail constant ne suffisent plus, en présence de la concurrence étrangère et des révolutions économiques, à assurer la prospérité, en orientant son esprit vers les idées de progrès on lui donne la seule arme capable de le défendre.

Il est triste de penser que nous nous sommes laissés devancer par nos voisins et nos rivaux dans cette voie.

Pour n'en prendre qu'un exemple, l'outillage agricole, je vois dans une enquête du ministère, remontant il est vrai à quelques années, que le matériel comparé de la France et de l'Allemagne accusait les chiffres suivants :

FRANCE

Charrues du pays.	2,334,928
Charrues perfectionnées	860,572
Machines à battre à vapeur.	6,793
Machines à battre à chevaux.	127,323

Machines perfectionnées.

Faucheuses.	3,161
Moissonneuses.	2,883

ALLEMAGNE

Charrues à vapeur	836
Locomobiles pour charrues	2,646
Machines à battre à vapeur.	75,690
Machines à battre à chevaux.	298,367
Faucheuses ou moissonneuses.	19,634
Semoirs.	63,842

La comparaison, ajoutait le rapporteur, est écrasante pour la France et explique pourquoi le rendement d'un hectare de céréales ne donne chez nous, en moyenne, que 15 hectolitres de blé, alors qu'en Allemagne la moyenne est supérieure à 18 hectolitres.

C'est donc œuvre éminemment nationale qu'organiser la guerre à la routine, et on ne peut que louer l'institut de Beauvais de la poursuivre si énergiquement, avec sa bannière déployée où se lit la devise *Cruce et aratro*. Mais, en présence de la grandeur de la tâche, je me demande s'il ne limite pas trop ses efforts à la création d'un état-major intelligent qui peut manquer de soldats instruits.

Je vois bien qu'il jette chaque année sur le sol français une centaine d'agriculteurs armés de pied en cap, et l'appoint n'est pas à dédaigner; mais ce sont tous des fils de gros propriétaires ou de riches fermiers, capables de payer 1,600 francs de pension annuelle, soit plus de 2,000 francs de frais avec l'entretien et les voyages. Espère-t-on que, par une simple endosmose intellectuelle, la science agricole s'étendra de ces têtes à tous les membres de la famille rurale? L'inhibition paraît devoir être bien longue et bien problématique.

Un dénombrement récent établit que sur 3,226,000 exploitations agricoles existant en France 2,436,000 ont une étendue inférieure à 10 hectares, valant en moyenne 15,000 francs, soit 75 0/0 de petite culture. La culture moyenne, c'est-à-dire celle dont l'exploitation embrasse une superficie de 10 à 40 hectares, comprend environ 637,000 unités, soit à peu près 20 0/0 de l'ensemble, et la grande culture, dont chaque unité exploite plus de 40 hectares, en compte à peine 153,000, soit 5 0/0 du tout. Ces chiffres démontrent bien que les petits producteurs sont l'immense majorité, et que d'eux dépend en réalité la fortune agricole de notre pays.

C'est donc parmi eux que je voudrais voir lancer des sergents éclairés et éclaireurs. Le moyen, dira-t-on?

Peut-être que si l'institut de Beauvais, parfaitement outillé, admettait des externes à côté de ses internes, moyennant une rétribution scolaire modeste, il pourrait, sans augmenter ses frais ni accroître le nombre des professeurs, réaliser une toute petite partie du problème.

Peut-être aussi pourrait-il essaimer et former pour ses établissements d'enseignement primaire supérieure, épars dans les départements, des professeurs d'agriculture qui enseigneraient la théorie à l'école, et la pratique dans une ferme de la région, disposée à se prêter à la combinaison. Je serais étonné d'ailleurs que la question ne fût pas à l'étude dans cet ordre des frères, auquel on serait mal venu de reprocher des instincts trop aristocratiques.

Pour clore les notes relatives aux étudiants de l'institut, disons que, leur thèse soutenue et leurs diplômes acquis, ils renoncent le moins possible, si loin que les éparpille la destinée, aux relations familiales contractées dans la vie de l'établissement. Leurs rapports se perpétuent à la sortie de l'école par la Société amicale des anciens élèves, qui compte déjà 30 ans d'existence et environ 400 membres actifs. Une réunion générale a lieu tous les ans à Paris, à l'occasion et à l'issue du concours agricole; ceux qui n'y peuvent assister laissent rarement passer cette date sans envoyer, par lettre, un souvenir affectueux à leurs anciens camarades. En retour, ils reçoivent un volumineux compte rendu qui les tient au courant de tous les faits et gestes de l'école pendant l'année écoulée, des fêtes qui s'y donnèrent, des travaux qui y furent récompensés. Ils y peuvent suivre aussi les nouvelles des petits événements de tout ordre concernant leurs amis et, par le bulletin nécrologique, mesurer les vides que la mort creuse dans leurs rangs.

Ainsi se perpétue l'intimité si douce qui rappelle aux uns leurs meilleurs souvenirs de jeunesse, et qui crée entre les autres, les aînés et les cadets, des liens d'affection mystérieux dont ceux-là seuls font fi qui ne les connaissent pas.

L'ECOLE LA SALLE A LYON

Lyon n'a jamais été complètement dépourvu d'enseignement professionnel, mais jusqu'à une époque très récente l'État, la ville ou le département en avaient le monopole. Il y a un peu moins d'une vingtaine d'années les frères des Écoles chrétiennes, inquiets de voir leurs anciens élèves obligés de passer dans les écoles officielles où ils perdaient, à leur sens, la meilleure part des résultats éducatifs obtenus, résolurent la création d'un établissement d'enseignement primaire supérieur en même temps que professionnel, qui fournirait aux intéressés le moyen de trouver chez eux ce qu'ils allaient chercher ailleurs. De cette pensée est née l'école la Salle, fondée en 1880, au cœur du quartier le plus laborieux de Lyon, sur la colline de la Croix-Rousse.

Elle est accessible à tous les adolescents lyonnais qui ont préalablement reçu l'instruction primaire chez les frères. Ceux-ci, en imposant cette condition à l'admission, ont eu en vue non seulement les garanties qu'elle leur apportait pour la sélection de leurs petits étudiants, mais aussi les facilités qu'elle assurerait au recrutement de leurs écoles primaires. Il ne faut pas oublier en effet qu'ici la lutte est vive entre laïques et congréganistes. Donc les frères, qui n'ont point de faveurs administratives à distribuer, ont pensé avec quelque raison que la perspective de l'école professionnelle encouragerait les parents à mettre leurs enfants dans les écoles paroissiales tenues par les frères, et à en augmenter ainsi le contingent.

Il est à présumer que la population a compris très vite l'intérêt de l'école la Salle, puisque celle-ci, depuis le jour de sa fondation, a toujours eu plus de candidats que ses ressources progressives ne lui en permettaient d'admettre. Actuellement elle est même fréquentée par certains jeunes gens qui viennent de fort loin, par chemin de fer, assister à ses exercices. Les voyages doivent être quotidiens, la maison ne connaissant que le régime de l'externat absolu. J'ai vu à la Salle le fils d'un mécanicien de chemin de fer, qui faisait ainsi chaque jour 120 kilomètres, aller et retour, pour participer à l'enseignement de l'école. Ceci indique que le recrutement des disciples, limité aux anciens élèves des frères, n'est pas restreint aux seuls Lyonnais, mais s'étend à toute la région avoisinante.

En saisissant du premier coup l'utilité du programme de l'établissement installé à la Croix-Rousse, les familles ouvrières ont fait preuve d'une certaine netteté d'intelligence, car ce programme a un côté théorique dont l'économie eût pu leur échapper. Il s'agit en effet de diriger les enfants vers l'industrie, mais sans les spécialiser dans aucune, de développer leurs aptitudes plutôt que de leur donner la pratique de tel ou tel métier.

« Nous pensons, me disait le frère directeur de l'école la Salle, qu'il ne faut pas confondre, comme on le fait trop souvent, le but des écoles professionnelles avec celui des écoles d'apprentissage. Ce sont là choses qui devraient être et rester distinctes, l'une précédant l'autre. Il n'est pas possible de la part d'un instituteur de dire à un enfant : « Tu seras ébéniste; » ou « Tu seras ajusteur ». S'il le fait, il outrepasse ses droits et comprend mal sa mission. Que de déboires, de rancœurs peuvent résulter d'une vocation manquée! On n'exerce bien une profession que lorsqu'on l'aime et qu'on l'a choisie librement. Or, ce n'est qu'après un certain nombre d'essais et même de tâtonnements, qu'un jeune homme peut connaître lui-même ses goûts. Hors de l'expérience individuelle, tout n'est que suggestion, illusions, fantasmagorie. C'est l'histoire du moutard de douze ans qui dit : « Je veux me faire soldat, » parce qu'il a vu les épaulettes des officiers reluire dans la rue. Viennent la caserne et les jours de salle de police, le guerrier n'a plus qu'un rêve : « Être de la classe ! »

« Lorsque vous mettez dans la main d'un adolescent un outil en lui apprenant à s'en servir à l'exclusion de tout autre, et sans être sûr que cet outil ne lui pèsera pas trop un jour, vous le lancez sur un chemin où il ne lui sera plus permis de retourner sur ses pas. On ne fait pas un congé dans l'industrie comme dans l'armée, car c'est surtout à l'ouvrier que s'applique le proverbe : « Où la chèvre est attachée, il faut qu'elle broute. »

« Notre grand souci est donc de faire connaître à l'enfant ses propres aptitudes et de le mettre en état de choisir plus tard, mais seulement plus tard, le métier qui lui semblera le plus attrayant et le plus lucratif. Ici on lui révèle surtout le côté intelligent du travail manuel, on lui fait comprendre qu'on peut et qu'on doit aimer l'atelier, et qu'il est possible, en y arrivant mieux outillé que les camarades au point de vue intellectuel, de s'y créer une bonne place. En raison des soins que nous donnons à la culture générale de l'individu, on nous a appelés parfois « École de contremaîtres ». Sans nier qu'effectivement les jeunes ouvriers ainsi préparés puissent avoir plus de chances que certains autres de devenir contremaîtres, nous nous défendons d'une désignation aussi ambitieuse. Nous ne visons qu'à créer de bons artisans. Voici comment nous procédons pour remplir nos cadres.

« Les frères des Écoles chrétiennes comptent à Lyon, dans leurs écoles de paroisses, 4000 à 5000 élèves qui peuvent concourir, à l'expiration de leurs classes, pour l'obtention d'un certificat de capacité, analogue au certificat d'études primaires de l'université, et qui leur est délivré par une commission archiépiscopale. Parmi les enfants ayant conquis ce certificat, on choisit ceux qui présentent les meilleures garanties de conduite et d'intelligence, et on les admet dans nos six écoles primaires supérieures, où il y a 300 places.

« Ces six écoles deviennent préparatoires à notre établissement de la Salle, où l'on accède après avoir passé de nouveaux examens et obtenu un second certificat. Les intéressés nous arrivent donc ici à l'âge de treize ans, pourvus de ces deux modestes diplômes ou de titres équivalents, si par hasard ils nous sont envoyés par d'autres maisons de frères de provinces différentes.

« L'enseignement à l'école la Salle se divise en trois années[1]. Les enfants suivent tous les mêmes cours, dans les mêmes classes, et ne se divisent que pour aller dans les ateliers.

« Comme vous le pensez bien, nos jeunes gens sont absolument libres de choisir leur atelier, sous la seule réserve de l'assentiment paternel. Toutefois ils ne choisissent qu'après trois mois de séjour dans l'établissement, après les vacances du premier janvier, lorsqu'ils ont vu et entendu les anciens, et qu'ils ont pu se rendre un tout petit peu compte de la nature de leur détermination. Quand l'élève a fait choix de son atelier, il n'en peut plus changer de toute l'année. L'expérience serait en effet sans fruit, si elle se bornait à une promenade fantaisiste à travers les métiers.

« Mais à la rentrée, l'année suivante, l'enfant peut permuter à sa guise et sans qu'aucune observation lui soit faite à cet égard.

« En pratique, les meilleurs ne changent pas, soit qu'ils aient plus judicieusement pris leur décision, soit qu'ils n'entendent point perdre l'acquis déjà réalisé. Pourtant le temps passé à l'atelier est minime. Il se réduit à cinq heures seulement par semaine, divisées en deux séances. C'est dire qu'à l'expiration de leurs trois années, les jeunes gens peuvent savoir assez à fond le dessin industriel, les notions de mathématiques ou de mécanique, applicables à la profession pour laquelle ils s'en-

[1] Pour le programme de cet enseignement, voir pièces annexes.

traînent, mais qu'ils ne peuvent prétendre sans outrecuidance connaître à fond cette profession elle-même. Vous voyez qu'au total le séjour de trois ans à la Salle recule en fait l'heure de l'apprentissage effectif, et par conséquent le moment où l'enfant peut apporter un salaire quelconque à sa famille. Il est donc satisfaisant de noter que ces familles, qui ne sont pas triées parmi les plus riches de la classe ouvrière, mais représentent la moyenne, ont compris la nécessité d'un pareil sacrifice. Sans doute les frais scolaires qui en résultent pour elles sont insignifiants; mais il faut compter avec la charge réelle qui résulte pour les parents de l'obligation de nourrir et d'habiller leurs enfants durant trois années consécutives. Il arrive parfois que les familles ne peuvent supporter le fardeau jusqu'au bout, et de ce chef nous avons un déchet appréciable parmi nos élèves qui renoncent, soit après la première, soit après la seconde année, soit à un moment quelconque de leur scolarité. Toutefois ce déchet est moindre que dans les écoles officielles, où les mêmes motifs de défaillance existent du reste.

« Ceux de nos enfants qui parviennent au terme de leurs études débutent assez modestement dans l'industrie par des petites places, où ils ne gagnent pas plus de 40 à 50 francs par mois, et cela parce qu'ils ne sont pas spécialisés. Mais au bout d'un temps extrêmement court, et dès qu'ils ont appris la technique qui leur manquait, leurs aptitudes générales se manifestent et leur permettent de faire preuve, sur leurs compagnons de travail, d'une supériorité qui leur permet d'atteindre les emplois les mieux rétribués. Les positions les plus habituelles qui couronnent leur carrière sont celles de chefs d'atelier.

« L'école compte 150 à 200 protecteurs, qui ne se bornent pas à l'aider de leurs subsides, mais, étant presque tous commerçants ou industriels, réservent dans leurs maisons des places à nos élèves. Ceux-ci ne sont donc jamais en peine de chercher du travail, et leur titre équivaut à la certitude d'un emploi : cela n'est pas fait, comme de juste, pour diminuer la valeur du titre ni l'émulation qu'on met à l'acquérir. Même, comme les offres qu'on nous fait sont supérieures au nombre des employés ou ouvriers que nous produisons, nous sommes obligés de recommander des sujets qui ne sortent pas de la Salle, mais sur lesquels nous avons de bons renseignements.

« Nos jeunes gens restent en relations avec l'école, soit en fréquentant les cours du soir, où on leur enseigne l'économie sociale et les principes de philosophie capables de les mettre à même de discuter les sophismes qu'ils entendront débiter dans la vie courante, soit en faisant partie de la société des anciens élèves, instituée pour entretenir des liens amicaux entre ceux qui furent camarades de classes, et pour leur fournir au besoin l'occasion de protéger leurs cadets.

« L'association des anciens élèves a versé l'an dernier, à titre de subsides, 4552 fr. 45 à l'école, dont le budget total s'est monté à 36457 francs. Ceci prouve d'abord que nos vétérans n'ont point cessé de s'intéresser au bercail d'où ils sont sortis, puis que nombre d'entre eux sont parvenus à une situation assez satisfaisante pour pouvoir à leur tour aider les autres. »

Ainsi s'expliqua le frère directeur. Nous n'ajouterons rien à l'exposé très net qu'il nous fit de son œuvre en ces quelques paroles, si ce n'est pour observer que les ateliers installés à l'école la Salle, loin d'être sacrifiés, comme le pourrait faire croire le rôle secondaire qu'ils jouent dans le programme des études, sont au contraire outillés avec un soin très particulier. Le laboratoire de chimie industrielle notamment, où les élèves s'exercent à des manipulations diverses et acquièrent les connaissances que nécessite la teinturerie des soies, est remarquablement bien monté.

On notera, en finissant ce chapitre, que le système inauguré à l'école la Salle est unique parmi les établissements analogues. Nous croyons savoir que l'essai n'en fut tenté qu'après certaines hésitations du conseil supérieur de l'ordre des frères, hésitations dont sut triompher l'ardente conviction du frère directeur. Le programme de l'École professionnelle ainsi envisagée renferme-t-il la formule de l'avenir, celle qui est appelée à s'imposer par ses résultats ? Le temps seul nous apportera la réponse.

L'objection qui vient tout naturellement à la pensée est qu'une institution semblable ne peut valoir que ce que vaut l'homme qui la dirige. Du jour où l'École cesserait de pourvoir au placement de ses élèves, où le zèle de ses protecteurs se ralentirait, les parents accepteraient-ils avec autant de facilité la perspective d'un supplément de trois années d'études pour leurs enfants?

Il est possible toutefois qu'une tradition se crée, et que, proportion gardée, les ouvriers sortis de la Salle soient, dans un avenir prochain, recherchés comme les ingénieurs de l'École polytechnique, qu'on se dispute en raison du renom de leur école, et sans se préoccuper de la personnalité du directeur ou de celle des professeurs entre les mains de qui passa l'étudiant.

LES

ATELIERS D'APPRENTISSAGE LYONNAIS

Sur un plan diamétralement opposé à celui de l'École la Salle, fonctionnent dans cette même ville de Lyon des ateliers d'apprentissage dirigés par des prêtres séculiers qui ont à leur tête M. l'abbé Boisard.

Ils furent fondés en 1883, et leur début fut plus que modeste, puisqu'on commença avec un ouvrier cordonnier et un apprenti, dans l'arrière-scène d'un théâtre abandonné; les clients se recrutaient parmi les connaissances des initiateurs. L'idée de la création s'imposa à M. Boisard alors qu'il s'occupait d'un patronage où il déplorait de voir les enfants viciés par le contact de l'atelier, et où il cherchait un moyen de leur procurer un milieu plus sain.

J'ai dit que les opinions de M. Boisard étaient l'antithèse de la thèse professée à la Croix-Rousse. Il jugeait que dans les fondations professionnelles on avait toujours trop développé l'enseignement théorique aux dépens de la pratique, et qu'en cherchant à créer des contremaîtres on risquait de ne point même faire d'ouvriers. Il voulut donc que dans l'établissement qu'il fondait, les enfants missent de suite la main à l'outil et se trouvassent dans des conditions aussi rapprochées que possible de celles de leurs camarades travaillant au dehors.

Nous avons vu que l'essai porta d'abord sur la cordonnerie, sans doute pour être moins coûteux. Aujourd'hui cet atelier initial est un des moins importants de la maison. A côté des cordonniers sont venus se grouper des ébénistes, des menuisiers, des sculpteurs sur bois, des scieurs-mécaniciens, des serruriers et des mécaniciens, ces derniers s'occupant plus spécialement des machines à travailler les tôles et de la machinerie électrique.

L'atelier le plus nombreux est celui des ébénistes, qui compte vingt-cinq apprentis.

Les métiers sont exercés avec autant de contremaîtres et d'ouvriers qu'ils en comportent; la maison est, en effet, maison de commerce. On y exécute du travail marchand, et on entre en concurrence, pour les commandes, avec les autres maisons de la place. On essaye toutefois de déterminer la faveur du client plutôt par la qualité des travaux exécutés que par la modicité des prix : la multiplicité des apprentis occasionnant des frais plus considérables que dans des ateliers normalement organisés, il serait impossible de lutter au rabais. On s'efforce donc de produire du labeur artistique et de justifier par là la légère majoration de tarifs réclamée.

L'enfant est admis à treize ans. Même avant l'adoption de la loi qui a fixé les limites de l'apprentissage, on ne recevait aucun apprenti qui n'eût au moins treize années accomplies. Les conditions d'entrée imposent un versement de 250 francs une fois payés et pour toute la durée du séjour dans l'établissement, qui est de cinq ans, sous le régime de l'internat absolu. Afin de faciliter le payement de la somme d'entrée, on admet qu'il soit échelonné, mais dans un délai assez restreint, car cette indemnité est la seule compensation des pertes occasionnées par les défections prématurées. Sur six enfants admis, cinq abandonnent la partie avant l'accomplissement de leur engagement, et nul recours n'est exercé contre eux. Les uns partent parce qu'ils se jugent capables de gagner des salaires, les autres sont renvoyés pour défaut de conduite ou insuffisance d'aptitudes techniques.

En dehors du travail manuel, les enfants ont une moyenne d'une heure et demie d'enseignement par jour, pendant laquelle on s'efforce de leur conserver leurs connaissances d'enseignement primaire en y ajoutant un peu d'instruction morale et religieuse et des principes de dessin.

A l'atelier sont consacrées dix heures de présence effective, coupées par des repos, de manière à ce qu'il n'y ait jamais plus de trois heures de travail suivi.

Les sept ateliers qui fonctionnent actuellement dans la maison ont chacun leur organisation spéciale et leur comptabilité distincte : l'un d'eux même, celui de la mécanique électrique, si j'ai bonne mémoire, appartient à un industriel, et l'établissement ne lui fournit que la main-d'œuvre. Les autres marchent indépendamment les uns des autres, comme, dans les grands magasins de nouveautés, les divers rayons qui n'ont d'autres rapports que ceux du voisinage. Quatre de ces ateliers font leurs frais; les autres y parviendront, selon toute probabilité, dans un avenir assez proche. L'an dernier, l'atelier de menuiserie a réalisé des bénéfices; il avait accompli pour 120.000 francs de commandes en douze mois d'exercice.

Et maintenant, quel est le « statut personnel » de l'adolescent admis ?

Les apprentis qui produisent effectivement sont mis à leurs pièces au bout de trois ans, c'est-à-dire qu'on fixe le montant de leur façon qui leur est acquise sous réserve d'un prélèvement de deux francs par jour pour frais de pension. Le surplus est versé pour 3/4 à une caisse d'épargne obligatoire et remboursable au jour de l'achèvement de l'apprentissage : c'est une garantie contre les désertions pendant les dernières années; c'est aussi le moyen de permettre aux jeunes gens de sortir avec une masse convenable, d'affronter la vie commune avec un petit pécule pour parer aux premières déconvenues; le quatrième quart est laissé aux travailleurs comme argent de poche.

Il semble hors de doute qu'en cette période de cinq ans, plus considérable que celle généralement admise dans l'apprentissage libre, les jeunes ouvriers des ateliers Lyonnais parviennent à connaître très complètement les détails de leur profession. On en peut juger par les succès industriels obtenus par la maison et dont ils peuvent revendiquer une bonne part : ce sont eux qui ont établi le mobilier de Notre-Dame de Fourvières, les chaires et les stalles d'église de Saint-Galmier, de l'Arbresles, de Saint-Bruno aux Chartreux, etc. Ils ont obtenu des commandes de la Chambre de commerce de Lyon, de la Caisse d'épargne, de l'hospice de Gien…; autant de garanties de leur savoir-faire.

Par contre, on a reproché à l'institution de marcher avec les subsides de la philanthropie et de disposer ainsi, pour la concurrence, d'une ressource interdite à ses rivaux de l'industrie libre. A cela les fondateurs répondent que les secours qui leur furent accordés représentent, non pas un article de leur budget de recettes, absorbé au fur et à mesure des rentrées, mais un capital représenté par la création et l'outillage des ateliers. N'importe quel industriel qui s'établit dépense lui aussi des capitaux pour fonder sa maison. Les concurrents seraient d'ailleurs mal venus à se plaindre, puisque les tarifs de l'École sont supérieurs à ceux des ouvriers locaux.

La réplique est spécieuse, mais elle ne suffit pas à établir l'excellence du système dont la critique se résume en un mot : l'internat.

Cloîtrer des jeunes gens de treize à dix-huit ans et annihiler pour eux la vie de famille, remplacer en ce qui les concerne les dangers d'immoralité de la rue par les périls moraux du casernement, les lancer ensuite dans l'existence sans aucune préparation contre les embûches qui les y attendent, ne nous semble certainement pas la formule de l'apprentissage futur.

Jusqu'ici les anciens élèves sont restés dans l'établissement à titre d'ouvriers; les menuisiers y gagnent de 5 à 7 fr. 50 par jour, les serruriers et les autres artisans un peu moins. Passe pour ceux-là, les débuts de la vie sont facilités, mais les cadres seront vite remplis, et le problème se posera bientôt tout entier. N'existe-t-il pas déjà une indication bien propre à faire réfléchir dans le fait seul que les cinq sixièmes des apprentis abandonnent en cours de route?

L'ÉDUCATION PROFESSIONNELLE

DES INFIRMES

INSTITUT DE SAINT-MÉDARD-LEZ-SOISSONS

ET

ÉTABLISSEMENTS DES FRÈRES DE SAINT-GABRIEL

De toutes les maisons où se donne en France une éducation professionnelle, je crois que celle créée au profit des sourds-muets, à Saint-Médard-lez-Soissons, est la plus éminemment pittoresque par son cadre et par les nombreux souvenirs qu'elle rappelle.

Lorsqu'après avoir longé le cours de l'Aisne, pour se rendre au faubourg où elle est située, on s'arrête sur l'éminence formée par le talus assez élevé du chemin de fer, et d'où l'œil découvre un horizon étendu, le regard est d'abord appelé et retenu par une vaste construction du XVIIe siècle, percée de nombreuses fenêtres, qui semble à elle seule constituer tout l'établissement. Mais en approchant davantage, et avant même d'avoir franchi les murs d'enceinte, l'aspect moyenageux du site se révèle, et les ruines éparses, qui surgissent çà et là sous la morsure du lierre, annoncent au visiteur que ses pas vont soulever de la poussière d'histoire.

Nous sommes, en effet, sur le territoire de la très célèbre abbaye de Saint-Médard, fondée par Clotaire Ier, roi de Soissons, en 545, pour y enterrer le saint, qui, dit-on, avait été son ami, et qu'il voulut honorer après sa mort, ayant, de son vivant, si mal suivi ses conseils et ses exemples.

Après la mort de Clotaire, conte le chanoine Lequeux, à qui l'on doit une bonne histoire de l'abbaye, Sigebert, roi d'Austrasie, continua l'œuvre de son père et acheva l'église. On rapporte à cette première époque la crypte ou église souterraine qui se voit encore à Saint-Médard, et qui, classée comme monument historique, est une des plus intéressantes raretés archéologiques de la France du nord.

L'abbaye fut comblée de biens par les rois de la première et de la seconde race; on compta dans la suite jusqu'à deux cent vingt fiefs qui en dépendaient; les évêques de Soissons, et même ceux d'autres diocèses lui confièrent un grand nombre d'autels ou de paroisses; elle reçut de plusieurs papes tous les privilèges auxquels on attachait alors le plus d'importance, surtout celui de l'exemption épiscopale. Elle arriva bientôt à un tel point de splendeur que quatre cents moines, se partageant entre eux la nuit et le jour, et se succédant sans interruption, y accomplissaient une psalmodie perpétuelle, en même temps qu'ils tenaient des écoles publiques pour l'enseignement des sciences divines et humaines.

Ce qui contribuait principalement à animer la dévotion des grands et du peuple, c'était la richesse de l'abbaye en reliques données par les saints pontifes. On honorait là une portion considérable des ossements de saint Sébastien et de saint Grégoire le Grand, sans compter le corps entier du saint patron lui-même, saint Médard, dont le roi Charles le Chauve vint un jour transférer les restes dans une basilique nouvelle, escorté de soixante-douze archevêques ou évêques et de presque tous les grands seigneurs de son royaume.

Enfin, au XIIe siècle, le pape Innocent II accrut encore, s'il était possible, la vogue du monastère, en accordant des indulgences plénières à ceux qui le visiteraient à certaines époques déterminées. Ces fêtes prirent le nom de *Pardons de Saint-Médard* et se célébrèrent tous les cinquante ans. L'affluence des pèlerins qui s'y rendaient fut telle, qu'on se vit obligé, dans l'impossibilité de les recevoir dans les sept églises que renfermait cependant l'enceinte de l'archi-moutier, de leur tracer des bornes fictives, entre lesquelles ils pouvaient s'acquitter des pratiques prescrites et gagner ainsi les indulgences pro-

L'institut de Saint-Médard vu des bords de l'Aisne.

mises. Le plus retentissant de ces pardons eut lieu en 1530, pour fêter la cessation de captivité de François Ier. Il y vint plus de 300,000 personnes.

A cette époque cependant, Saint-Médard avait déjà subi de nombreuses vicissitudes, pillé par les Normands, ruiné à diverses reprises par les guerres civiles ou les guerres étrangères; mais il se relevait toujours pour recouvrer sa splendeur première, jusqu'au jour où les guerres de religion vinrent lui porter un coup définitif et fatal.

Entre temps l'abbaye avait été le théâtre d'événements historiques importants. Je ne parle pas seulement des dix conciles qui s'y tinrent à des dates diverses, du couronnement de plusieurs rois et reines, mais encore de la déposition de Louis le Débonnaire, qui, après avoir été humilié et dépouillé comme on sait par ses fils, leur dut d'être enfermé à Saint-Médard dans un abominable cachot, qu'on pouvait encore visiter il y a quelques années.

Un touriste le décrit ainsi :

« Pour parvenir à ce cachot nous entrons, pourvus d'une lanterne et d'une chandelle allumée, par une lourde porte assez basse et cintrée par le haut, dans un long boyau étroit, dont la voûte prend, à gauche, naissance sur le sol, et va appuyer le milieu de son plein cintre sur une muraille élevée à notre droite. Sans doute que l'autre moitié de cette voûte fait, derrière cette muraille, un boyau parallèle à celui que nous enfilons à pas comptés. La pente de ce souterrain, depuis la porte jusqu'au cachot, est d'environ deux mètres et demi à trois mètres. Nous arrivons d'abord dans une espèce de chambre où ni le petit jour, qui nous arrive du dehors, ni notre lumière, ne nous permettent guère que de palper les ténèbres..., et l'on appelle cela la salle des gardes ou geôliers ! Elle a trois mètres carrés tout au plus.

« Mais avançons : voici un lieu bien plus horrible encore. Il n'y a plus de portes; une ouverture seulement se présente, et nous entrons dans cet affreux réduit où fut séquestré par ses enfants dénaturés le bon empereur.

« Deux mètres tout au plus en largeur sur un peu plus en longueur; un trou pratiqué dans l'épaisseur de la muraille, au fond de la prison, ayant plutôt l'air d'un chenil que d'une alcôve, mais assez large pour y mettre un grabat; en face un jour de quelques centimètres perçant à peine à travers l'énorme épaisseur du mur, et avec cela la nuit; à gauche de l'entrée, un petit enfoncement ménagé dans la muraille avec une pierre d'assise percée, ce sont les lieux d'aisance : telle est la prison de Louis le Débonnaire. En face de l'entrée il y a, dans le mur, une pierre avec une inscription, qu'y a fait mettre le propriétaire actuel, en mémoire de la visite que Mme la duchesse de Berri rendit à cet endroit si tristement célèbre ».

Je n'ai pu, à mon tour, faire le pèlerinage à l'*in pace,* qu'on a malheureusement laissé détruire voici quelque temps; mais, à défaut du cachot de Louis le Débonnaire, j'ai pu en voir un autre qui ne lui cède en rien comme horreur : celui où la tradition veut qu'Abailard ait été enfermé à la suite du concile de Soissons, dans lequel ses doctrines furent déclarées hérétiques. Il est situé sous la petite chapelle représentée dans notre gravure.

Cet internement d'Abailard mérite-t-il absolue créance? J'en

Chapelle construite sur le cachot d'Abailard.

douterais; car il se soumit de suite à la décision qui l'atteignait, et on ne comprendrait guère qu'une mesure aussi rigoureuse ait été justifiée contre lui.

A plusieurs années de là, quand il eut fondé le Paraclet, et qu'il entama sa fameuse querelle avec saint Bernard, la persécution se fût mieux expliquée. On se souvient, en effet, qu'il s'enfuit de l'église où se tenait un autre concile, en reniant l'autorité de l'assemblée et en faisant appel au pape. Pourtant, en cette occasion plus grave, la seule conséquence de la condamnation prononcée fut la retraite définitive du philosophe parmi les moines de Cluny, à l'abbaye de Saint-Marcel, où il finit ses jours en parfaite liberté, en 1120, à l'âge de soixante-trois ans.

Quoi qu'il en soit, et que le dernier cachot de Saint-Médard ait contenu ou non l'hôte illustre qu'on lui attribue, il n'en reste pas moins comme un parfait vestige d'impitoyable barbarie, et l'on se demande comment un prisonnier pouvait rester là une semaine sans y trouver la folie ou la mort. Imaginez un four de boulanger, ou une cloche à plongeur assez haute pour qu'un homme de taille moyenne s'y puisse tenir debout, mais au centre seulement; assez large pour qu'on ait la faculté de déployer les bras, le tout situé au milieu d'un amoncellement rond de pierres de taille cimentées. C'est le trou de rat et le fromage de Hollande du fabuliste, mais ici le fromage est de granit, et le chemin du trou interrompu par deux massives portes de chêne.

Dans le trou ni air ni lumière, rien qu'un bloc pour servir de siège, et une chaîne de fer pour attacher le captif à ce bloc.

Le temps de mesurer ce cul de basse-fosse et vous en sortez avec une provision de cauchemar, quand, les yeux enténébrés, vous tombez en plein soleil, au milieu des ébats d'une troupe d'enfants joyeux et bien portants : le cachot débouche sur la cour de récréation des petits sourds-muets, vivante antithèse de la dureté d'autrefois avec la compassion moderne. Ah! le bonhomme Jadis, ce faux bonhomme, est bien là où il dort. Paix à ses cendres, mais ne le ressuscitons pas.

L'école professionnelle des sourds-muets, évolution ultime et non la moins surprenante de l'abbaye de Saint-Médard, naquit dans le presbytère d'un modeste desservant de village, M. Dupont, curé de Villeneuve-Saint-Germain. Ce charitable ecclésiastique avait recueilli, d'abord sans songer à la fondation d'aucune œuvre, quelques enfants pauvres privés de l'usage de l'ouïe et de la parole, et les instruisait dans les intervalles de ses fonctions sacerdotales. Cela se sut dans la région, et d'incessantes démarches lui furent adressées pour qu'il adjoi-

Cours et jardins de l'institut Saint-Médard.

gnit de nouveaux déshérités à sa petite troupe. Lorsque l'abbé Dupont se vit à la tête de huit pensionnaires du bon Dieu, ainsi venus des quatre coins de l'horizon, sa maison était pleine et sa bourse vide. Cependant, comme les résultats obtenus déjà lui paraissaient tracer un devoir, il n'hésita point à engager les dernières ressources personnelles qui lui restaient pour acheter l'abbaye, alors à vendre dans des conditions très avantageuses, et pour venir s'y installer avec son troupeau, auquel il entendait désormais se consacrer exclusivement.

Il exposait ainsi ses vues dans une circulaire qu'il publia à cette occasion :

« Rendre à la société, appeler au bonheur de la famille, former à la connaissance de Dieu et des devoirs sacrés qu'imposent la religion et la morale, des infortunés que le malheur de leur naissance ou quelque accident avaient privés de ces précieux avantages, tel est le motif qui nous engage à nous consacrer et à nous dévouer à l'éducation des sourds-muets.

« A peine commencée dans une cure de village, notre école se trouve maintenant, par un concours providentiel de circonstances, transférée dans l'antique et célèbre abbaye de Saint-Médard. C'est là que, grâce à la sympathie qu'excite partout cette œuvre si intéressante par elle-même, grâce au concours bienveillant que lui prêtent les autorités supérieures et les âmes charitables, notre établissement ne peut manquer de produire un grand bien. C'est un asile de plus que nous offrons à ces malheureux, qui nous sont d'autant plus chers qu'ils sont plus délaissés au milieu de la société.

« Il existe en France plus de 22,000 sourds-muets : les cinq départements dont Soissons occupe le centre en renferment au moins 1,200 pour leur part. Sur ces 1,200, près de 300 sont d'un âge qui les rend capables de recevoir l'instruction, et cependant on en compte à peine 40 qui jouissent de cette faveur.

« Nous avons donc cru réaliser le vœu de tous les amis de la religion et de l'humanité en créant à Soissons une école de sourds-muets pour le département de l'Aisne et pour les départements limitrophes qui n'ont pas d'institution de ce genre.

« Pour assurer le succès de cette œuvre, dont nous ne nous sommes pas dissimulé les difficultés, et dont tout le monde sait avec nous apprécier l'importance et la nécessité, nous avons appelé pour auxiliaires des frères de l'Instruction chrétienne pour les garçons, et des sœurs de la Sagesse pour les filles.

« Nous n'avons pas besoin de dire que la religion, base essentielle de toute bonne éducation, sera l'objet de nos soins particuliers.

« Les autres objets de l'enseignement sont la lecture, l'écriture, l'arithmétique, la grammaire, la géographie, l'histoire, le dessin linéaire, enfin les mathématiques et la peinture, s'il se trouvait des élèves qui annonçassent de grandes dispositions pour ces genres d'études.

« Comme la science ne procure pas toujours les ressources nécessaires à la vie, et que les sourds-muets appartiennent en général aux familles peu favorisées par la fortune, nous avons formé divers ateliers, pour donner aux élèves des deux sexes des états conformes à leurs goûts et à leur condition.

« Ceux des élèves que la position sociale de leurs parents destinerait à une profession plus libérale se livreront, pendant le temps consacré au travail des ateliers, à des études spéciales, selon entente avec leur famille. »

L'exposé des motifs de l'abbé Dupont est resté, tel que le voici, le programme à peu près invariable de l'institut de Saint-Médard pendant un demi-siècle, et malgré les vicissitudes assez diverses qu'a subies l'établissement. Sauf qu'aujourd'hui des prêtres du diocèse ont succédé aux congréganistes, voire aux laïques, qui à différentes époques se sont transmis la direction, et que l'enseignement est limité aux garçons, les intentions et l'esprit du digne fondateur continuent à être observés, spécialement en ce qui concerne le double point de vue éducatif primaire et professionnel. On apprend aux jeunes gens la cordonnerie, la couture, la menuiserie et le jardinage, en insistant sur ce dernier métier, que l'étendue de la propriété permet d'étudier en détail et qui, vu la région, peut offrir des débouchés faciles aux intéressés. Une section est prévue pour les aveugles, mais à l'heure actuelle la maison n'en abrite aucun. Celle-ci pourrait contenir 200 pensionnaires, chiffre qui est

L'apprenti jardinier.
(Tableau de M. L. de Schryver.)

loin d'être atteint. Cela tient en grande partie aux difficultés financières, qui n'ont point été épargnées à Saint-Médard depuis son origine. Théoriquement, chaque élève doit payer une pension de 550 francs; mais bien rares sont ceux qui acquittent intégralement ces frais scolaires. Comme au temps de l'abbé Dupont, les sourds-muets qui recherchent les bienfaits de l'école se recrutent dans des familles trop pauvres pour en rémunérer les services : les seuls disciples en règle vis-à-vis de l'économat sont donc en réalité les boursiers qu'envoient là certains départements.

Le jardinier sorti de Saint-Médard à l'âge de 20 ans est susceptible de gagner 3 à 4 francs par jour, salaire modique mais suffisant dans le nord, sinon pour élever une famille, au moins pour se tirer individuellement d'affaire. Le but général serait d'éviter de faire de ces jeunes gens des ouvriers de fabrique, et de pouvoir les renvoyer dans leur pays natal avec la connaissance d'un métier sédentaire.

L'éducation des sourds-muets se fait à Saint-Médard au moyen de la méthode orale pure, laquelle consiste, ainsi qu'on sait, à apprendre aux enfants à lire les mots sur les lèvres de leurs auditeurs, et à les articuler eux-mêmes au moyen d'émissions de voix qu'ils n'entendent pas. Ce système, fort à la mode depuis quelques années, et qui tend à se substituer un peu partout à la méthode dactylographique de l'abbé de l'Épée, lui est-il vraiment supérieur? Ce n'est point ici le lieu de discuter cette question technique, pour laquelle il faudrait une compétence spéciale.

Tout ce que je puis dire, c'est que la méthode orale exige de la part des instituteurs une patience surhumaine, aussi bien pour ses difficultés pédagogiques qu'en raison de la lenteur de ses résultats.

Une de nos gravures représente une petite scène prise indiscrètement au bout de ma jumelle photographique, dans la visite que je fis récemment à l'institut.

Agenouillé devant un enfant d'une dizaine d'années, de manière à ce que la tête du maître fût à la même hauteur que celle de l'élève, M. l'abbé X***, un des dévoués professeurs de la maison, donnait une leçon de parler à un de ses petits disciples. La main droite de celui-ci était appuyée sur le larynx du prêtre, pour saisir par le tact la nature et l'intensité des vibrations produites par l'émission des sons de l'enfant; comprimant sa propre gorge de la main gauche, il s'efforçait de reproduire ces vibrations. Il savait déjà prononcer les voyelles et quelques consonnes; mais cela représentait un an de travail et une leçon par jour durant cette année. Rien que pour apprendre à un sourd-muet à respirer normalement il faut trois mois d'exercice. Les sourds-muets ne « savent pas respirer », si paradoxale que puisse sembler cette affirmation, et la plupart d'entre eux présentent les traces d'une grande faiblesse de poitrine, parce que leurs poumons ne se fortifient pas à l'usage comme ceux des entendants-parlants.

On ne saurait donc s'étonner qu'il faille plusieurs années d'école pour mettre les enfants en état d'ululer les phrases,

Une leçon de « parler ».

sur un ton assurément douloureux pour l'oreille de ceux qui les écoutent. Mais la méthode me paraît justifier encore une autre réserve.

En principe elle doit leur permettre d'entrer en relation avec n'importe qui et de lire la parole sur les lèvres. Qu'ils arrivent à deviner ainsi ce que leur disent leurs maîtres, on n'en peut douter; mais c'est tout autre chose lorsqu'ils ont affaire à un étranger. Si les lèvres de l'interlocuteur sont ombragées d'une moustache, ou ne se trouvent pas en pleine lumière, ou simplement prononcent avec la rapidité usuelle dans la conversation les mots qui lui sont nécessaires, le sourd-muet ne comprend plus rien du tout. J'ai fait à diverses reprises de consciencieux efforts pour entrer ainsi en communication avec des sourds-muets, élevés suivant la méthode orale, et je dois avouer que mes tentatives ont toujours été à peu près infructueuses. Il fallait toujours en revenir à l'ardoise et à la conversation par l'écriture.

J'inscris ces observations ici en simples notes de témoin sincère, mais sans prétendre, je le répète, en inférer la condamnation d'un système auquel se sont ralliés beaucoup de gens de progrès.

Ce que les prêtres du diocèse de Soissons ont fait à Saint-Médard, les frères de Saint-Gabriel l'ont accompli plus largement dans le reste de la France. C'est à ces derniers que la plupart des sourds-muets, en état de gagner leur vie sans avoir passé par les écoles d'État, doivent l'instruction professionnelle dont ils disposent. Je regrette de ne pouvoir que citer en ces pages les établissements tenus par ces spécialistes dont l'ordre s'est tout particulièrement dévoué aux muets et aux aveugles. En voici au moins la nomenclature. Ce sont :

A *Ronchin-Lille* (Nord), école de sourds-muets et de jeunes aveugles, où s'enseigne :

Aux sourds-muets : l'horticulture, la couture, la cordonnerie, la menuiserie.

Aux aveugles : la musique intégrale ou l'empaillage des chaises.

A *Saint-Jean-de-la-Ruelle* (Orléans). Sourds-muets : horticulture, couture.

A *Poitiers*. Sourds-muets : imprimerie, horticulture, couture, cordonnerie, menuiserie.

A *Nantes*. Sourds-muets : horticulture, couture, cordonnerie, menuiserie.

Aveugles : musique, empaillage des chaises.

A *Bordeaux* (rue de Marseille). Sourds-muets : horticulture, cordonnerie, menuiserie.

Aveugles : enseignement musical, empaillage des chaisse.

A *Toulouse*. Sourds-muets : menuiserie, cordonnerie, couture.

A *Royat-les-Bains* (Puy-de-Dôme). Sourds-muets : horticulture, couture, cordonnerie.

A *Carrière* (près Saint-Laurent-le-Pont, Isère). Établissement de sourds-muets, propriété des pères Chartreux, mais dirigé par les frères de Saint-Gabriel.

Enseignement professionnel : imprimerie, couture, cordonnerie.

Les frères de Saint-Gabriel possèdent aussi plusieurs pensionnats d'instruction primaire supérieure pour les entendants-parlants, mais dans lesquels il n'est point fait de part dans l'apprentissage de métiers.

On voit, en terminant ce chapitre, que la situation des sourds-muets en France est loin d'être maintenant ce qu'elle était à l'époque où l'abbé Dupont entreprit la fondation de l'institut de Saint-Médard. Les sourds-muets et les aveugles disposent presque de plus de ressources pour apprendre un métier que le gros des adolescents valides. Cela me rappelle le mot inconscient d'un secrétaire de préfecture, que j'ai jadis entendu répondre à la veuve d'un agent-voyer, venu pour solliciter une bourse en faveur de son fils.

« Est-ce qu'il est bègue, madame, votre petit garçon ?

— Mais non, monsieur, il parle très nettement.

— Ah ! c'est bien malheureux pour vous et pour lui. Nous avions précisément une place dans un institut de bègues, où il aurait pu rester sans frais jusqu'à sa vingtième année. Mais s'il articule correctement, nous ne pouvons rien faire. »

LES

ÉCOLES SAINT-LUC EN BELGIQUE

Les écoles Saint-Luc sont le plus remarquable résultat des efforts qui ont été tentés en Belgique pour la diffusion de l'enseignement professionnel. Elles ont créé une pléiade d'ouvriers d'art, auxquels on doit la renaissance du goût de nos voisins pour les merveilles gothiques de leur pays, et, à un point de vue plus terre à terre, plus prosaïquement commercial, la création d'une clientèle qui n'existait pas avant leur fondation pour les productions de style.

Il est possible, il est probable même que le mouvement ait été une conséquence des travaux de notre Viollet-le-Duc et de son école. Toutefois, il s'est propagé en Flandre par des moyens bien inattendus.

C'est le baron Béthune, un savant dont le nom est encore prononcé avec respect par tous les archéologues, qui eut, vers 1862, l'idée de créer là-bas des écoles de dessin pour des artisans, qui se spécialiseraient ensuite dans différentes branches d'industrie. La première fut fondée à Gand, avec dix élèves et vingt-cinq francs en caisse. Aujourd'hui cette même école compte six cents élèves; elle a essaimé à Bruxelles, où il y a quatre cents élèves; à Tournai, avec cent cinquante élèves, et

École Saint-Luc de Gand (une classe de dessin).

à Liège, dont les cours, les plus récemment ouverts, sont fréquentés par deux cent cinquante disciples. Ces divers établissements sont subventionnés par l'État et vivent, pour le surplus, des dons des particuliers ; l'enseignement qu'on y donne est absolument gratuit.

« La base générale des études, nous dit M. Eugène Nève, un ingénieur belge auteur d'un très intéressant ouvrage sur les industries artistiques en Europe, est faite du premier des arts : l'architecture, à laquelle tous les autres arts sont appliqués. L'architecture choisie est l'architecture gothique et nationale, dont les innombrables chefs-d'œuvre montrent la parfaite appropriation aux nécessités de nos mœurs et de notre climat. »

D'après leur programme, les écoles Saint-Luc ont pour but principal « d'aider les jeunes gens, et en particulier les fils d'artisans, à acquérir les connaissances théoriques et pratiques nécessaires pour se créer une position honorable; elles tendent à assurer leur supériorité dans les diverses professions d'architecte, d'entrepreneur de travaux publics, de menuisier, de charpentier, d'ébéniste, de sculpteur sur bois et sur pierre, de serrurier-ferronnier, de peintre en tous genres, de brodeur, de graveur, d'orfèvre, etc. »

En premier lieu on initie, comme nous l'avons vu, le jeune homme à l'art du dessin. C'est pour lui, en même temps que le moyen le plus énergique de développer ses facultés, l'indispensable instrument de son activité professionnelle.

Mais l'enseignement du dessin doit être rationnel, et la méthode calculée en vue du but à atteindre : connaissnces générales d'abord, puis spécialisation dans les classes supérieures, où la division par métiers se fait. C'est alors que le dessin, complété par tous les cours de connaissances auxiliaires, va développer les notions d'art appropriées aux principales professions visées.

Ici l'architecte, le maçon, le serrurier, le menuisier, l'appliqueront à l'interprétation et à l'analyse, et plus tard à la composition d'épures relatives à leurs travaux de chaque jour, a is toujours d'après des modèles rationnels et irréprochables.

Là le peintre, l'ornemaniste, le tapissier, le fabricant de meubles s'assimileront tout ce qui se rapporte à la décoration et à l'ameublement. Plus loin, le relieur, le bijoutier, l'orfèvre, le ciseleur acquerront les notions qui leur sont plus particulièrement nécessaires.

La durée des études complètes est de dix années, mais seuls les élèves qui se destinent à être architectes vont jusqu'au bout; quatre ou cinq ans suffisent aux autres.

Aux écoles Saint-Luc, la question de l'apprentissage a reçu une solution spéciale pratique, car les élèves, à fort peu d'exceptions près, surtout en province, sont des fils d'ouvriers qui se préoccupent d'apprendre un métier manuel, et ne suivent les cours que le soir et le dimanche. On place les jeunes gens dans des ateliers dirigés par d'anciens élèves de l'école, en imposant aux patrons l'obligation de les envoyer au cours tous les jours, et d'admettre dans les ateliers les professeurs chargés de se rendre compte constamment des conditions dans lesquelles se fait l'apprentissage et des progrès professionnels des apprentis. Ce système est rendu fructueux et très fécond par l'intérêt que les patrons portent à l'école, d'où ils sont sortis eux-mêmes.

Devenus ouvriers, les anciens élèves sont fort recherchés par les patrons à cause des habitudes d'ordre, de travail et de moralité qu'ils gagnent par l'émulation, et aussi à cause de l'aptitude spéciale qu'ils ont acquise pour divers genres de travaux.

Nombre d'entre eux se sont établis pour leur propre compte et dirigent des ateliers de vingt, trente et quarante ouvriers, dans lesquels on travaille le bois, la pierre, le métal, la peinture décorative, la vitrerie peinte, la gravure, etc.

Dans la section du bâtiment, plusieurs élèves sont devenus professeurs d'université, professeurs aux académies de dessin, architectes communaux et provinciaux. Parmi ces derniers, une mention particulière est due à Pierre Van Kerckove, qui mourut très jeune architecte provincial de la Flandre orientale, et qui, étant encore à l'école de Gand, obtint le prix du

Atelier Debeule à Gand (patrons et anciens élèves de l'école Saint-Luc).

concours ouvert par la ville pour la construction d'un hôtel de ville que le roi inaugura.

Quelques élèves ont réussi à se créer de brillantes positions dans le nord de la France, en Hollande et en Angleterre, où ils sont particulièrement bien accueillis. L'actuel architecte diocésain de Lille, M. Paul Vilain, professeur à l'Université catholique, est sorti de l'école Saint-Luc.

Les anciens élèves de Gand se sont constitués en corporation ou en *gilde,* ayant ses réunions et ses discussions; à Bruxelles, il y a aussi une section d'études qui poursuit un but analogue.

En 1891, nous dit encore M. Nève, à qui est empruntée la majeure partie de ces détails précis, l'école de Gand célébra en grande pompe son jubilé de vingt-cinq ans. A cette occasion elle organisa, dans le vestibule monumental de l'Université, une exposition d'objets d'art industriel et décoratif extrêmement remarquables, exécutés par les maîtres et élèves de la maison depuis un quart de siècle.

Ç'a été une vraie révélation que cet entassement merveilleux d'orfèvreries, de joailleries, de bijouteries, d'émaux, de statues, de sculptures, de retables, de meubles, de dressoirs, de vitraux, de dinanderies, de peintures, de lustres, de livres, de gravures, de reliures exposés par les orfèvres Bourdon, Fierlefyn et Hellner; par les statuaires et sculpteurs Blanchaert frères, de Beule, Rooms, Pauwels, Van Uytfanck, de Martelaer, etc.; par les peintres verriers Verhaegen, Ladon; par les peintres Bressers, Janssens, Anthony, etc.; par les éditeurs Desclée frères, à Tournai et à Bruges, également fondeurs d'art et dinandiers à Roubaix.

Les travaux civils et religieux, travaux d'édilité, constructions et reconstructions d'églises, de châteaux, d'hospices, d'habitations privées, étaient présentés soit sur châssis tendus, soit en photographies prises d'après nature. On voyait là les anciens et les jeunes confondus : maître Jean Béthune, le docteur Cuypers, architecte des musées d'Amsterdam; Van Assche, Van Kerkhove, Goethals, Morthier, Hoste, de Fisenne,

Jamar, de Liège, Geirnaert, J. Coomans, Van Houcke, Te Riêcle, de Deventer, P. Vilain, de Lille, etc.

Quand on songe dans quel marais d'ignorance et de mauvais goût la Belgique était plongée il y a quarante ans, on est émerveillé du travail accompli, sans bruit et sans réclame, par quelques artistes érudits, tenaces et pratiques.

« Comme le disait alors *la Jeune Belgique,* l'entreprise n'était pas petite. Depuis le moyen âge les conditions du travail ont bien changé, et ce changement se reflète nécessairement dans les produits ouvrés. Le contrat de patronage qui assurait une école à l'apprenti n'existe plus. Les corporations, gardiennes de traditions, sont supprimées. Le progrès industriel a substitué presque partout le travail mécanique, anonyme et invariable, au travail manuel, qui laissait le caractère individuel et la fantaisie de l'ouvrier marquer de son empreinte le moindre objet fabriqué. Enfin ce n'était pas du côté de l'ouvrier seulement, c'était, pour arriver au public, tout un mur de routine et de préjugés à renverser. »

Ces difficultés n'arrêtèrent point les réformateurs; l'école fut ouverte avec un programme nouveau, rationnel et national. Voilà trente-cinq ans, aujourd'hui que cette généreuse et audacieuse entreprise est soutenue par l'infatigable dévouement de ses fondateurs. Les écoles Saint-Luc ont formé dans toutes les branches des arts plastiques des ouvriers et des artistes de talent. Elle s'est affirmée par des travaux nombreux et remarquables. Ses architectes ont construit et restauré une foule de monuments.

Depuis les vitraux éclatants, les broderies chatoyantes, les bijoux somptueux, jusqu'aux dressoirs et aux bahuts sculptés, il n'est pas une partie de mobilier qui ne soit exécutée par des patrons habiles, capables de composer un modèle original et doué de ce cachet d'adaptation si pratique, si frappant dans les œuvres du moyen âge.

Les préjugés qui, il y a trente ans, maintenaient le public dans l'hostilité ou l'indifférence, se sont peu à peu évanouis. Le classicisme survit encore dans les écoles officielles, mais il n'y règne plus exclusivement; on peut affirmer que l'exemple donné par les écoles Saint-Luc est pour une bonne part dans cet affranchissement : il a précédé et préparé la restauration

Monument construit par Van Kerkhove, ancien élève des écoles Saint-Luc.

des arts industriels en Belgique. A ce point de vue les tendances de Saint-Luc ont une véritable portée sociale...

Sur cette résurrection de l'art par l'artisan, et sur les motifs qui ont déterminé les initiateurs à pousser exclusivement à la beauté gothique, M. l'abbé Thiry, professeur de philosophie à l'université de Louvain, a été plus explicite encore. On nous permettra, au profit de ceux qu'intéresse une si curieuse évolution de l'enseignement professionnel, de reproduire ici ses appréciations, qui exposent au surplus l'esthétique des écoles Saint-Luc :

« Avoir pour élèves des artisans qui sont artistes n'est plus chose commune de nos jours; c'était bon au moyen âge. Quand l'école s'est fondée, elle est apparue comme une étonnante innovation. Le monde considérait que art et métier sont des extrêmes opposés entre lesquels on n'entrevoyait guère de conciliation; en tout cas, on ne se figurait pas bien la possibilité de cette éducation en commun, qui a été inaugurée ici avec tant de succès.

« Trop souvent encore on semble admettre qu'il y a des castes pour séparer irrémissiblement peintres d'art et décorateurs de métier. Au moyen âge, tel maître était-il plutôt architecte-maçon que maçon-architecte? Nul ne pourrait le dire, et nul ne s'en préoccupait. On ne connaissait pas le préjugé qui parque les artistes à part, et leur fait gloire d'ignorer ou de mépriser le labeur des arts de métier et d'industries.

« Et cependant, si on comprend bien la vocation de l'artiste, en quoi consiste-t-elle, sinon à produire, à composer, à édifier? Et l'artisan n'a-t-il pas, lui aussi, la même destinée? Son effort se concentre-t-il sur autre chose que sur la production d'œuvres et de travaux? Pour les uns et pour les autres ce sont les mêmes nécessités, les mêmes problèmes qui se posent et mettent aux prises avec les mêmes imperfections des matériaux.

« L'école Saint-Luc, en admettant à ses leçons indifféremment artistes et artisans, les a tous réunis par cette vocation qui leur est commune. Donnant l'enseignement, livrant ses méthodes, mettant aux mains de tous ce puissant instrument de direction et d'étude qui s'appelle le dessin, elle a permis d'élever des édifices, que tous les corps de métier et tous les beaux-arts ont contribué à ériger dans un admirable sentiment d'unité et de grandeur. Artisans ou artistes, c'est cette com-

Écoles Saint-Luc de Gand (musée des moulages anciens).

mune besogne pour la production de l'œuvre qui les rapproche et leur donne l'intelligence des travaux mutuels.

« Le soin de travailler pratiquement à des choses concrètes se retrouve écrit dans le texte des règlements de la *gilde* de Saint-Luc. Il y est dit : « Le grand prix annuel doit être « décerné au travail qui sera jugé le meilleur *au point de vue* « *de l'exécution pratique.* »

« Cette préoccupation est peut-être plus frappante encore quand, des hauteurs des classes supérieures, on descend aux moindres sections des commençants, qui font leurs tout premiers essais. Je crois que ces classes de gamins sont les plus caractéristiques. Chaque élève est là appliqué sous les yeux du maître; il a à la main, non pas le crayon ou l'encre, plus indélébile encore, mais la fugace craie ou le fusain friable, qui permettent les reprises, les infinies retouches, les interminables corrections, les recommencements sans fin. On dessine à grands traits, vite, et seulement les lignes essentielles. Tels ces croquis de route qu'un artiste prend succinctement, pour n'emporter de l'objet que ce qu'il faut pour le retracer avec son caractère propre.

« Comme il s'agit avant tout de comprendre les objets pour les dessiner, chaque élève a pour modèle les choses qui lui sont les plus connues : le fils du menuisier esquisse l'assemblage d'une table; le petit tisserand forme la fleur ou la feuille qui orne un damassé à ramages. C'est une idéale simplicité qui fait, près de tout ce petit monde, le succès de l'enseignement de l'école. Au lieu de dépayser ces jeunes imaginations par mille complications insipides, on dirait que les premiers modèles songent avant tout à rectifier et à simplifier les schématiques dessins que d'eux-mêmes les bambins griffonnent, en se jouant, sur leurs livres.

« Les directeurs ont donc adopté pour méthode de suivre ainsi pas à pas les progrès d'esprit et le talent des élèves dans les différentes classes.

« D'autre part l'école Saint-Luc a fait choix d'étudier particulièrement le style du XIIIe siècle, non pour en copier matériellement les chefs-d'œuvre, mais pour les approprier et s'en inspirer comme d'un exemple admirablement fécond.

« Le christianisme, qui a fait libre les moindres compagnons, de même qu'il révélait notre fin et la destinée céleste de notre vie humaine, montrait aussi dans la création la finalité des objets qui nous entourent. La pensée venait ainsi à l'artisan que dans l'exécution, pour tout ce qui concourait à la destination de l'objet, liberté lui était laissée pleine et entière. L'artisan n'est plus de même obligé au culte superstitieux de la symétrie ou de l'uniformité; il ne reproduit plus indéfiniment le même motif; mais, avec un admirable sentiment de son indépendance, il varie à plaisir tout ce qui peut être construit indifféremment de telle ou telle façon.

« Mais la doctrine médiévale a d'autres mérites encore que de favoriser pratiquement la liberté et la fécondité de l'art. Au delà des beautés de la nature, au-dessus des œuvres d'art, elle enseigne la finalité divine de la beauté.

« Comme toutes les autres délectations, la délectation esthétique a été voulue par la sagesse de Dieu pour assurer ici-bas l'action. *Delectatio propter operationem*, dit saint Thomas. Le beau est pour exciter les volontés, soutenir et encourager les sacrifices, rehausser les cœurs, susciter les nobles désirs et les enthousiasmes héroïques. Et vraiment, quand on songe aux travailleurs d'art qui peuvent donner ainsi la beauté aux œuvres qu'ils produisent, on est frappé de cette puissance qu'ils détiennent, et on comprend en même temps la lourde responsabilité qui leur incombe s'ils viennent à en mésuser. Ce n'est pas impunément qu'on laisse l'art n'être qu'un jeu futile ou une immoralité. Vraiment il en est comme de ces perles précieuses dont Notre-Seigneur dit qu'on ne peut les jeter ni les dilapider, sous peine de se voir envahir par les perversités ou les insignifiances... »

Voici donc le but et l'esprit des écoles Saint-Luc bien définis, voici leur programme tracé, leur histoire remémorée. Il nous reste à entrer dans quelques détails relatifs à leur fonctionnement.

Ai-je dit qu'elles sont, depuis leur origine, dirigées par les frères des Écoles chrétiennes? Ces mêmes instituteurs, que nous avons vus déjà assouplis à tant de tâches, se sont transformés ici en esthéticiens, en maîtres ès arts, en chefs d'ateliers.

De même que nous avons trouvé à Beauvais des docteurs en hippologie, nous rencontrons ici, dans cet ordre issu des entrailles du peuple, des professeurs d'architecture, dont les élèves emportent la palme dans les concours gouvernementaux et se créent des situations officielles à côté des meilleurs lauréats de l'école des Beaux-Arts.

J'ai pu visiter deux des écoles Saint-Luc, celle de Tournai et celle de Gand, prototype des autres. Voici ce qui les diversifie. A Tournai on semble avoir eu pour but une utilisation plus immédiate du travail des apprentis qu'à Gand, où sont concentrées ce qu'on pourrait appeler les divisions supérieures et les classes d'excellence. On n'a pas l'ambition d'y former des architectes, mais seulement des menuisiers, des sculpteurs sur bois et sur pierre, des peintres décorateurs. Le régime est celui de l'externat; mais des ateliers de production existent dans la maison même, qui prennent et exécutent des commandes pour le dehors et se suffisent à eux-mêmes, industriellement parlant. L'an dernier on a accompli pour 60,000 francs de travaux de tout genre, et on en aurait fait davantage si la multiplicité des bras avait permis de suffire à l'abondance des commandes. Dans les moments de presse on a recours aux ateliers de la ville, auxquels on réclame un coup de main, de telle sorte que l'école, qui a créé un courant d'affaires n'existant pas avant elle, en fait bénéficier dans une certaine mesure la population ambiante au lieu d'entrer en concurrence avec elle et de lui disputer le travail.

Il en résulte que la tension trop fréquente ailleurs, dans les rapports entre le labeur collectif et le labeur individuel, ne se produit pas ici. Au lieu d'être jaloux de l'école et de lui reprocher d'avilir les prix, les artisans tournaisiens sentent qu'elle accoutume la clientèle à payer des tarifs justifiés par la bonne exécution d'une main-d œuvre artistique et qu'au besoin elle cherche des auxiliaires dans leurs rangs. C'est un résultat fort appréciable au point de vue économique comme à celui de la pacification sociale.

Les élèves sont rétribués dès qu'ils sont matériellement utiles à l'œuvre et produisent d'après le système de l'entreprise, c'est-à-dire qu'une tâche étant donnée, ils en discutent le prix et, après l'avoir acceptée, ils ont tout intérêt à travailler vite et bien. Si l'exécution de l'objet était imparfaite, celui-ci serait retouché à leurs frais par un camarade plus habile. Quand la combinaison de l'entreprise est impossible, on leur attribue un salaire à l'heure. Des jeunes gens de moins de dix-huit ans peuvent ainsi gagner 2 fr. 50 à 3 francs par jour. N'oublions pas que nous sommes en Belgique, où ces sommes représentent une valeur plus considérable qu'en France, la vie y coûtant moitié moins cher qu'à Paris, par exemple.

Le but est, quand tous ces enfants seront suffisamment instruits, de les envoyer créer au dehors des industries qu'ils dirigeront à leur guise, et où ils formeront à leur tour des apprentis. Pour faciliter leurs débuts, les Frères ont commandité quelques jeunes patrons, sous réserve de contrôler le fini de leur travail, mais sans aucune intervention dans leur gestion proprement dite. C'est à ceux-là, en première ligne, que revient l'excédent des commandes de l'école, dont ils restent responsables vis-à-vis des clients.

L'école de Gand présente une organisation sensiblement différente. Là on n'enseigne que la théorie, et l'application se fait, comme il a été expliqué plus haut, en des ateliers privés, où les Frères ne se réservent que le droit de surveiller les conditions de l'apprentissage. Seuls les architectes, jusqu'au jour où ils sont à pied d'œuvre, peuvent accomplir le cycle entier de leur préparation. C'est d'ailleurs à eux qu'est réservée la meilleure part de l'enseignement de l'école, et ce sont leurs travaux et leurs efforts que glorifie avant tout le musée permanent installé au second étage de l'édifice. Là on peut voir aux murs de nombreuses salles la série des projets qui obtinrent des récompenses dans les concours, ou méritèrent d'être conservés par le mérite et l'ingéniosité de leur conception.

Monument de Mgr Lambrechts par Rooms, élève des écoles Saint-Luc.

On y remarque quantité d'études de restaurations de monuments flamands, qui par la suite devinrent des restaurations effectives. Un journal de Bruxelles écrivait dernièrement à ce sujet, à l'occasion de la nomination d'un nouveau bourgmestre de Gand :

« L'embellissement de la cité des Van Artevelde, par la restauration de ses anciens monuments et la transformation de ses anciens quartiers, fera l'objet de ses actives préoccupations. Qu'on nous permette, à ce propos, de signaler ici la louable initiative de l'école-mère de Saint-Luc, dont l'enseignement a eu toujours et avant tout pour but l'étude de l'art national. Généralement elle propose à ses élèves, comme épreuve de fin d'année, un projet offrant un intérêt local. Elle a devancé de dix, quinze, vingt ans, l'éclosion d'idées dont elle peut à juste titre revendiquer la paternité, et qui, traitées d'utopies dès le début, finirent par convaincre l'opinion mieux formée et par entrer dans le domaine des réalités. Nous nous bornerons à ne citer que quelques exemples à l'appui de notre assertion.

« La restauration du château de Gérard-le-Diable fut mise au concours en 1876. Les projets du lauréat, feu M. de Bruyn, qui devait prématurément terminer sa carrière, sont encore maintenant exposés au musée de l'école Saint-Luc, de Gand. Deux ans plus tard, la Halle aux draps fut l'objet d'une étude de restauration qui valut le premier prix à M. Étienne Mortier, l'éminent architecte provincial de la Flandre orientale. Tandis que dans les académies officielles on copiait le Parthénon et les thermes de Caracalla, les hommes au pouvoir alors regardaient avec dédain et pitié les études plus patriotiques de la jeune école Saint-Luc, dont les élèves pouvaient être assez simples pour s'arrêter à des « vieilleries pareilles ». Depuis lors les idées sérieuses ont triomphé, on sait que ces deux édifices gantois furent restaurés avec un soin minutieux, en ces derniers temps, l'un d'après les plans de M. Verhaegen, et l'autre d'après ceux de MM. de Wael et Van Assche. »

Mais les élèves architectes ne s'absorbent pas dans ces conceptions d'édifices publics, et, à côté des projets d'arts, exposent des modèles de maisons d'habitation, de fermes, d'usines, de toutes les constructions pratiques, en un mot, qu'ils peuvent avoir chance de se voir confier à l'expiration du terme de leurs études. Les juges des concours ne sont point des professeurs de l'institution, et se recrutent parmi les laïques supposés les plus compétents : docteurs des universités de Louvain et de Gand, archéologues, ingénieurs, etc.

Tous les étudiants habitent soit dans leur famille, en ville, soit dans la *Pédagogie,* attenante à l'école, et qui est l'équivalent d'une « maison de famille ».

Il nous faut avouer, en terminant ce chapitre, que nous ne possédons rien en France d'équivalent aux écoles Saint-Luc de Belgique. Leur succès réalisé, après des débuts si modestes, doit être en grande part attribué à la persévérance de vues de l'ordre qui les dirige. Soumises aux fluctuations des inspirations officielles, aux caprices des ministres ou aux fantaisies des électeurs, ces écoles auraient eu le temps d'être ruinées vingt fois avant d'avoir pu propager le mouvement artistique dont elles vivent. Et puis, combien auraient-elles coûté? Ici, la plus importante de toute vit avec un budget de 17,000 francs. Comme dans la chanson du Roi barbu :

> Ceci me dispense
> De vous en dire plus long.

LES

ŒUVRES DE PACIFICATION SOCIALE

ŒUVRES OUVRIÈRES AU NORD ET AU MIDI

Si le conscrit du travail doit avant tout compter sur lui-même dans la lutte pour la vie et comprendre que le combat y est assez âpre pour ne négliger aucune préparation, il aurait tort cependant de croire qu'il rencontrera toujours, même dans l'état actuel des choses, un adversaire social en la personne de son patron.

Parmi ceux qui ont la lourde charge de diriger nos grandes industries et d'y concilier les intérêts contradictoires du travail et du capital, il en est qui ont poussé très loin, jusqu'à l'extrême limite du possible, le souci du sort de leurs collaborateurs, et s'imposent comme premier devoir d'agir vis-à-vis d'eux en bon père de famille.

Je voudrais exposer ici, à titre d'exemple, ce qui a pu être réalisé dans une filature du Nord. Il me serait utile, pour la commodité du récit, de désigner en toutes lettres le nom de l'industriel dont il s'agit. Je m'en abstiendrai néanmoins, parce que son œuvre et surtout les intentions qui l'ont dictée me paraissant mériter des éloges sans réserve, je veux éviter à sa modestie l'apparence même d'une réclame, et ceux-là seuls qui le connaissent déjà le reconnaîtront aux détails qui suivent.

La filature dont nous nous occupons, et où se fabriquent des fils à coudre de coton, est située dans la banlieue de Lille et occupe une population ouvrière supérieure à celle de bien des chefs-lieux de canton. Celle-ci comprend sur les quinze hectares de l'établissement un effectif de quatorze cents travailleurs environ, parmi lesquels on compte en chiffres ronds six cents hommes, trois cents femmes, deux cents garçons et trois cents jeunes filles de treize à vingt ans.

La durée du travail à l'usine est de douze heures et n'est jamais dépassée pour aucun motif. Le travail de nuit et celui du dimanche sont rigoureusement proscrits. Le chômage et les interruptions d'emploi, si nuisibles aux ouvriers, sont évités par tous les moyens possibles ; par contre, les permissions ne sont accordées que pour des motifs sérieux et par le patron ; les absences non motivées, surtout celles du lundi, ne sont pas tolérées ; elles entraînent le renvoi. L'admission d'un ouvrier ou d'un apprenti dans l'établissement est toujours faite par un des chefs de la maison, et la mise en quinzaine par son ordre. Mais achevons l'exposé des règlements généraux de la filature.

Le payement s'y fait par quinzaine. Chaque ouvrier reçoit un billet spécial, portant le cachet de la maison, avec son compte détaillé pour qu'il puisse le contrôler ou le faire contrôler par ses parents. On ne paye point le samedi soir, mais le jeudi et le vendredi à midi, et jamais plusieurs ouvriers ensemble, afin de leur éviter la tentation d'aller faire la répartition au cabaret pour avoir de la monnaie. Tout travailleur dont la conduite et le labeur ont été satisfaisants touche une gratification variant, suivant la catégorie à laquelle il appartient, de 1 à 4 francs par quinzaine.

Les ateliers sont vastes, bien aérés, les machines suffisamment espacées pour permettre une circulation facile, les engrenages tous garantis avec beaucoup de soin, et le nettoyage des métiers pendant la marche rigoureusement défendu : bref, toutes les conditions d'hygiène physique et de sécurité matérielle paraissent avoir été réalisées dans la mesure que comporte l'industrie.

Toutefois jusqu'ici il ne s'agit que de dispositions générales, susceptibles d'être rencontrées dans n'importe quel établissement bien tenu. Passons donc aux institutions ouvrières proprement dites qui sont le monopole de la maison.

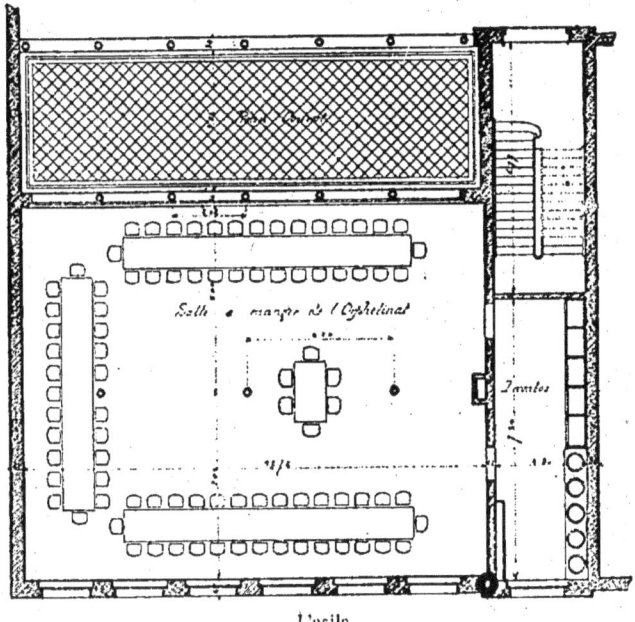

L'asile.

C'est d'abord une crèche où les enfants des ouvriers sont admis de trois mois à trois ans. J'en voudrais faire une description détaillée si les limites de ce travail ne s'y opposaient, car c'est un petit bijou, presque trop joli, qui révèle des entraînements de cœur, la volonté de mettre un sourire autour de ces berceaux dont les hôtes connaîtront plus tard les rigueurs de la vie. Avec la blancheur neigeuse de son dortoir, l'étincelante propreté de sa pouponnière, le confortable du cabinet d'allaitement où se succèdent les mères, ses lavabos de poupée, son vestiaire lilliputien, sa petite cuisine pour les boissons chaudes, avec surtout l'air de prospérité et de joie de son petit peuple, elle m'a rappelé, moins quelques détails de luxe, la crèche de Séville, œuvre de prédilection de la reine-régente d'Espagne, qu'on aime à montrer aux étrangers pour leur prouver de quels soins sont entourés les petits orphelins andalous.

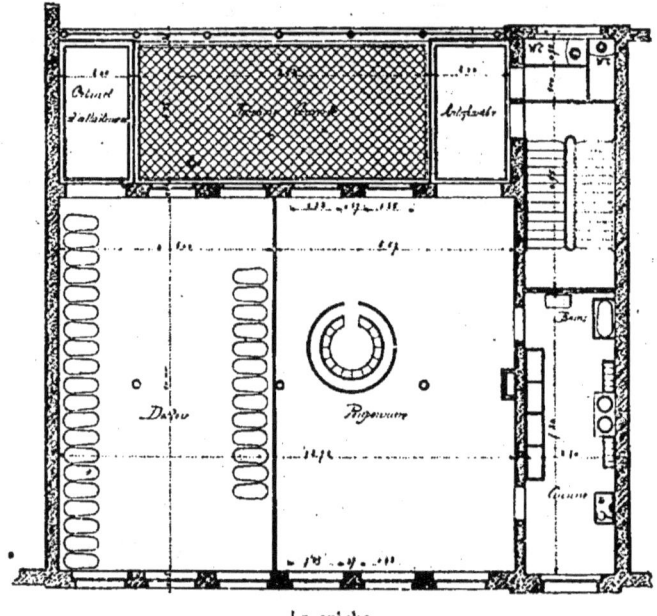

La crèche.

Ici il ne s'agit point d'orphelins, et les mères elles-mêmes jouent le rôle de nourrices; mais ce sont des Sœurs du même ordre qui dirigent les deux crèches, — je le crois du moins à l'identité du costume, — et qui leur gardent à si lointaine distance cet air de parenté. Elles ont un secret, ces religieuses, que je voudrais bien connaître pour le révéler aux mamans de ma connaissance. Leurs bébés ne pleurent jamais, et cependant on ne les berce pas.

De trois à sept ans les enfants des ouvriers sont reçus à la salle d'asile, où on leur donne un commencement d'instruction. L'asile forme un bâtiment complet et comprend un vestiaire avec lavabo et nécessaire de toilette séparé pour chaque enfant; un préau, une salle à manger, une salle de gradins,

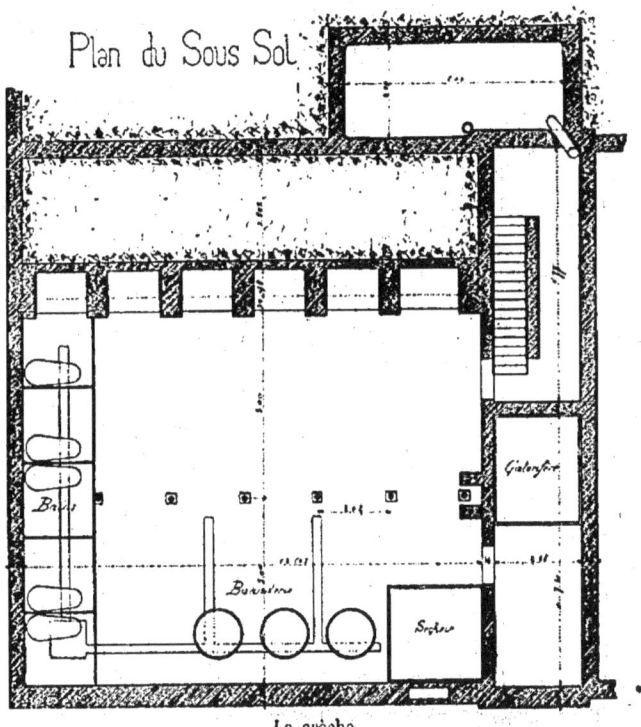

La crèche.

une cour couverte. Les enfants dînent tous à l'asile, où on leur donne gratuitement, — est-il besoin de le dire? — un repas composé de soupe, pain, viande, légumes et bière. Leur temps est partagé entre des jeux divers et de petits exercices qui se font dans la salle de gradins, où les cent cinquante bambins peuvent être réunis, tous les petits garçons d'un côté, toutes les petites filles de l'autre.

J'y fus témoin d'un bien gracieux spectacle. Au moment où j'entrais dans la salle, tous ces bébés répétaient, correctement alignés à leur place, un chœur célébrant, si j'ai bonne mémoire, le travail de l'aiguille. Chaque couplet comportait des gestes explicatifs des paroles, gestes des bras, des pieds, de la tête, et rien n'était plus harmonieux que la cadence et le balan-

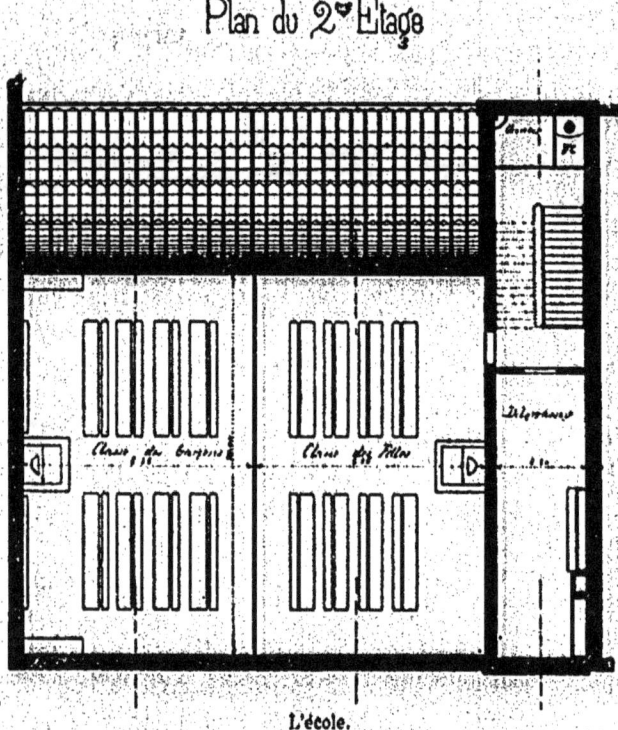

L'école.

cement de ces trois cents mains, décrivant dans l'espace leurs évolutions rythmiques. On eût dit à chaque fois l'envolée d'une troupe d'oiseaux.

De sept à treize ans les enfants vont dans des écoles, fondées et entretenues également par la filature, car la banlieue où elle est située ne se trouve pas pourvue d'école publique à proximité suffisante.

Passé treize ans, l'enfant n'est plus une charge pour les parents, puisqu'à partir de cet âge il peut entrer comme apprenti à l'usine et y gagner de quoi pourvoir à son entretien. Le cas est prévu pourtant où les enfants n'auraient pas de parents pour s'occuper d'eux. Un orphelinat a été créé pour les ouvrières orphelines.

Ces jeunes filles, ayant presque toutes plus de douze ans, travaillent dans les divers ateliers de l'établissement. Leur entrée ne donne lieu à aucun contrat, elles peuvent quitter l'orphelinat quand elles n'en sont plus contentes. Les Sœurs remplacent les parents et leur apprennent, en dehors des heures de travail industriel, à faire le ménage, laver, repasser, coudre, etc.

Les orphelines possèdent chacune un livret spécial sur lequel les Sœurs marquent leurs gains et leurs dépenses : ces dernières consistent dans le versement de 1 fr. 15 qu'elles opèrent par jour pour prix de leur logement, nourriture et blanchissage. Comme elles gagnent davantage quotidiennement, elles réalisent donc de petites économies ; aussi, en se mariant, ont-elles une petite dot variant de 1000 à 3000 francs.

Le dimanche, d'autres compagnes viennent se joindre aux orphelines pour faire des promenades, sous la direction d'une Sœur. Enfin de temps en temps on leur procure l'agrément d'un petit voyage à la mer ou aux environs de Lille.

Considérons à présent ce qui a été fait pour les adultes ou les familles.

Les ouvriers dont la maladie est constatée par un médecin reçoivent sans avoir opéré aucun versement :

Homme marié, 1 franc par jour de maladie ;

Célibataires et femmes au-dessus de seize ans, 60 centimes ;

Enfants de treize à seize ans, 40 centimes.

Pour récompenser les services rendus par un séjour plus ou moins prolongé dans la maison, les sommes ci-dessus sont augmentées de :

1/4 pour ceux travaillant depuis 3 ans sans interruption.
1/2 — — — 6 ans —
3/4 — — — 9 ans —

et le secours est doublé après douze ans.

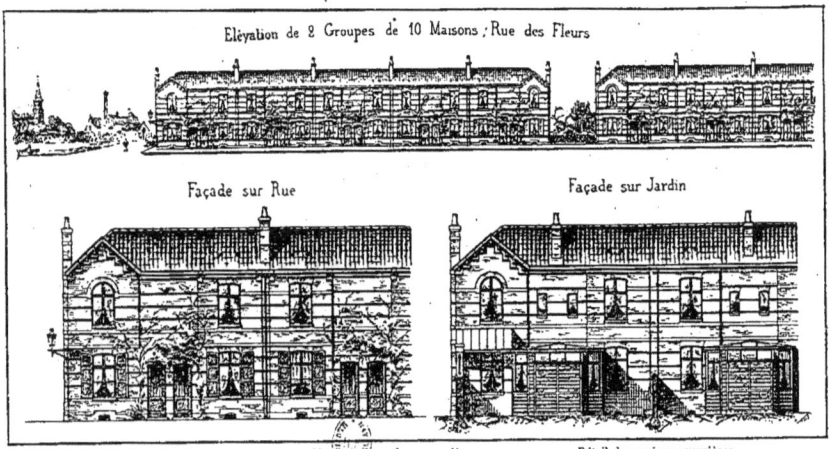

Les mêmes allocations sont accordées aux femmes en couches. Si les ouvriers ont le soin de faire partie d'une société de secours mutuels, les subsides que ces sociétés donnent, joints à ceux qu'ils reçoivent de l'établissement, leur permettent de passer sans privations les périodes de maladie.

Nous avons vu que les secours en cas de maladie s'accordaient, sans que les intéressés aient eu besoin de prélever aucune part de leurs salaires. Il en est de même pour les pensions de retraites qui sont attribuées aux vieux serviteurs de l'usine.

Les ouvriers à soixante ans touchent une pension viagère de 400 francs, payable par douzièmes, fin de chaque mois, s'ils ont au moins trente années de présence dans l'établissement.

S'ils ont plus de trente années de présence à soixante ans, leur pension est augmentée de 15 francs par chaque année en plus.

Ainsi l'ouvrier entré à 30 ans touche à 60 ans 400 francs
— — 25 — 60 » 475 —
— — 20 — 60 » 550 —

En cas d'infirmités précoces, l'âge de soixante ans n'est pas exigé ; la pension est réduite de 20 francs par chaque année de présence en moins de trente ans.

Si les ouvriers ont été en dehors de cela assez prévoyants pour faire des versements à la caisse de retraites de l'État, soit directement, soit par leur société de secours mutuels, leur indépendance sera assurée quand ils cesseront de travailler.

Une caisse d'épargne privée a été instituée pour permettre aux artisans de la filature de placer facilement les plus petites économies et afin qu'ils n'aient pas la tentation de les dépenser inutilement.

La caisse est toujours ouverte pour recevoir même les plus infimes sommes. A ceux qui le demandent on fait, chaque quinzaine, la retenue qu'ils indiquent, et on la porte à leur compte d'épargne. La caisse paye 6 0/0 d'intérêts aux déposants quand la somme ne dépasse pas 1 500 francs : elle détient environ 200 000 francs appartenant à trois cents déposants.

La question du logement étant l'une des plus importantes, l'établissement a construit des maisons de différentes grandeurs, par suite de différents prix de location, pour répondre aux besoins des familles plus ou moins nombreuses. Trois cents de ces demeures sont actuellement construites et cédées à des prix de loyer de 10, 15, 16, 18 et 20 francs, suivant leur importance.

Construites entre rue de 10 mètres de large et jardin, elles occupent un front variable de 4^{m}35 à 5 mètres et une profondeur de 25 à 30 mètres.

Les maisons ont toutes : 1º au sous-sol : une cave spacieuse et bien aérée ; 2º au rez-de-chaussée : couloir, cabinet de réception, salle à manger, petite cour pavée précédant le jardin et où existent une pompe particulière et des cabinets d'aisances. Les jardins sont séparés par un palissadage toujours convenablement entretenu ; 3º au premier étage, deux chambres indépendantes ; 4º au deuxième étage ou mansarde : une chambre et un grenier. Il est indispensable, au point de vue de la moralité, que les habitations aient trois chambres, celle des parents, celle des filles et celle des garçons.

Les maisons louées 10 francs par mois, faites spécialement pour les jeunes ménages ou les ménages sans enfants, ont une grande cave au rez-de-chaussée, une petite cuisine et une salle à manger, à l'étage deux chambres communiquant.

Le confortable et la disposition pratique de ces demeures, où chacun est chez soi, et où tous les détails relatifs à l'hygiène sont soigneusement observés, assurent des demandes de location toujours supérieures au nombre des immeubles vacants : il est donc aisé de ne louer qu'à des locataires honnêtes et de bonne conduite.

Ceux-ci toutefois ne deviennent pas propriétaires de leurs maisons, et on ne l'a pas voulu pour qu'ils ne puissent s'en défaire un jour ou l'autre, au profit d'inconnus qui seraient venus installer dans les cités des *bibines* ou autres commerces inutiles et dangereux pour la population. D'ailleurs, les locataires ont tous les avantages de la propriété sans en avoir les

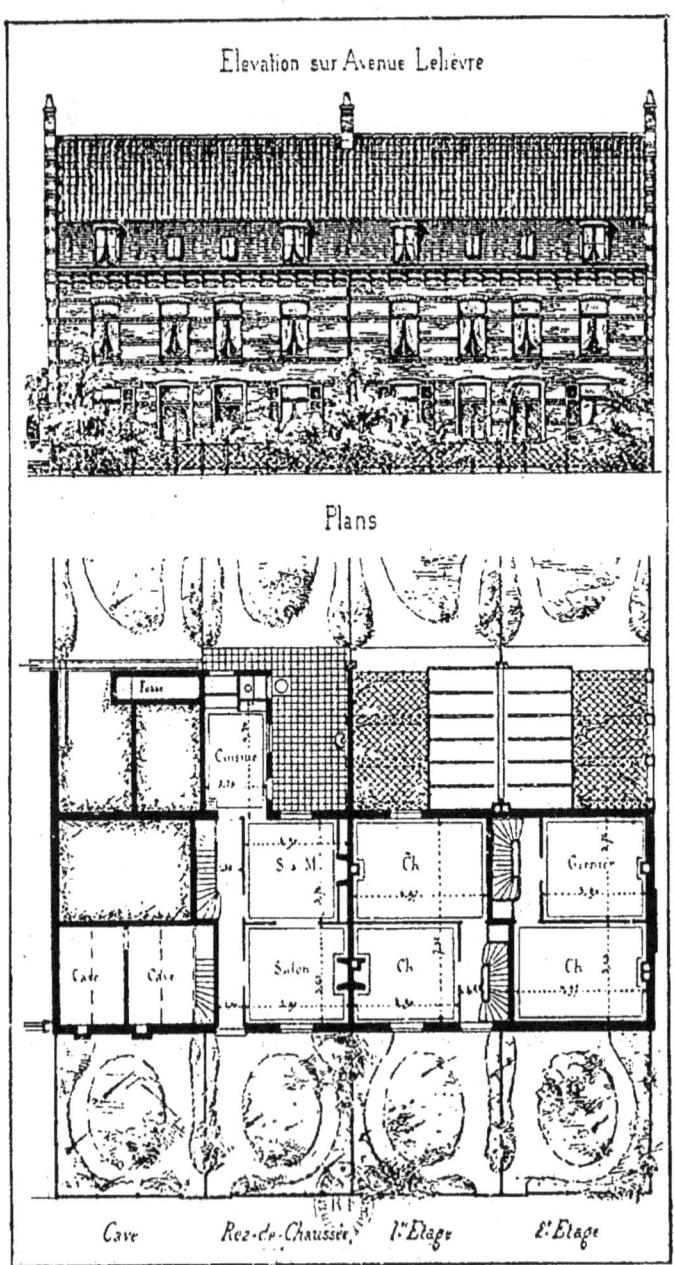

Plan des maisons ouvrières.

charges et les inconvénients, puisque les maisons leur sont louées au taux de 2 1/2 à 3 0/0 de leur prix de revient.

Ajoutons, pour terminer ce qui concerne les habitations économiques, qu'elles sont disposées par groupes autour de grands squares de 2500 mètres carrés, où les enfants qui ne fréquentent pas l'asile peuvent prendre leurs ébats.

Si maintenant nous faisons un retour à l'usine, nous y trouvons installées dix baignoires qui sont à la disposition du

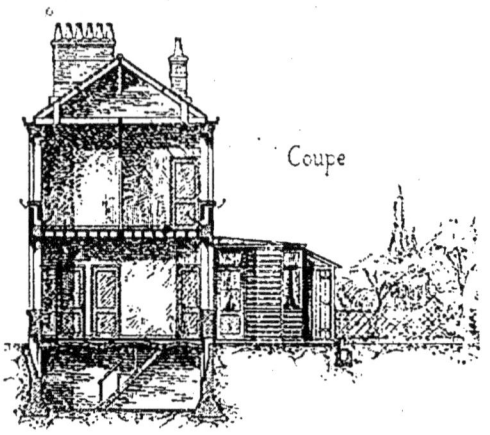

Coupe d'une maison ouvrière pour ménage sans enfants.

personnel de six heures du matin à midi, et chaque soir à la sortie des ateliers. Une salle de douches tièdes en cercle est installée dans l'exploitation; les douches se prennent pendant le travail, chaque atelier ayant son jour; elles sont, bien entendu, facultatives. Dix personnes environ passent à la douche en une heure : la perte de temps, d'ailleurs supportée par le patron, est donc insignifiante, puisque, pendant qu'un ouvrier se déshabille, le précédent prend sa douche et se rhabille immédiatement pour laisser place au suivant.

Tout autre est la perte de temps nécessitée par les repas pour les travailleurs qui habitent loin de la manufacture. Afin de l'éviter, ceux-ci apportent souvent leurs aliments du dehors et les consomment à midi sur place.

On a construit, pour ceux qui se trouveraient dans ce cas, deux vastes salles à manger, l'une pour les femmes, l'autre pour les hommes, et ils y trouvent de la bière de bonne qualité qu'on leur cède à prix coûtant, soit à cinq centimes le bock d'un demi-litre.

L'idée de ce réfectoire a été amenée par l'utilité de faire changer d'air les ouvriers et les ouvrières à l'heure des repas, et le désir de les empêcher d'aller dîner au cabaret, où les jeunes filles tout au moins ne sauraient être à leur place.

Pour assurer d'autre part à la masse du personnel l'acquisition des denrées alimentaires dans les meilleures conditions possibles, une société coopérative de consommation, *la Prévoyante,* a été créée à leur service exclusif et leur délivre les marchandises au prix de revient du gros. Je ne dirai rien du fonctionnement de cette coopérative, qui rend les mêmes services que toutes les associations analogues et supprime surtout les achats à crédit, si nuisibles à la bourse de l'ouvrier, si ce n'est pour signaler une particularité qui lui est propre : l'adjonction d'une caisse de prêts d'honneur, aidant les sociétaires momentanément gênés et leur permettant de toujours acheter au comptant.

Un dernier mot relatif à l'assistance des malades.

Des sœurs gardes-malades, ayant fait un stage dans les hôpitaux, sont à la disposition des ouvriers de l'usine, et leur donnent des soins le jour et la nuit à domicile. Elles remplacent, quand il le faut, la mère de famille souffrante, font le ménage, débarbouillent les enfants avant leur départ pour l'école, et permettent au mari de se reposer la nuit et d'aller à son travail l'esprit tranquille, sachant que sa femme et ses enfants ont tous les soins nécessaires et que tout est en ordre dans sa maison.

Quand la maladie d'un ouvrier se prolonge, ses camarades d'atelier demandent à faire une quête pour lui venir en aide, et y sont autorisés s'il y a lieu. L'établissement, pour encourager cette vraie fraternité, double la somme qui a été ainsi recueillie.

L'ensemble si satisfaisant de ces institutions ouvrières sera prochainement complété par la création d'un établissement modèle de bains comprenant : bains ordinaires, bains de vapeur, bains sulfureux, douches froides et piscine de natation, alimentée par les eaux de condensation des machines à vapeur et par l'installation d'un lavoir mécanique.

Il semble après cette énumération, que je ne m'excuse pas d'avoir faite longue, qu'il reste bien peu d'améliorations à inventer en faveur des ouvriers qui bénéficient de l'état de choses créé pour eux.

Le lecteur sera donc disposé à faire la réflexion que je formulais à l'industriel qui réalisa ce programme :

« Si la totalité ou la grande majorité des patrons agissait comme vous, la question sociale serait bien près d'être résolue. »

Il répondit :

« En aucune manière. D'abord on ne saurait demander, même par persuasion, à la généralité des usiniers de dépenser les grosses sommes qui ont été employées ici à ces fondations diverses. Tous ne se trouvent pas, comme c'était le cas ici, en présence d'une situation acquise, d'une fortune édifiée de père en fils. Il y en a qui, avec un grand roulement d'affaires et malgré l'importance des capitaux engagés, arrivent à peine à joindre les deux bouts. Parmi ceux plus heureux qui possèdent des réserves, il serait malaisé d'autre part de propager un mouvement les déterminant à faire un emploi pareil de leurs économies : il est besoin d'un peu de vocation. Enfin, et c'est là ce qu'il y a de plus grave, feraient-ils comme moi, ils n'auraient rien résolu d'une manière absolue.

« Nous avons ici la conviction que nos ouvriers sont dans un état moins précaire qu'autre part, voilà tout. Avec toutes les institutions dont ils disposent, ils n'arrivent encore à vivre que péniblement, au prix de privations multiples pour peu qu'ils comptent une famille nombreuse, ce qui est le cas ordinaire dans nos régions. Le fait seul que ces institutions existent et sont nécessaires, prouve que l'ordre général est défectueux.

Il ne serait pas besoin, par exemple, de pouponnières et d'asiles si la mère pouvait, comme c'est son rôle, rester à la maison et élever elle-même ses enfants. Le salaire du chef de famille devrait suffire à l'entretien de toute la maisonnée. L'aide qu'on lui accorde est un palliatif à sa situation, non un remède.

« Le seul remède, le vrai, serait le relèvement notable du prix des heures de travail, et c'est l'unique chose que nous ne puissions faire. Nous exerçons en effet une industrie assujettie à des conditions de production et de concurrence si étroites, que nous rendrions nos articles invendables si nous les surchargions seulement de quelques centimes par kilogramme. Pour arriver à une majoration possible des salaires il faudrait une entente absolue, et partant chimérique, de la part de tous les patrons, non seulement en France, mais en Belgique, en Allemagne et en Angleterre. Cela, on ne l'obtiendra jamais spontanément.

« Néanmoins, ce que les patrons ne peuvent réaliser, parce que leurs intérêts sont contradictoires de l'un à l'autre et de nation à nation, les ouvriers qui ont partout les mêmes besoins et les mêmes droits, — celui au moins de vivre de leur labeur, — les ouvriers, dis-je, l'imposeront peut-être. C'est pourquoi j'applaudis à toute propagande qui tâche de les éclairer et de les guider par des voies pacifiques à l'obtention des réformes justes. »

Telle fut la profession de foi que fit ce patron, ami des ouvriers. Les conscrits du travail la pourront méditer du jour où ils se trouveront dans la mêlée.

LES CAISSES RURALES

ET LES SYNDICATS AGRICOLES DU MIDI

Tout à l'autre bout de la France, dans les Pyrénées, une tentative d'amélioration sociale a été faite en faveur non plus des ouvriers d'usine, mais des ouvriers agricoles, et mérite d'être exposée également avec quelque détail.

Les chefs du mouvement furent et sont encore des prêtres ne faisant point partie du clergé paroissial et qui ont pris le nom de « Missionnaires du travail ». Celui d'entre eux qui est le plus connu, en raison de son activité d'abord, puis parce qu'il est le fondateur du journal qui vulgarise là-bas les idées du parti, l'*Écho des œuvres sociales,* M. l'abbé Fontan a pris soin d'exposer, en maints écrits où il nous suffira de puiser, le plan et les succès de la campagne entreprise.

Il était incontestablement plus difficile d'amener à se grouper et à lutter ensemble des paysans que des artisans industriels. Si l'on s'était borné à leur prêcher la théorie, il y a gros à parier qu'il aurait fallu longtemps pour les convaincre, plus longtemps encore pour les déterminer à agir. On pensa donc que le procédé le plus efficace et le plus rapide pour influer sur leur esprit était de leur présenter des résultats immédiatement tangibles, et on débuta par la question d'argent qui laisse rarement indifférente la gent rurale. On leur montra qu'une des conséquences de l'association était de pouvoir se procurer à intérêts minimes les capitaux que les usuriers de village leur faisaient payer si cher.

L'utilité du crédit à l'agriculture est, on le sait, fort controversée et divise les écoles économiques. L'une prétend que l'emprunt, quel qu'il soit, est la ruine fatale de l'agriculteur, parce que les terres rapportant difficilement 4 à 5 0/0, ne peuvent payer le loyer d'un argent prêté à un taux au moins aussi élevé. A cela l'école adverse répond que, tout d'abord, si la rente de la terre n'est que de 3 à 5 0/0 en faveur du propriétaire non exploitant, elle peut être sensiblement plus rémunératrice et s'élever jusqu'à 6, 7 et 8 0/0 en faveur de celui qui cultive son propre héritage. D'autre part, le sol s'épuise, et si on ne le restaure pas à un moment donné, même au prix d'un emprunt qui absorbera temporairement ses fruits, on tuera la poule aux œufs d'or, la rente de la terre finira par tomber à zéro. Enfin, disent ces doctrinaires, si l'on refuse au paysan les moyens réguliers et normaux de se procurer les fonds dont il a besoin, on le pousse entre les bras des usuriers qui ne lui feront jamais défaut, et on précipite sa ruine sous prétexte de vouloir l'empêcher.

Si ces deux thèses se peuvent l'une et l'autre soutenir par des arguments spécieux, il est un point sur lequel tout le monde sera d'accord : c'est que l'utilité du crédit, discutable pour l'agriculture, n'est plus contestable pour l'agriculteur. Ce dernier n'emprunte pas toujours pour augmenter son exploitation, améliorer son matériel, acheter des engrais. Il peut avoir besoin d'un peu d'argent personnellement pour subsister lui et sa famille, comme la cigale de la fable, jusqu'à la saison nouvelle ; il peut se trouver en présence d'un accident ou d'un déboire qui a bouleversé par hasard son budget; bref, il peut se trouver dans le cas d'emprunter non pour des entreprises, mais pour des nécessités immédiates.

A toutes ces hypothèses répondent les services des caisses Raiffensen-Durand, ainsi appelées du nom de l'Allemand qui les inventa il y a un demi-siècle, et du Français qui les perfectionna plus récemment.

L'abbé Fontan en expliquait le mécanisme en ces termes :

« La caisse ouvrière Raiffensen-Durand à responsabilité illimitée est une association légale d'ouvriers solvables d'une même paroisse, empruntant solidairement de l'argent à 3 ou 3 1/2 0/0, et le prêtant à ses sociétaires, moyennant une caution, pour acheter les provisions de leur ménage dans des conditions rémunératrices.

« Les services de cette caisse d'épargne et de prêt sont immenses.

« Comme caisse de prêt, elle améliorera le salaire de l'ouvrier

Il était difficile de les amener à se grouper.

et réalisera pour lui des bénéfices considérables, soit en lui permettant d'acheter en gros les provisions de son ménage, le vin, le salé, l'épicerie, etc., soit en rendant possibles les achats en commun qui mettront en contact l'ouvrier qui consomme et le paysan qui produit.

« Comme caisse d'épargne, elle peut assurer l'avenir de tous les travailleurs, en les habituant peu à peu à la prévoyance et à l'économie. Quel est l'ouvrier, en effet, qui ne pourrait pas épargner, s'il le voulait bien (en supprimant quelques cigarettes, quelques verres d'alcool et tant d'autres dépenses inutiles), de trois à quatre sous par jour, de 1 franc à 1 fr. 50 par semaine, de 5 à 6 francs par mois, de 60 à 80 francs par an ? Supposons cent sociétaires faisant les mêmes économies : à la fin de l'année ils posséderont de 6000 à 8000 francs; dans dix ans de 60000 à 80000 francs, sans compter les intérêts composés qui s'ajoutent sans cesse à ce capital qui augmente toujours. Tout cela n'est pas une chimère irréalisable, la caisse ouvrière peut en faire une réalité.

« Ajoutez encore à cette épargne les legs et les dons que les personnes charitables ne manqueront pas de faire à l'œuvre, lorsqu'elle sera assise sur de bonnes bases, et vous comprendrez alors comment cette caisse peut reconstituer pour les ouvriers leur patrimoine d'autrefois, et les sauver ainsi de la misère et de l'hôpital, lorsqu'ils tomberont entre les mains de cette trinité sinistre : les accidents, la maladie, les infirmités. Mais les sociétaires, en assurant cette responsabilité illimitée, cette solidarité sans restriction qu'on exige d'eux, ne courent-ils pas quelques risques? Aucun.

« Toute perte est impossible; la caisse offre les garanties les plus sûres. Je pourrais le démontrer par une expérience de cinquante ans faite en Allemagne et en Italie, où les caisses Raiffensen-Durand se sont répandues par milliers; mais la raison le prouve surabondamment.

« L'ouvrier n'a pas de biens pour répondre de la dette de ses camarades? c'est vrai; mais dans ses bras, dans sa volonté, dans sa vie, il y a un capital intellectuel et moral qu'on appelle son métier et ses habitudes de travail, d'épargne et de moralité. Il sera honnête et solvable; c'est la seule condition qu'on exigera de lui pour l'admettre dans la société et l'autoriser à contracter un emprunt. Cette condition ne vous paraît-elle pas sérieuse?

« A cette première garantie s'en ajoutent d'autres : on ne pourra prêter aux sociétaires qu'une petite somme, 100 francs au plus, moyennant une caution honnête et solvable comme lui; pour les choses indispensables dans un ménage d'ouvriers, comme les provisions de bouche par exemple, et à la condition expresse qu'il se libérera par acomptes réguliers, mensuels ou plus rapprochés, selon qu'il est payé au mois, à la quinzaine ou à la semaine. Enfin la caisse aura une réserve, puisqu'elle recevra les dépôts de l'épargne à 3 ou 3 1/2 0/0 et prêtera à 5 0/0; et cette réserve servira à parer aux risques, qui paraissent impossibles dans notre institution, mais qu'il faut toujours prévoir.

« Cette responsabilité illimitée vous étonne et vous effraye? mais c'est là précisément le caractère distinctif de ces caisses d'épargne et de prêt, système Raiffensen-Durand; c'est là ce lien indissoluble resserrant entre elles des verges fragiles dans un faisceau qu'aucune force ne pourra briser; c'est là ce ciment romain qui unira ces petits grains de sable et en fera un bloc de granit indestructible.

« Supposez, en effet, la responsabilité limitée à 100 francs. La confiance qu'inspireront les sociétaires sera ainsi limitée; ils obtiendront difficilement de l'argent en dépôt, et le peu qu'ils trouveront courra les risques les plus grands, parce que leur contrôle, leur surveillance ne sera jamais sévère, active, sérieuse. Au contraire, avec la responsabilité illimitée, la confiance inspirée par les sociétaires sera aussi sans limites; ils recevront plus d'argent qu'il ne leur en faudra, et pas un centime ne sera perdu, parce que tous les associés, sachant qu'ils répondent de toutes les opérations de la caisse sur la totalité de leurs biens, exigeront que le capital ne soit prêté qu'à des ouvriers économes, honnêtes, moraux, moyennant une caution bien solvable; et ils veilleront à ce que les acomptes se fassent à jour fixe.

« Déjà plusieurs caisses ouvrières Raiffensen-Durand ont été fondées en France, notamment à Tours, à Bagnères-de-Bigorre, à Tarbes, à Toulouse.

« A la caisse de Bagnères, sur quarante emprunts qui se sont faits en un an, un seul retard de trois jours s'est produit, pour un seul versement.

« La caisse de Tarbes a vu le nombre de ses sociétaires tripler en quelques mois et les opérations se multiplier chaque semaine, sans jamais courir le moindre risque. Vous voyez donc que la caisse ouvrière offre les garanties les plus sûres et rendra les plus grands services aux travailleurs.

« Est-il nécessaire, maintenant, de parler de l'influence moralisatrice de cette caisse?

« Son organisation est telle que l'ouvrier sociétaire ne peut point ne pas rembourser l'argent qu'il a emprunté, parce qu'il se sent surveillé par tous ses camarades responsables de son emprunt. Un ouvrier qui paye ses dettes contractera peu à peu ces vertus austères de prévoyance et d'économie qui feront de lui un homme honnête et moral ; et l'âme d'un honnête homme est naturellement chrétienne.

« Tous les bons ouvriers voudront faire partie d'une association qui est toute à leur avantage, et les hommes vraiment amis du peuple prêteront volontiers leur concours à une œuvre économique et sociale qui a pour but « d'améliorer le sort des travailleurs, d'assurer leur avenir et de moraliser l'ouvrier par l'ouvrier ».

L'appel lancé par l'abbé Fontan eut tout l'écho voulu, et à quelque temps de là, dans le seul département des Hautes-Pyrénées, on comptait près d'une centaine de caisses rurales et ouvrières.

Leur fonctionnement marchait-il sans à coups, avec autant d'aisance que l'avait espéré leur ardent promoteur? Voici comment, au bout d'un an, s'exprimait à ce sujet le rapport général de l'œuvre :

« ... Les opérations de chaque caisse s'élèvent à plusieurs milliers de francs; et ce qu'il y a d'admirable c'est que tous les acomptes sont versés avec la plus grande régularité; si bien que jusqu'à présent, au lieu de perdre, chaque caisse a pu constituer une petite réserve, avec la différence entre le taux de l'emprunt et le taux du prêt, qui est ordinairement de 1 à 2 francs. »

Et cependant le chômage se fait sentir dans nos villes du Midi comme ailleurs. L'année dernière deux ouvriers de la caisse de Tarbes, qui avaient emprunté 100 francs chacun, ont manqué de travail pendant plusieurs mois, et ce n'est qu'après des démarches multiples qu'ils ont fini par obtenir une place, l'un à Angers, l'autre à Charenton, près de Paris. Eh bien! chaque mois, d'Angers et de Charenton, tous les deux envoient leurs acomptes, pour ne pas obliger leurs camarades à payer pour eux la somme empruntée. Voilà jusqu'où peut aller la solidarité entre les ouvriers, quand elle est mise en action par une œuvre économique et sociale.

Et comment est administrée cette œuvre? Par les travailleurs seuls, au profit des seuls travailleurs.

Tous les samedis les administrateurs se réunissent dans un bureau, de huit à neuf heures du soir, et là chaque ouvrier verse ses acomptes mensuels entre les mains du trésorier, qui est ouvrier comme eux, ou bien adresse une demande d'emprunt au directeur, qui comme eux travaille et vit de son salaire.

Et s'il n'y a pas d'argent? On en trouve facilement avec les économies que les ouvriers versent dans cette caisse, qui sert pour l'épargne comme pour le crédit, ou bien auprès de quelque individu qui a des capitaux, et qui est bien aise de rencontrer un si bon placement, « une société dont tous les membres répondent de l'argent emprunté ».

Cependant, malgré ces constatations optimistes, les caisses se heurtaient parfois à des difficultés résultant de l'étroitesse de leur champ d'action et, il faut le dire aussi, de certaines malveillances locales. Tantôt, en effet, un directeur de caisse rurale ne pouvait de suite trouver dans son seul village les capitaux nécessaires pour satisfaire aux demandes d'emprunt; tantôt, quand l'argent rentrait, il ne savait qu'en faire. D'autre part, les gros capitalistes, habitués de placer par l'entremise des notaires ou des agents d'affaires, étaient peu favorables à une entreprise dont l'effet immédiat pouvait être une diminution du taux d'intérêt, et, sous l'influence de préoccupations politiques, des personnages puissants contrecarraient une œuvre à laquelle ils reprochaient « d'avoir été lancée par les curés ». Ce dernier reproche, tout au moins, était injuste, puisque, dans toutes les instructions prémonitoires relatives aux fondations, il était recommandé essentiellement de recruter les membres administrateurs de la caisse rurale parmi des gens n'ayant aucune couleur politique, et, si cela était impossible, de faire entrer dans le conseil les chefs des deux partis, qui existaient dans la commune.

Quoi qu'il en soit, il restait quelque chose à faire pour aplanir les difficultés et dissiper les suspicions. Le problème fut résolu par la création de la « Caisse centrale régionale », sorte de fédération de toutes les caisses rurales d'un département, pour recevoir les excédents de celles qui ont des disponibilités et les confier à celles qui en ont l'emploi. Quand la caisse centrale reçoit de ses associés plus de demandes que d'offres, elle peut, à titre tout exceptionnel, se procurer de l'argent au dehors, mais seulement dans la mesure des besoins des caisses rurales auxquelles seules elle peut prêter.

La fondation de cette institution régularisatrice n'alla pas sans de grosses difficultés; mais elle constitua un progrès immense, qui n'avait jamais pu être réalisé en Allemagne par Raiffensen malgré tous ses efforts, et qui acheva de donner à l'œuvre du Midi toute la stabilité voulue.

Entre autres services rendus à ses pupilles, la Caisse centrale inspecte leur comptabilité et pare aux erreurs que pourraient commettre les directeurs locaux par manque de compétence technique.

Voici donc l'argent assuré et les travailleurs de la terre groupés. Serait-ce uniquement pour permettre à ces derniers d'acheter, au besoin, cent francs de denrées alimentaires, que tant d'efforts auraient été faits et une organisation si complète créée? On ne le pense pas un seul instant. Le but était plus large et plus élevé; mais, avant de songer à l'atteindre, il fallait être sûr d'être suivi. Pour apprivoiser les esprits, pour les familiariser avec les idées d'association et de crédit, il était nécessaire de débuter par des exemples très simples. A présent que l'éducation commence à être faite, on parlera aux

Achetons en commun les machines dont nous avons besoin.

paysans de syndicats agricoles et ils seront mûrs pour la conviction.

La région pyrénéenne se distingue par le morcellement de la propriété; c'est pourquoi la crise qui sévit depuis de longues années s'est fait là sentir plus cruellement que partout ailleurs. Tandis que les petits cultivateurs vendaient à bas prix leurs bestiaux, leurs fourrages, leurs céréales, ils achetaient très cher les engrais nécessaires à leurs terres. D'autre part, l'exiguïté de leurs lopins de sol ne permettait pas l'achat des machines perfectionnées qu'exige une culture économique. Il ne fut pas besoin, je pense, de très longs discours pour les convaincre qu'ils réaliseraient des bénéfices de cent pour cent en se syndiquant pour l'achat des produits agricoles, et pourraient acquérir en commun l'outillage qui les eût ruinés individuellement. Le banquier n'était-il pas tout trouvé?

Louis Durand, l'inventeur des caisses rurales perfectionnées, indiquait en ces termes la simplicité de la combinaison :

« La petite et la moyenne culture ne peuvent faire l'acquisition de machines coûtant mille, deux mille francs et plus pour ne s'en servir qu'une fois ou deux par an. Elles ne peuvent les utiliser qu'en les louant pour le temps qui leur est nécessaire. Pour que la machine fasse ses frais, il faut qu'elle desserve un certain nombre de petites exploitations rurales.

« Donc, associons les petits cultivateurs : faisons-leur acheter en commun la machine dont ils ont besoin; et le prix de location payé par chacun amortira le prix d'achat. Mais qui fournira le capital d'achat et d'entretien?

« Sans doute l'association peut contracter un emprunt chez n'importe quel capitaliste, pourvu qu'elle présente des garanties suffisantes. Toutefois ce mode d'emprunt a bien des inconvénients. Le prêteur voudra toucher ses intérêts à échéance fixe et ne recevoir le remboursement de son capital que par payement intégral, ou tout au moins par fractions assez importantes pour pouvoir être placées ailleurs. Quel avantage pour elle, si elle avait un prêteur qui consentit à recevoir les plus petits acomptes et l'en créditer! Quel avantage pour elle, si le prêteur était un banquier paternel qui lui facilite l'amortissement de sa dette!

« Ce banquier paternel, c'est la caisse rurale. Les associations, ce sont des petits syndicats d'industrie agricole, ayant la personnalité civile, et fondés dans le but limité et précis que nous indiquons. »

Tout cela fut rapidement compris et non moins rapidement mis en œuvre. Au bout de deux ans d'exercice le syndicat agricole pyrénéen pouvait se vanter d'avoir fait pour 500 000 francs d'affaires, sur lesquelles ses participants avaient réalisé 130 000 francs d'économies, dont 65 000 francs sur les matières alimentaires. Quant aux machines, elles commençaient à entrer dans la pratique courante des petits propriétaires, qui remplissaient les colonnes de l'*Écho des Œuvres sociales* du témoignage de leur satisfaction.

Est-ce à dire qu'au Midi plus qu'au Nord les problèmes sociaux eussent été résolus? Évidemment non; mais c'était la première fois qu'on enseignait aux agriculteurs à se défendre eux-mêmes contre l'adversité, et à chercher ailleurs que dans les subsides gouvernementaux un remède à la pénurie de leurs ressources. L'ensemble des travaux des Missionnaires du travail avait en outre l'heureuse fortune d'une approbation sans réserve de Sa Sainteté Léon XIII.

Le 23 octobre 1894, le cardinal Rampolla écrivait à Mgr Bellière, évêque de Tarbes :

« ... L'auguste pontife veut que sa bénédiction parvienne à M. l'abbé Fontan, par les mains de Votre Seigneurie Illustrissime et Révérendissime. C'est pourquoi je la prie de communiquer à son diocésain cette preuve de la bienveillance pontificale que le Saint-Père lui envoie pour le fortifier et l'encourager *dans cette œuvre si merveilleusement appropriée aux besoins de notre époque!*... »

L'ÉCOLE STÉPHANOISE

Le problème de la reconstitution de l'apprentissage, qui préoccupe tant de gens de bonne volonté, et a donné lieu aux tentatives si diverses relatées dans ce livre, a encore, à Saint-Étienne, été abordé d'une façon différente.

Ici la solution nous paraît avoir été serrée de bien près, car l'École stéphanoise fonctionne sans dépenses considérables, pourrait étendre son action à la totalité des apprentis de la ville, laisse à ses élèves une liberté absolue dans le choix de leur carrière, et les place dans les conditions de la vie ouvrière réelle. On ne s'étonnera pas de trouver encore des frères des Écoles chrétiennes à la tête de l'institution dont nous allons expliquer l'organisation. La multiplicité de leurs efforts sur tous les points de la France, la bonne foi de leurs recherches si dénuées d'esprit systématique méritaient ce succès.

Créée en 1884, dans le but de former des ouvriers pour les industries locales, l'École produit des artisans pour *toutes* les carrières. Il existait, avant elle, une école professionnelle municipale, remarquablement bien outillée et qui absorbait les élèves des écoles supérieures des frères. Il s'agissait de lui faire concurrence, non pour le vain plaisir de diminuer ses forces, mais pour réaliser dans la création nouvelle l'indépendance d'attaches qui ne se rencontre pas dans les institutions officielles, et l'orientation morale dont le parti catholique les accuse de se désintéresser.

Les frères se sont demandé tout d'abord s'ils installeraient ou non des ateliers d'apprentissage dans la maison projetée. Pour établir ces ateliers, conformément aux progrès de l'industrie moderne, il eût fallu s'imposer des frais très considérables. Le comité catholique des écoles libres de Saint-Étienne dépense déjà 120,000 francs par an pour l'entretien des écoles primaires; il ne lui était pas possible de fournir encore les 90,000 à 100,000 fr. qui eussent représenté une allocation égale à celle du budget de l'école municipale professionnelle. Pour lutter et faire mieux il fallait donc trouver une autre formule.

On se dit alors : « Qu'est-ce que Saint-Étienne, sinon un vaste atelier? à chaque porte s'y rencontre une industrie en plein fonctionnement. Pourquoi, dans ces conditions, s'appliquer à copier ce qui existe déjà? Nous mettrons nos apprentis dans ces ateliers vrais en nous bornant à compléter l'atelier par l'école. »

Voici donc le programme qui fut adopté :

L'enfant est accueilli âgé de douze ans, muni de son certificat d'études primaires et ayant fait sa première communion. Le certificat d'études lui donne le droit de se présenter à l'école, mais non celui d'être reçu. Pour cela il faut qu'il passe un examen d'entrée, auquel peuvent prendre part aussi bien les anciens élèves des écoles laïques que ceux des écoles congréganistes; les seules conditions imposées sont des conditions de savoir et de moralité.

Voici nos candidats reçus. Ils jouiront tous de la gratuité scolaire et du régime de l'externat.

Pendant la première année de leur séjour on se contentera de développer en eux les connaissances d'enseignement primaire en les poussant du côté des sciences exactes. Ils passeront chaque mois des examens privés et chaque trimestre de grands examens publics, auxquels présideront des industriels et ingénieurs de la ville : ce sera un premier contact entre les futurs ouvriers et patrons; ce sera aussi une garantie d'impartialité pour les examens mêmes, les professeurs pouvant avoir des idées préconçues sur la valeur de tel ou tel élève.

La seconde année, les programmes seront plus étendus au point de vue de la théorie professionnelle; on s'occupera de chimie, de physique, de dessin appliqué; mais c'est ici que commence, à proprement parler, l'originalité de l'École stéphanoise :

Dès le jour de l'an, ces élèves de seconde année visitent en détail et successivement les divers ateliers de la ville pour se rendre compte des conditions de chaque industrie et former leur vocation. Ils sont conduits, par escouades de vingt, sous la direction d'un frère. La visite est préparée à l'avance, de façon que le patron ou le contremaître soient à la disposition des intéressés pour leur fournir tous les détails dont ils désireront s'enquérir. L'enfant prend des notes, interroge à sa guise. On lui a parlé de la nature de l'atelier qu'il visiterait, on l'en a entretenu théoriquement; par conséquent les questions jaillissent spontanément et circonstanciées. Les réponses arrivent aussi en foule. Les ouvriers se font un plaisir d'éclairer de leur mieux ces petits camarades de demain, qui sont fils de leurs compagnons d'établi. L'enfant devra dresser un rapport de sa visite, expliquer et au besoin apprécier ce qu'il aura vu; plus son compte rendu sera détaillé et précis, meilleure sera sa note. On lui demande surtout de la netteté sans phrases. Au bout de l'année scolaire, au mois d'août, les élèves se seront ainsi rendu compte de toutes les industries stéphanoises, qui sont : la rubanerie, la métallurgie, l'ajustage, la fabrique des armes, les mines. L'industrie minière est la seule vers laquelle on ne les pousse pas, sans cependant exclure les mines des visites d'études.

Comme je visitais l'École stéphanoise, les élèves de seconde année terminaient précisément, en classe, le compte rendu de l'excursion qu'ils avaient faite la veille. J'ai demandé au maître la permission de prendre au hasard une des copies, et je la transcris ici pour que le lecteur se fasse une idée de ce qu'emportent ces petites têtes de leur vision appliquée. On notera qu'il s'agit d'un enfant de treize ans et demi.

VISITE DES ATELIERS DE RUBANERIE ÉPITALON

« Ce 18 mai 1897.

« La quatrième visite que nous avons faite cette année est celle des ateliers de rubanerie de M. Épitalon. Nous nous dirigeons du côté sud de la ville, et après une demi-heure de marche nous sommes introduits dans les ateliers.

« Nous voyons d'abord les métiers, dont les principales pièces sont : les *navettes*, qui contiennent une *canette* sur laquelle est enroulée la *trame;* les *battants*, les *lisses*, la *raquette*, les *marionnettes;* les *peignes*, à travers lesquels passe la *chaîne;* la *couronne* et bien d'autres pièces qu'il serait trop long d'énumérer.

« La première chose qui se présente à ma vue est un métier à navettes circulaires, lesquelles ont l'avantage de tenir bien moins d'espace que les navettes à mouvement rectiligne. Cela vient de ce que la navette circulaire décrivant une espèce d'U, les pièces de rubans peuvent être plus nombreuses que dans un métier à navettes à mouvement rectiligne.

« Sur ces divers métiers on fabrique les rubans en taffetas, satin, faille, satinette, etc. La pièce s'exécute, après la *mise en train*, par une ouvrière occupée à tordre différents fils.

« A côté je vois le *dévidage*, où se trouvent un grand nombre de rouets. Plus loin nous apercevons un métier pour faire de la gaze. On emploie pour cela de l'organsin cru monté à trois mille tours : ceci veut dire que le fil de soie d'un mètre de longueur est tordu trois mille fois. Une *ensouple* est le nombre de fils qu'il faut pour former un ruban : elle est environ de deux à trois cents fils.

« Après je vois un métier très long et peu haut. C'est, nous dit-on, un métier américain, le seul existant à Saint-Étienne.

« Plus loin nous apercevons un grand nombre de rubans

ouvrés; les plus remarquables sont les moirés et les glacés. Je vois aussi comment s'obtiennent les combinaisons de couleurs. C'est ainsi que la trame étant jaune et la chaîne verte, le ruban sera entièrement vert. Voici un métier faisant des rubans tricolores. Pour tramer ces rubans on emploie la couleur la plus tendre : le blanc. Pour que cette couleur ne paraisse pas dans les parties réservées au bleu et au rouge, les fils de ces dernières couleurs sont doublement serrés; ainsi les nuances se conservent le plus nettement possible.

« Nous passons ensuite à l'*émouchetage*, dernière opération que l'on fasse subir au ruban avant de le livrer au commerce. La *pellière* est ce qui reste du ruban après l'action du tordage.

« Dans une dernière salle je vois la machine motrice de l'atelier, d'une force de quarante chevaux. Le volant a quatre mètres de diamètre. Cette machine fait mouvoir 120 métiers et 60 rouets.

« Le personnel des ateliers compte 250 ouvriers; les femmes y occupent la plupart des emplois.

« Cette rubanerie est une des plus importantes de la ville. Après l'avoir visitée, nous allons faire une courte promenade et rentrons à l'école.

« J.-E. Petit. »

Encore qu'il y ait des lacunes, des omissions et des obscurités dans ce compte rendu, on conviendra que le jeune narrateur a dû certainement bien ouvrir les yeux et les oreilles pendant le temps qu'il a passé dans la fabrique de rubans. Le point de vue technique l'a surtout intéressé. Dans les copies de certains autres élèves nous trouverions d'autres préoccupations, des remarques sur le plus ou moins de difficulté du travail, sur l'intérêt qu'il présente, les salaires qu'il rapporte, etc. Dans leurs conversations les enfants échangeront leurs idées et leurs remarques, puis ils causeront dans leurs familles de ce qu'ils auront vu, et le jugement des parents viendra confirmer ou combattre le leur.

Assurément ce ne sera pas sans motifs raisonnés qu'à l'entrée de leur troisième année d'école ils indiqueront à leurs maîtres leurs préférences et déclareront le métier qu'ils adoptent.

Veut-on savoir comment se sont répartis les choix pour l'année courante :

9 élèves ont choisi la rubanerie.
11 » » la métallurgie sous ses différentes formes.
1 » » géomètre des mines.
3 » » menuisiers.
3 » » ébénistes.
1 » » bourrelier.
1 » » sculpteur sur bois.
2 » » modeleurs.
2 » » graveurs.

Total 33 élèves, accomplissant leur troisième année, au moment où s'écrivent ces lignes.

Ce total montre le déchet de route, car en première année les élèves étaient au nombre de 100. Quelques-uns ont quitté pour défaut de capacités intellectuelles; mais la très grande majorité faute de ressources des parents, qui n'ont cependant qu'à pourvoir à la nourriture de leurs fils, la scolarité étant gratuite. Dans les écoles d'État les défections attribuables à la même cause sont encore plus nombreuses; il n'y a donc pas de conclusion particulière à tirer du fait.

Les élèves de troisième année, spécialisés, vont travailler trois demi-journées par semaine dans des ateliers où se pratique le métier qu'ils ont choisi. Le traité conclu avec les patrons spécifie que cette première année de présence chez eux comptera pour une véritable année d'apprentissage.

Durant la quatrième année d'école, qui sera la seconde d'apprentissage effectif, l'enfant passera tout son temps à l'atelier, et ne sera rattaché à l'école que par les cours du soir, professés spécialement pour lui, et par les notes que le directeur va demander tous les quinze jours au patron.

Au bout de cette quatrième année le rôle de tutrice immédiate de l'École stéphanoise prend fin. Il ne lui reste plus que son action morale, ses patronages, qui suivront le jeune homme jusqu'à son service militaire.

Quels salaires gagneront, en devenant ouvriers, les apprentis de l'école actuellement en troisième année ?

Les rubaniers payés aux pièces se feront au moins 150 francs par mois. La moyenne de leurs camarades déjà sortis est de 1,800 à 2,000 francs par an.

Le géomètre aura un traitement fixe, dont la quotité nous est inconnue, mais qui ne doit pas être inférieure à 200 francs par mois.

Les menuisiers gagneront de 5 fr. à 5 fr. 25 par jour. L'ébéniste, 6 francs. Le bourrelier ? l'école n'en a pas encore produit. Le sculpteur sur bois, de 7 à 8 francs. Les modeleurs, de 5 à 6 francs. Les graveurs, de 7 à 8 francs.

Ces chiffres, relevés sur les salaires actuels d'anciens élèves (sortis en 1891-1892), indiquent bien qu'il s'agit d'un état-major ouvrier. Les rétributions de leurs compagnons d'industrie qui ont abandonné en cours de route l'École stéphanoise sont nettement inférieures. Il n'en faut pas davantage pour expliquer et justifier le succès d'estime de cette école.

Reste l'objection tirée des dangers de l'atelier pour l'adolescent. Ces dangers sont évités dans toute la limite du possible en choisissant pour les enfants des maisons où n'existent pas de trop grandes agglomérations ouvrières, et où par conséquent l'atelier puisse conserver l'allure et l'esprit de la famille. D'autre part, les apprentis sont surveillés et contrôlés perpétuellement par leurs instituteurs, les frères. Enfin les influences du dehors peuvent être combattues par celle de l'École, puisque la vie des jeunes gens se partage entre l'École et l'atelier.

Telle est, dans son ensemble, la création professionnelle réalisée à Saint-Étienne, et qui ne peut manquer de séduire par sa simplicité comme par l'efficacité de ses résultats.

CONCLUSION

CE QUI RESTE A FAIRE

Les œuvres sociales ou professionnelles dont nous venons de rendre compte au cours de ce volume sont loin d'être les seules qui aient été fondées en France par l'initiative privée. Nous nous sommes borné à présenter celles qui nous paraissaient avoir un caractère typique, et auxquelles les autres, plus récentes ou moins importantes, pouvaient se référer. Notre étude n'a donc pas la prétention d'être complète. Telle quelle pourtant, elle suffira, nous l'espérons, aux lecteurs qui nous auront suivi jusqu'au bout, pour leur fournir les éléments des conclusions qu'elle comporte.

On aura remarqué d'abord qu'après une longue période d'indifférence, pendant laquelle la société moderne semblait ne pas s'apercevoir du péril dont était menacée l'industrie, par suite de l'anéantissement de l'apprentissage, un même cri d'alarme avait été poussé par les bouches les plus diverses.

Simultanément l'État, les départements, les communes des grandes villes pour ce qui est du monde officiel; les ordres religieux, les associations philanthropiques, certains grands industriels pour ce qui est du monde privé, ont compris que l'heure était venue de se ressaisir, de réédifier quelque chose sur les ruines du passé. On s'est donc mis à l'œuvre de part et d'autre, et l'on s'est efforcé de faire vite en raison de l'urgence. Toutefois, dans ce concours d'activités, l'initiative libre s'est laissée distancer par l'autre, qui disposait de la faveur législative, de l'appât des places et surtout de l'argent des contribuables.

Pour lutter dans ce tournoi inégal, les associations et les individus ont fait preuve jusqu'ici d'un zèle remarquable, se sont imposé des sacrifices importants, mais ne sont point arrivés à un résultat proportionné à leurs efforts. Les œuvres sociales ont le vent en poupe et progressent à vue d'œil, tandis que les œuvres purement professionnelles végètent encore en bien des endroits. Si même nous n'avions eu à enregistrer dans ces pages les grandes créations des frères des Écoles chrétiennes, qui à eux seuls ont essayé de résoudre ce problème, les intéressantes tentatives des Salésiens et de quelques autres groupes chrétiens, le bilan eût été mince.

A quoi convient-il d'attribuer cette infécondité relative ?

A ce fait d'abord que les bonnes volontés appliquées à la régénération des conscrits du travail manquent de plan d'ensemble et d'idées générales sur la question.

Assurément nous ne voulons pas dire qu'il existe une formule unique, applicable à toutes les régions et à toutes les industries, qu'il suffirait de dégager pour assurer la restauration de l'apprentissage et améliorer la condition du travailleur; mais nous prétendons qu'on a trop localisé les fondations sans se préoccuper de ce qui se faisait un peu plus loin, sans comprendre que, en pareille matière, il suffisait d'apporter une pierre à l'édifice, qu'on ne saurait construire à soi seul.

Dans les grandes villes, à Paris, par exemple, le souci d'une œuvre qui se fonde est d'être aussi complète que possible, sans examiner les ressources déjà existantes dans un quartier limitrophe. S'agit-il de créer des ateliers, on voudra que ces ateliers soient assez divers pour répondre aux besoins de la plupart des industries de l'arrondissement. Veut-on créer des cours professionnels, on adoptera un programme en quelque sorte encyclopédique, allant de l'histoire de l'art aux langues vivantes. Qu'en résulte-t-il?

Que les ateliers trop nombreux sont imparfaitement organisés et outillés, que les cours ne réunissent qu'un nombre trop restreint d'élèves.

La Ville, qui dispose de moyens autrement puissants, n'est pas tombée dans ces travers : pour Paris tout entier, il n'a été créé qu'une seule école municipale du Livre, une seule école des Industries du meuble, une seule où l'on apprend à travailler le bois, une seule où l'on ouvre le fer. La sélection des apprentis de ces écoles s'opère donc sur la masse entière de la population laborieuse de la capitale, et la Ville a plus de candidats qu'elle n'en veut, malgré les critiques qu'a méritées l'esprit et la méthode de son enseignement.

En restreignant son horizon aux frontières d'une paroisse, l'initiative privée se stérilise au contraire; en disséminant son action, elle l'anéantit. Si, au lieu de la trentaine d'établissements où l'on apprend plus ou moins bien aux jeunes filles à confectionner des robes, il existait une seule et véritable école libre de couturières, produisant d'excellentes coupeuses réputées sur la place, croit-on qu'un service plus grand et plus appréciable ne serait pas rendu aux ouvrières de l'aiguille?

Donc, dans les grands centres, il conviendrait que les œuvres n'agissent pas aussi isolément, se partagent mieux la besogne, et, au lieu de faire souvent double emploi, se tinssent pour satisfaites d'un rôle limité, mais efficace.

Il conviendrait aussi, à un point de vue très général, que les gens bienfaisants qui s'intéressent au sort de la classe laborieuse soient moins hantés par l'idée de faire la charité pure en faisant le bien. Je m'explique:

On donnera très volontiers des subsides importants pour des aveugles, des estropiés, des vieillards, des orphelins, des pauvres dont la misère tangible émeut violemment la sensibilité; ou, dans un autre ordre d'idées, pour des déchus de toute catégorie : filles repentantes, forçats libérés, enfants vicieux, etc.

CONCLUSION

On se montrera beaucoup plus parcimonieux dans ses libéralités quand il s'agira de venir en aide à ceux qui, sans tares

L'ouvroir.
(Tableau de M. J. Bocquet. « Chez les sœurs. »)

et sans infirmités, ont cependant les épaules trop faibles pour supporter sans aide le fardeau de l'existence.

Est-ce juste ?

Cela le serait si on n'avait d'autre préoccupation que de servir les plus malheureux les premiers; mais en réalité, en choisissant par trop ses assistés, on obéit plus souvent à ses nerfs qu'à sa raison. Il est telle classe d'infirmes si abondamment dotée en France par des fondateurs de toute sorte, que leur mal équivaut à une rente trouvée dans le berceau et est jalousée par les meurt-de-faim valides. Quant aux déchus, ne vaudrait-il pas mieux prévenir leur faillite morale que de la secourir?

Un respectable ecclésiastique, qui avait lutté sans succès pendant plusieurs années pour la création d'une œuvre en faveur des institutrices pauvres, me disait: « Si seulement j'avais pu présenter mes protégées comme libérées de Saint-Lazare, on m'aurait donné tout ce que je demandais pour elles; mais, comme elles étaient honnêtes, elles n'intéressaient pas! »

Il ajoutait:

« Les personnes qui m'ont refusé leur obole les retrouveront plus tard dans les conditions voulues, et alors leur seront miséricordieuses... »

Le souvenir de cet échec nous ramène à une constatation consignée dans notre étude: à savoir, l'absolue médiocrité des œuvres professionnelles ayant trait aux jeunes filles. Si des efforts multiples ont été tentés pour l'éducation des apprentis, on n'a rien fait, ou à peu près rien, pour l'instruction technique des jeunes ouvrières. En dehors des trop rares écoles clairsemées dans les grandes villes et fréquentées par un chiffre insignifiant d'élèves, il n'existe pour elles que l'ouvroir, d'où elles ne peuvent sortir en état de gagner leur vie.

L'ouvroir, condamné au point de vue social par la plupart des économistes chrétiens qui ont eu à s'en occuper, peut offrir aux filles isolées, spécialement aux orphelines, un asile momentané où elles échappent aux périls moraux qui guettent au dehors les adolescentes sans protection et sans appui; mais obligé, par la précarité de ses ressources, à rechercher les travaux les plus immédiatement lucratifs, il spécialise à outrance les mains qu'il emploie et les rend inexpertes à toute besogne plus générale. En outre, sorties du couvent à l'époque de leur majorité, sans aucune notion de la vie réelle, les ouvrières formées par les ouvroirs sont mal aguerries pour les combats de l'existence et en deviennent les premières victimes. Les plus heureuses sont celles qui, ayant conscience de leur faiblesse ou sentant une vocation pour la vie monastique, consentent à continuer de vivre à l'ombre du cloître.

Ceci pourtant ne saurait être une solution catégorique, puisque la vocation religieuse est toujours chose exceptionnelle et que la destinée normale de la femme l'appelle à créer et à perpétuer la famille.

Une des premières questions à examiner serait donc l'orientation possible des ouvroirs dans une voie plus large, leur transformation progressive de manufactures en écoles, l'addition à leur spécialité d'ouvrages à l'aiguille d'autres professions féminines moins ingrates.

Nous souhaiterions qu'un congrès s'ouvrît pour la discussion des idées et des principes généraux, sur lesquels il est possible de se mettre d'accord, et auquel participeraient tous les indépendants que sollicite à l'heure actuelle la solution du problème de l'enseignement professionnel libre. On y pourrait étudier, en même temps que l'organisation et l'apprentissage féminin, l'utilité de reculer d'un an ou deux, jusqu'à la quinzième année, l'entrée des jeunes gens à l'atelier, pour qu'ils se préparent dans cet intervalle à la vie ouvrière, comme cela se pratique à l'École stéphanoise. On examinerait l'opportunité de la fondation d'écoles régionales externes pour les grandes industries, le système applicable dans les villes de moindre importance, soit en rétablissant le contrat d'apprentissage sérieux, soit en précisant le rôle de tutrice des Œuvres pour les enfants placés dans les ateliers locaux; on envisagerait surtout le moyen de limiter les frais, d'unifier et de coordonner les efforts, de discipliner les sacrifices.

Lors même qu'il ne sortirait pas de ce congrès, dont la nécessité nous paraît s'imposer, autre chose qu'un ordre du jour précis pour une session ultérieure, nous estimons que son œuvre serait efficace et féconde, mais il peut faire plus et dégager les lignes générales d'une action commune.

Nous nous tiendrons pour satisfaits, si les documents rassemblés dans le présent ouvrage servent à lui faciliter ses travaux.

FIN

PIÈCES ANNEXES

ÉTABLISSEMENT DE SAINT-NICOLAS

92, RUE DE VAUGIRARD, PARIS

FONDATION — DIRECTION — BUT

L'établissement de Saint-Nicolas, fondé en 1827 par Mgr de Bervanger et M. le comte Victor de Noailles, dirigé par les frères des Écoles chrétiennes depuis le 12 février 1859, reconnu d'utilité publique par décret du 27 août 1859, est une institution privée, appartenant à un conseil d'administration présidé par Mgr l'archevêque de Paris, et qui a pour but de donner aux jeunes garçons, avec une éducation religieuse, l'instruction primaire et professionnelle.

CONDITIONS D'ADMISSION

Pour être admis, un enfant doit remplir les conditions suivantes :

1° Être de Paris ou des environs; — un enfant de province ne peut être admis qu'à la condition d'avoir à Paris des parents ou des amis chez qui on puisse l'envoyer au besoin.

2° Être présenté au frère directeur, qui lui fait subir un court examen;

3° Savoir lire couramment, écrire sous la dictée, faire au moins les quatre premières règles de l'arithmétique.

4° N'avoir aucune infirmité qui l'empêche de suive le règlement de l'établissement, et n'être atteint d'aucune maladie chronique ou contagieuse.

PAPIERS A PRÉSENTER

Les papiers *indispensables* pour le jour de l'entrée d'un enfant sont :

1° Un extrait ou bulletin de naissance;
2° Un extrait ou bulletin de baptême;
3° Un certificat de vaccine;
4° Un certificat de première communion, s'il y a lieu;
5° Un certificat de bonne conduite délivré par le supérieur de l'établissement que l'enfant aurait fréquenté.

PRIX DE LA PENSION

Les parents ont à verser à la caisse, le jour de l'entrée de leur enfant :

1° Frais d'entrée.	50 fr.	\
2° Cautionnement des habits.	20	\
3° Effets de toilette.	7	} 112 fr.
4° Pension du premier mois.	32 (1)	/
5° Supplément pour le vin.	3	/

Une fois cette somme versée, la pension par mois est de 32 fr. (1), plus le vin et les frais ; le tout doit être payé avant le 8 du mois.

Le Conseil d'administration ne permet aucune dérogation à ces conditions, pour quelque raison que ce soit.

Les 50 fr. d'entrée sont acquis à l'établissement, après huit jours de présence de l'élève.

La pension du temps des vacances est due à l'établissement, alors même que les parents prendraient chez eux leurs enfants.

Le Conseil d'administration fait une obligation de remettre à leurs parents les enfants dont la pension n'aurait pas été acquittée.

Les parents qui changent de domicile sont priés de faire connaître leur nouvelle adresse.

SORTIE DÉFINITIVE DES ENFANTS

Lorsqu'un enfant est renvoyé ou retiré définitivement, ses parents lui apportent des habits ; l'Établissement rend les 20 fr. de cautionnement et le décompte de la pension, s'il y a lieu. Il n'y a pas de décompte pour les mois d'août et de septembre, dont la pension est entièrement due, dès qu'un enfant n'est pas retiré avant le premier jour de l'un de ces deux mois.

SONT A LA CHARGE DE L'ÉTABLISSEMENT

1° Les frais de logement, de nourriture, de vêtement, de chaussure, de blanchissage ;

2° Les livres de classe ;

3° Les frais de médecin et de maladie. Si la maladie est reconnue chronique ou contagieuse, l'enfant est immédiatement remis à ses parents. Dans ce cas, et lors même que les parents ne reprendraient leur enfant que pour peu de temps, ils doivent régler à la caisse comme il est indiqué ci-dessus pour la sortie définitive : tant que cette formalité n'est pas remplie, la pension continue d'être due à l'Établissement.

SONT A LA CHARGE DES PARENTS

1° Le képi, la cravate, la ceinture, les objets de toilette, les grands bains, les remèdes extraordinaires, tels que : huile de foie de morue, vin de quinquina, etc. ; l'établissement procure toutes ces choses.

---

[1] Si, par exception, un enfant est reçu après l'âge de douze ans, la pension est de 35 francs.

2° Les gilets de flanelle et leur blanchissage ;
3° Leçons de gymnastique, de musique instrumentale, d'anglais, d'allemand, tout ce qui est nécessaire à l'étude du dessin et de la comptabilité, le livre d'office ;
4° Les frais de première communion ;
5° Les dégâts de tous genres faits par les élèves.

OUVERTURE DE LA CAISSE

La caisse est ouverte pendant la semaine, de 9 heures à 11 heures, et de 1 heure à 5 heures. Le dimanche, elle l'est de 10 heures à 11 heures et de 2 heures et demie à 5 heures.

BUREAU DU FRÈRE DIRECTEUR

Le bureau du Frère directeur est ouvert tous les jours, de 2 heures à 5 heures, excepté le samedi.

LE PROGRAMME DES ÉTUDES COMPREND

1° L'instruction morale et religieuse ;
2° La lecture ;
3° L'écriture ;
4° Les éléments d'histoire et de géographie ;
5° Les éléments de la langue et de la littérature française ;
6° L'arithmétique ; — les éléments d'algèbre et de géométrie ; — L'arpentage et le lever des plans ;
7° Le dessin linéaire, d'ornement et d'imitation ;
8° Le modelage ;
9° La tenue des livres ;
10° Les éléments de physique et de chimie ;
11° La musique vocale et instrumentale ;
12° La langue anglaise et la langue allemande ;
13° La gymnastique.

L'Établissement mettant une bibliothèque choisie à la disposition des enfants, on ne tolère aucun livre étranger, à moins d'une autorisation spéciale.

SECTION DES ATELIERS

Il y a dans l'établissement des ateliers dirigés par d'habiles et honorables patrons ou contremaîtres, et surveillés par les Frères. Les parents qui désirent y placer leurs enfants, leur font adopter l'état qu'ils préfèrent, après avoir consulté l'intelligence, le goût et les aptitudes de ces enfants.

L'Établissement ne tirant aucun profit du travail fait dans les ateliers, les enfants y sont admis aux mêmes conditions que pour les classes. L'apprentissage dure trois ou quatre ans, selon les états, après quoi, si leur conduite et leur travail n'ont pas laissé à désirer, les apprentis peuvent être admis à passer dans l'établissement encore une année, durant laquelle leur pension est payée par les patrons.

Tous les jours les Frères donnent aux apprentis, pendant deux heures, des leçons de dessin, de modelage et autres appropriées à leurs besoins.

ATELIERS EN ACTIVITÉ

1° Relieurs, dont l'apprentissage est de. . . . . . trois ans.
2° Tourneurs en optique . . . . » »
3° Compositeurs typographes. . . . . » »
4° Imprimeurs typographes . . . . » »
5° Monteurs en bronze. . . . . » »
6° Ciseleurs sur métaux . . . . » »
7° Menuisiers . . . . » »
8° Malletiers. . . . . » »
9° Sculpteurs sur bois. . . . . quatre ans.
10° Facteurs d'instruments de précision. . . . . . » »
11° Graveurs-géographes. . . . . » »
12° Mécaniciens . . . . » »
13° Lithographes. . . . . » »

VISITE AUX ENFANTS

Les *élèves des classes* sont visibles tous les jours (excepté le jeudi, jour de la promenade), de midi et demi à 1 heure, et de 4 heures à 4 heures et demie; les dimanches, de midi et demi à 1 heure un quart, et de 2 heure et demie à 4 heures trois quarts.

Les *apprentis* sont visibles tous les jours, de midi et demi à 1 heure, et de quatre heures à 4 heures un quart; les dimanches, de midi et demi à 1 heure un quart, et de 2 heures et demie à 3 heures trois quarts, moment du départ pour la promenade.

BILLETS — CONSIGNES — EXAMENS

Tous les samedis, le Frère directeur reçoit publiquement des professeurs un compte rendu de la conduite et du travail de tous les enfants pendant la semaine; et d'après les notes, des billets hebdomadaires leur sont délivrés ou refusés. Ces billets sont de trois sortes : le premier, rose, correspond à *très bien;* le second, vert, correspond à *bien;* et le troisième, blanc, correspond à *passable*.

A la fin de chaque mois la même chose a lieu pour le billet mensuel. Il y en a aussi de deux sortes.

Tous les six semaines, les élèves subissent un examen sur chacune des parties de l'enseignement; ceux qui réussissent ont droit à une sortie d'honneur.

L'enfant qui n'obtient pas de billet le samedi est consigné le dimanche suivant. Celui qui n'obtient pas le billet mensuel est consigné le jour de la sortie mensuelle.

N. B. — 1° En dehors de ces heures, aucun élève ou apprenti ne peut être vu par ses parents.
2° Les parents sont priés de n'apporter à leurs enfants ni nourriture, ni boisson; il n'y a de toléré que le chocolat.

SORTIES ET VACANCES DES ENFANTS

La sortie mensuelle a lieu ordinairement le dernier jeudi du mois, pour les élèves des classes, et le dernier dimanche du mois, pour les apprentis. Il faut, pour l'obtenir, que les uns et les autres l'aient mérité par leur bonne conduite et leur application au travail, et que les comptes soient en règle à la caisse.

Quand les élèves jouissent d'une sortie et que, sans de très sérieuses raisons, dont doivent justifier les parents, ils ne rentrent pas à l'heure et au jour indiqués, ils sont consignés à la sortie suivante.

Les parents peuvent aussi faire sortir leurs enfants au nouvel an, à Pâques, à la Première Communion et pendant les vacances, qui ont lieu après la distribution solennelle des prix.

Les parents qui laissent leurs enfants à l'établissement pendant les vacances, sont invités à ne pas leur rendre visite dans l'après-midi, attendu que ces enfants vont en promenade aussitôt après le repas.

Aucun enfant ne peut sortir seul sans une demande spéciale des parents.

La porte de l'Établissement est fermée tous les jours à 8 heures du soir.

SOCIÉTÉ DES ANCIENS ÉLÈVES

Tout élève ou apprenti qui est sorti honorablement de l'établissement peut faire partie de la société dite des *Anciens Élèves de Saint-Nicolas*, établie rue de Turenne, 23.

Cette société a pour but, au moyen de réunions dominicales et d'une faible cotisation mensuelle, de faciliter à ses membres la pratique des principes chrétiens qu'ils ont reçus ; — de conserver entre eux une amitié fraternelle ; — d'entretenir et d'étendre leurs connaissances ; de leur venir en aide en cas de maladie, d'infirmité, de vieillesse, de manque de travail, etc.

CERCLE DES MAÇONS ET TAILLEURS DE PIERRE

SOCIÉTÉ PRIVÉE, FONDÉE EN 1867
RECONNUE D'UTILITÉ PUBLIQUE EN 1876, SÉANT A PARIS, RUE DES CHANTIERS, 7

ORIGINE DE LA SOCIÉTÉ

L'œuvre est due à l'initiative de Mgr Fruchaud, évêque de Limoges, au zèle d'un prêtre limousin établi à Paris, le R. P. Montazeau, et au concours de nombreux hommes de bien. Le Limousin est le pays qui fournit à Paris le plus de maçons.

BUT

L'instruction morale et intellectuelle de ses adhérents pour laquelle la société offre aux maçons et tailleurs de pierre : 1° Un lieu de réunion au cercle, spécialement pour le dimanche; 2° des cours professionnels dans la semaine; 3° diverses institutions utiles, selon les besoins.

ORGANISATION

1° Un comité directeur de patronage, composé de tous les bienfaiteurs et souscripteurs; ce comité a son conseil, dont le président a toujours été un architecte, ordinairement membre de l'Institut. Le président actuel est M. Daumet, de l'Institut, inspecteur général des bâtiments civils, président de la société centrale des Architectes, officier de la Légion d'honneur.

Ce comité comprend une section spéciale pour l'enseignement; un directeur le représente constamment auprès des ouvriers.

La société est installée dans un immeuble lui appartenant et spécialement aménagé par elle. Il y a aussi un comité de dames patronesses, dont le rôle est expliqué dans le livre des statuts.

2° Une société d'ouvriers, composée de tous les maçons et tailleurs de pierre admis à fréquenter les réunions du cercle. Cette société a, comme le comité de patronage, son conseil avec président, sous la direction immédiate du directeur du cercle. L'absence de Paris ne rompt pas les liens qui rattachent les membres à la société.

3° *Des Cours professionnels, gratuits*, tous les jours de la semaine, sauf le jeudi, de 7 heures et demie à 9 heures et demie du soir, depuis le 1er octobre jusqu'au 1er avril.

Ces cours, tous pour adultes et ouvriers, comprennent :

A. Un cours primaire, divisé en trois sections, avec deux professeurs ;

B. Un cours de géométrie pratique et de dessin, professé par un jeune architecte;

C. Un cours de métré et de comptabilité, professé par un métreur.

D. Un cours de géométrie descriptive et de coupe de pierre, professé par un appareilleur, conducteur des travaux.

Pour ces trois derniers cours, le cercle possède une succursale dans le centre le plus actif des constructions, à Paris. Tous ces cours sont surveillés par le directeur du cercle, visités et inspectés par des membres du comité général et du comité spécial d'enseignement. Ils se terminent par un examen et des prix importants avec diplômes.

DÉVELOPPEMENT DE L'ŒUVRE

1° Chiffre des sociétaires ou membres ouvriers depuis 1867 :

1867	»	1882	391
1872	93	1887	480
1877	291	1892	516

2º Cours professionnels, nombre des élèves inscrits :

1867	»	1882	280
1872	140	1887	300
1878	300	1892	410

A diverses reprises le cercle a organisé des concours pour Paris et la France, concours où ses élèves se sont toujours distingués.

Leurs travaux ont figuré dans plusieurs expositions : à Bruxelles, à Melbourne, à Paris, 1878 et 1879, et mérité partout les récompenses les plus flatteuses.

Le cercle a aussi édité : 1º Un *Abrégé de géométrie élémentaire*, par MM. Muret et Colson, professeurs du cours; 2º Un *Traité de coupe de pierres*, de 42 planches, avec toute explication par M. Echenoz, ingénieur civil, professeur du cours. Le cercle possède également une bibliothèque, une collection considérable de pierres, une collection de modèles en plâtre et de nombreuses épures choisies.

3º INSTITUTIONS DIVERSES

Les maçons, à Paris, étant en migration perpétuelle, et les conditions du travail étant très variables, par exemple pour les assurances, etc., ces institutions ne peuvent rester parfaitement stables.

Le cercle a organisé successivement :

Une caisse de secours mutuels, qui a fonctionné vingt ans; un dispensaire et une infirmerie, des exercices de gymnastique, un garni modèle, etc.

ÉCOLE PROFESSIONNELLE
DE L'ORPHELINAT DE DON BOSCO

(MOTEUR A GAZ)
29, RUE DU RETRAIT, PARIS

Dans notre vaste capitale, il y a beaucoup de jeunes gens orphelins ou pauvres, dont les parents ne peuvent ou ne veulent pas s'occuper, et qui par suite deviennent un péril pour la société.

C'est à ces enfants que nous ouvrons les portes de nos ateliers chrétiens. Dans ces ateliers, parfaitement installés et outillés, nous nous efforçons, aidés par des contremaîtres attachés à l'Œuvre, de former les jeunes gens à des habitudes de travail, d'économie, de respect et de piété. Ils y apprennent à leur choix un état qui leur permettra de gagner honnêtement leur vie.

Nous ne craignons pas de dire que les jeunes apprentis de nos ateliers seront tous plus tard de bons chrétiens et d'habiles ouvriers.

Du reste, d'autres que nous se chargent de nous faire connaître. A l'Exposition générale des Patronage et des Cercles catholiques de Paris, le jury s'exprimait en ces termes : « Les enfants du Patronage de Ménilmontant (*Oratoire Salésien*) ont tenu, cette année-ci encore, la place d'honneur acquise l'année passée, pour les travaux de tailleurs et de menuisiers. »

Ces paroles sont un excellent certificat pour notre maison, et jusqu'à présent elle n'a fait que les confirmer encore davantage.

Pour nous attirer la confiance des personnes qui veulent bien nous accorder leurs commandes, nous n'aurions qu'à donner comme garantie de notre savoir-faire les noms des nombreux établissements de la capitale qui ont eu besoin de nos services.

Tels sont :

Les Pères jésuites, les frères des Écoles chrétiennes, les frères de Ploërmel, les sœurs de Saint-Vincent-de-Paul, les sœurs du Saint-Sauveur, les paroisses de Paris, les écoles libres chrétiennes, les sœurs de Saint-Paul, les sœurs de l'Intérieur-de-Marie, les sœurs Augustines de l'Hôtel-Dieu, etc.

TYPOGRAPHIE

Notre imprimerie, fondée *depuis deux ans seulement*, est à même d'exécuter dans les meilleures conditions *tous les travaux de ville*.

Les prix établis pour le premier mille subissent, d'après l'importance des commandes, de sensibles *diminutions*.

CORDONNERIE

Les cordonniers sont familiarisés avec tous les genres de chaussures; ils ont une spécialité de chaussures pour dames. — Spécialité de *Ballons anglais*. — Solidité, élégance.

TAILLEURS

Les tailleurs sont à même de confectionner, et toujours dans les meilleures conditions, tous les vêtements ecclésiastiques et les vêtements de tous genres pour hommes et enfants, avec ou sans fournitures.

N. B. — Nous tenons à la disposition des clients des échantillons variés pour la saison d'été, demi-saison et saison d'hiver.

RELIURE — DORURE — BROCHAGE

Nous nous contenterons de dire que nos relieurs ont un talent tout particulier pour donner aux livres une bonne tournure; toute sorte de reliure s'exécute toujours dans les meilleures conditions.

Montage sur onglet, en papier ou en toile, des atlas ou livres à gravures.

Les musiques et livres de classe se font dans un bref délai, ainsi que les reliures ordinaires. Pour les reliures de luxe on demande un peu plus de temps.

Boîtes pour bureaux, chemises, cartons en tous genres; registres, encadrements.

Menuiserie : meubles en tous genres.

Mobiliers scolaires : bancs de classe, différents modèles; bureaux de maîtres.

Mobiliers complets : armoires à glace, buffets à deux corps, chêne vernis; tables, bureaux de travail, tables de nuit, etc.

Ameublements d'église, autels, stalles, bancs de tous styles.

Menuiserie de bâtiments : spécialité d'échasses (tous modèles).

Serrurerie-Mécanique : ouvrage de bâtiments, lits et travaux divers en fer forgé; réparations, petite mécanique de précision.

N. B. — Nous nous chargeons de faire prendre à domicile les commandes que l'on voudra bien nous faire, ainsi que de rendre le travail terminé.

Prière d'adresser les commandes à M. le Directeur des ateliers, 29, rue du Retrait (Ménilmontant).

MAISON DE FAMILLE DE NOTRE-DAME DE NAZARETH

(ŒUVRE DES ANCIENS ÉLÈVES ET ÉLÈVES DE L'ÉCOLE BOSSUET)

CAISSE DES PENSIONS

Le conseil de la Maison de Famille est souvent obligé de repousser des demandes d'admission formées par des enfants très recommandables et très dignes d'intérêt, mais trop pauvres pour payer la pension, bien modique, qu'on exige d'eux. Et pourtant, la misère et le dénuement d'un orphelin devraient lui être un titre de plus à recevoir les secours d'une œuvre de charité telle que la Maison de Famille. Désireux d'opérer une réforme en ce sens, le conseil a adopté les statuts dont le texte suit :

STATUTS DE LA CAISSE DES PENSIONS

ARTICLE 1

Il est fondé une *Caisse des Pensions*, indépendante de la Caisse générale du conseil de la Maison de Famille, et destinée à payer, en tout ou en partie, la pension des orphelins qui seraient trop pauvres pour payer cette pension eux-mêmes. Un membre du conseil sera spécialement chargé de l'administration de cette caisse.

ARTICLE 2

Il ne sera fait usage des fonds de la Caisse des Pensions, en faveur d'un orphelin, qu'après une enquête spéciale. Celle-ci devra établir manifestement que, ni l'enfant, par ses propres gains, ni ses parents, ni ses protecteurs ne peuvent payer le prix de la pension.

ARTICLE 3

La caisse des pensions est alimentée par la générosité de *Dames donatrices*, qui veulent bien s'engager, pour une année, à verser à la caisse une cotisation de cinq francs par mois.

ARTICLE 4

Le titre de Dame donatrice est constaté par une carte personnelle, valable pour une année.

ARTICLE 5

La carte de Dame donatrice confère le droit d'entrer gratuitement à la fête annuelle donnée par le conseil au bénéfice de l'Œuvre, dans le courant du mois de décembre.

ARTICLE 6

Les Dames donatrices peuvent verser d'avance autant de cotisations mensuelles qu'elles le désirent ; elles peuvent ainsi, si elles le veulent, se libérer en une fois pour toute l'année.

ARTICLE 7

Les cotisations versées par les Dames donatrices peuvent provenir soit d'un don direct de leur part, soit d'une collecte faite par elles auprès de plusieurs autres personnes. Dans ce dernier cas, la carte de Dame donatrice est remise seulement à la personne qui a réuni et versé aux mains du gérant de la Caisse des Pensions la somme de cinq francs par mois.

NOTICES

SUR LES
ÉTABLISSEMENTS DÉPARTEMENTAUX CONSACRÉS A L'ENSEIGNEMENT PROFESSIONNEL

Au cours de la rédaction des *Conscrits du travail*, nous avons demandé à NN. SS. les évêques de vouloir bien nous signaler les établissements religieux de leurs diocèses s'occupant d'enseignement professionnel et devant être mentionnés dans le présent ouvrage.

Voici les renseignements qui nous ont été adressés à cet égard :

ARCHEVÊCHÉ D'AIX

Aix. *École Saint-Éloi*, dirigée par les frères des Écoles chrétiennes, prépare aux écoles des arts et métiers de Cluny, et aux diverses professions exigeant la connaissance de la mécanique.

Beaurecueil, près Aix. Pensionnat agricole dirigé par les religieux de la société de Saint-Pierre-ès-liens.

Saint-Pierre-du-Canon, près Salon, dirigé par les PP. Salésiens, orphelinat agricole.

Saint-Joseph-de-Lansac, près Tarascon, orphelinat agricole dirigé par les frères de Saint-François-Régis du Puy-en-Velais.

L'orphelinat agricole et viticole de Saint-Joseph-de-Lansac est placé sous la direction des frères ouvriers de Saint-Jean-François-Régis, dont la maison mère est à Roche-Arnaud, près le Puy (Haute-Loire); cette congrégation de frères de Saint-Jean-François-Régis, est spécialement établie pour l'éducation des orphelins et d'enfants moralement et matériellement abandonnés; elle forme ces enfants surtout aux travaux de l'agriculture, mais aussi à des métiers industriels. On les reçoit à partir de neuf ans, et ils doivent rester jusqu'à dix-huit ans révolus.

Sa fondation ne remonte qu'à l'année 1896; elle est due à la générosité de Mlle de Chambonnet, propriétaire à Avignon. Elle compte actuellement quinze enfants; elle pourra en contenir quarante au moins quand les projets d'appropriation auront pu se réaliser.

Elle a été approuvée et bénie par S. G. Mgr Gouthe-Soulard, archevêque d'Aix, le 19 mai 1896.

Toutes les maisons des frères ouvriers de Saint-Jean-François-Régis deviennent, par la nécessité des circonstances, des écoles professionnelles d'agriculture; l'une d'elles, celle de Nourray, près Saint-Amand de Vendôme (Loir-et-Cher), a obtenu pendant un grand nombre d'années la prime hors concours des comices régionaux pour l'exploitation de ses terrains, avec éloges multipliés et diplômes du conseil général de Vendôme et du ministère de l'agriculture.

Au noviciat de Chadenac (Haute-Loire), les jeunes frères reçoivent des leçons particulières sur toutes les branches de l'agriculture, afin qu'ils puissent plus tard, à leur tour, les inculquer aux enfants orphelins.

Les conditions d'admission des orphelins sont :

1° Acte de naissance ;
2° Extrait de baptême ;
3° Certificat de vaccination et de bonne santé ;
4° Avoir huit ans révolus et n'avoir pas dépassé douze ans;
5° La pension de 15 francs par mois, payable jusqu'à seize ans accomplis ;
6° Indemnité de trousseau fixée à 60 francs, ou bien fourniture d'un trousseau en nature.

Après un an, le trousseau est acquis à l'orphelinat, mais il en est rendu un autre au départ de l'enfant; s'il a satisfait à l'engagement contracté par les parents ou tuteurs, l'orphelinat lui remet aussi la valeur de ses bonnes notes en argent, valeur qui peut atteindre quelquefois et même dépasser la somme de 400 francs, selon la conduite de l'enfant.

ÉVÊCHÉ D'ANNECY

ANNECY, orphelinat tenu par les sœurs de la Charité, prépare des brodeuses et des couturières.

SAINT-JULIEN, orphelinat dirigé par les sœurs de la Présentation, brodeuses et couturières.

COLLONGES-SUR-SALÈVES, GAILLARD et VILLE-LA-GRAND, trois orphelinats tenus par les filles de la Charité de Saint-Vincent, couturières.

DOUVAINE et SAINT-JOSEPH-DU-LAC près Douvaine, établissement dirigé par les pères du Saint-Esprit. Jardiniers et agriculteurs.

ÉVÊCHÉ D'AMIENS

ARGOULES, abbaye de Valoires, orphelinat agricole tenu par les frères de Saint-Vincent-de-Paul.

COIGNEUX, institution agricole dirigée par les pères Salésiens de don Bosco.

ÉVÊCHÉ DE BLOIS

BLOIS, École professionnelle de jeunes filles de la rue d'Angleterre.

BLOIS, École des sœurs de la Providence, rue des Saintes-Maries.

NOURRAY, canton de Saint-Amand, colonie agricole dirigée par les frères de Saint-François-Régis.

ÉVÊCHÉ DE BAYEUX

CAEN, maison Le Veneur, fondée par le prêtre de ce nom, en 1842, est le plus ancien des internats professionnels de France. On y forme des jardiniers, cordonniers, menuisiers, sculpteurs sur bois, ébénistes. La réparation et l'imitation des vieux meubles de style sont une spécialité des ateliers de la maison.

Le prix de la pension est de 200 francs par an et de 30 francs d'entrée. Ce prix diminue et peut être réduit à néant suivant les services matériels et la production des jeunes ouvriers. Les professeurs sont d'anciens artisans entrés en religion et portant le nom de Frères du Midi. Des sœurs de Saint-Joseph, d'Aulnay-les-Bondy, donnent des soins maternels aux plus jeunes enfants, et sont chargées des services accessoires, lingerie, buanderie, etc.

ARCHEVÊCHÉ DE BESANÇON

SAINT-RÉMY par Armance, Haute-Saône, École pratique d'agriculture dirigée par les frères de Marie et établie dans les dépendances du château bâti en 1760 par la marquise de Rozen. Les terres d'exploitation comprennent 150 hectares.

But de l'École. — *Aperçu sur le programme des cours :*

Placée entre l'*École régionale*, qui enseigne la théorie, et la *Ferme-École*, qui forme à la pratique des opérations agricoles, l'*École pratique d'agriculture* doit participer de l'une et de l'autre pour s'adapter aux besoins du plus grand nombre.

Théorique et pratique tout à la fois, son enseignement a pour objet tout spécial de former des agriculteurs instruits ; il s'adresse donc spécialement :

1° Aux fils de cultivateurs, propriétaires ou fermiers, qui se proposent de suivre la même carrière que leurs pères ;

2° Aux jeunes gens de familles aisées qui, sans cultiver eux-mêmes, voudraient prendre en main la direction de leur exploitation ;

3° A ceux qui auraient en vue une position de régisseur ou de chef de culture dans une grande exploitation.

Aux uns comme aux autres, la théorie et la pratique agricoles sont également indispensables ; aussi les cours et les exercices pratiques sont-ils les mêmes pour tous.

Pour parvenir à son but, l'École pratique d'agriculture partage le temps des élèves entre l'étude et les travaux de l'exploitation. L'hiver est plus spécialement consacré aux études théoriques, et l'été à la pratique agricole.

Pour ce qui concerne les études théoriques, l'enseignement est donné suivant un programme approuvé par le ministre ; il a pour objet essentiel et spécial : l'agriculture avec le développement des principes dont l'application constitue une culture intelligente ; l'histoire naturelle (zoologie, botanique, minéralogie et géologie) ; la physique et la chimie agricoles ; l'horticulture, l'arboriculture, la viticulture, l'hygiène des animaux, les éléments de l'art vétérinaire dans ce qu'ils ont de plus pratique pour l'agriculteur ; la pisciculture, la mécanique agricole, l'économie rurale ; le français (orthographe et style), les notions fondamentales du droit rural, les mathématiques appliquées (arithmétique usuelle, arpentage, nivellement, levé des plans, dessin graphique) ; la comptabilité agricole ; on y ajoute le maniement des armes et des exercices de tir, etc., etc.

Quant à la pratique, les élèves ont à exécuter tous les travaux de l'exploitation tant au dedans qu'au dehors, sous la surveillance et la direction de maîtres placés à la tête de chaque service. A tour de rôle ils passent successivement dans les divers services de l'exploitation ; ils sont appliqués aux travaux de main d'œuvre, à la conduite des attelages et à toutes les opérations de grande culture ; ils suivent dans les étables, la bergerie et la porcherie, l'alimentation et l'engraissement des bestiaux ; on les exerce à démonter, remonter, régler et conduire le semoir, la faucheuse, la moissonneuse, et autres grandes machines agricoles. A tour de rôle aussi ils font les travaux d'horticulture, d'arboriculture, de viticulture ; ils soignent la serre, les treilles, etc., et font de fréquents exercices de nivellement, de drainage et d'irrigation.

Pour les rendre aptes à se suffire à eux-mêmes dans une foule de circonstances, on les fait de même passer dans les ateliers de charronnage, de menuiserie, à la forge, à la boulangerie, etc.; en un mot, on les emploie à tous les divers travaux que les circonstances imposent si souvent à un cultivateur soigneux et prévoyant.

CONDITIONS D'ADMISSION. — EXAMENS D'ENTRÉE

L'admission des candidats à l'*École pratique d'agriculture de Saint-Rémy* est prononcée à la suite d'un examen passé devant l'Inspecteur de l'enseignement agricole assisté du conseil de surveillance et de perfectionnement.

Cet examen est *obligatoire*; il a lieu à l'école le deuxième mardi d'octobre et porte sur les matières suivantes :

1° Langue française : grammaire, dictée d'orthographe en texte suivi d'une page environ, analyse grammaticale, rédaction facile;

2° Arithmétique : les quatre opérations fondamentales des nombres entiers et décimaux, système métrique, règles de trois et d'intérêts, les fractions ordinaires;

3° Histoire et géographie : les principaux événements de l'histoire de France, quelques notions de géographie générale, géographie physique et politique de la France.

Les candidats à l'école doivent avoir quinze ans accomplis à l'époque des examens.

Les jeunes gens qui désireraient entrer à l'École avant les examens, en vue de s'initier à la pratique des travaux agricoles, pourraient y être reçus, mais *à titre provisoire* seulement, dès le mois d'avril et durant l'été.

L'École n'admet que les jeunes gens décidés à y rester le temps réglementaire des cours.

Les pièces à produire pour l'admission sont :

1° L'extrait de naissance;

2° Un certificat de vaccine, ou une attestation du médecin constatant que le sujet a eu la petite vérole;

3° Un certificat de bonne vie et mœurs délivré par l'autorité locale;

4° Les jeunes gens sortant d'un autre établissement d'instruction devront, en outre, présenter un certificat du directeur de cet établissement, et les derniers bulletins que la famille en a reçus.

DURÉE DES ÉTUDES. — EXAMENS DE PASSAGE ET DE SORTIE

La durée des études est de deux années et demie. La première année de cours n'a qu'une durée de six mois, d'octobre en avril; les deux autres cours durent chacun une année entière, d'avril en avril.

Aux termes d'un règlement établi par le ministère de l'agriculture, les élèves des *Écoles pratiques d'agriculture* sont soumis, pendant le cours des études, à des interrogations (*examens particuliers*) et à des *épreuves pratiques*; ils ont, en outre, à subir à la fin de chaque cours, un *examen général* théorique et pratique, et, à la fin des études, un *examen général de sortie*.

Le résultat de tous ces examens est apprécié par des notes allant de 0 (*nul*) à 20 (*parfait*). Toutes les notes obtenues entrent en ligne de compte pour le *classement des élèves*.

Pour passer d'une division dans la division supérieure, il faut que l'élève atteigne à un minimum de notes fixé à l'avance, faute de quoi il redouble son année ou se retire.

Pour obtenir, à la fin des études, le *certificat d'instruction*, il faut que l'élève ait mérité la moyenne des notes.

Les *examens généraux* ont habituellement lieu le premier lundi d'avril. L'examen général de sortie se passe en présence du conseil de surveillance et de perfectionnement et sous la présidence de l'Inspecteur de l'enseignement agricole.

L'élève muni de son certificat d'instruction est admis à concourir pour une bourse dans une *École nationale d'agriculture* ou à l'*Institut national agronomique*.

DES BOURSES. — FORMALITÉS A REMPLIR

Les élèves reçus à l'*École pratique d'agriculture* sont ou *boursiers* ou *payant pension*.

Chaque année dix-sept bourses sont créées à l'École : neuf par l'État et huit par le département de la Haute-Saône.

L'examen d'admission sert en même temps de concours pour les candidats à l'obtention d'une bourse.

Ce concours a lieu chaque année, comme il est dit au § II, le deuxième mardi d'octobre.

Les bourses peuvent être fractionnées en demi-bourses. Les candidats aux bourses auront à fournir :

1° Les pièces dont il est fait mention au § II ;

2° Ils devront, en outre, produire les pièces justificatives suivantes, qu'ils auront à adresser au préfet de leur département *au moins* un mois avant l'examen.

Ces pièces sont :

1° Un extrait du rôle des contributions ;

2° Un tableau récapitulatif des moyens d'existence et charges de famille des parents ;

3° Une délibération motivée du conseil municipal de la commune du domicile ;

4° L'avis personnel du préfet du département du domicile, sur le point de savoir si les parents du postulant sont dignes à tous égards de la bienveillance du gouvernement.

Toutes ces pièces devront être établies sur papier timbré et dûment légalisées.

CONDITIONS DE PENSION

Le prix de la pension pour les élèves qui, n'ayant pas de bourse, acceptent le régime des boursiers, est de 450 francs par an. Il est de 600 francs pour ceux à qui il est accordé un régime alimentaire plus confortable et plus en rapport avec les habitudes de la classe aisée. Ceux-ci ont un dortoir et un réfectoire particuliers.

Exceptionnellement l'établissement peut disposer, si les parents le demandent, de quelques chambres particulières en faveur des jeunes gens d'un caractère sérieux et disposés à se conformer exactement aux mesures réglementaires d'ordre et de discipline qui leur seront indiquées.

La pension des élèves en chambre est de 1 200 francs par an. Ils ont de plus à supporter leurs frais particuliers de chauffage et d'éclairage.

On comprend dans le prix de la pension le blanchissage et le menu raccommodage (sans fournitures), ainsi que les fournitures ordinaires de bureau (papier, plumes et encre).

Sont à la charge des parents, les frais de médecin et d'infirmerie, les régimes particuliers, les fournitures extraordinaires de bureau, les fournitures de dessin et d'instruments de jardinage, comme sécateur, serpette, etc.

La pension est payable par trimestre et d'avance, le 1er avril, le 1er juillet, le 1er octobre et le 1er janvier. Tout trimestre commencé est dû à l'établissement, à moins que l'élève ne quitte l'établissement pour cause de maladie ou de renvoi.

Les congés plus ou moins prolongés que pourraient solliciter les parents ne donnent en aucun cas droit à une remise sur le prix de la pension.

Saint-Claude-lès-Besançon, ateliers de reliure, de cordonnerie, de serrurerie, de confections d'habillements dirigés par les frères des Écoles chrétiennes.

École, près Besançon, jardiniers et tailleurs ; cours professés par les frères de Marie.

Frasme-le-Chateau, canton de Gy (Haute-Saône), pénitencier agricole dirigé par les religieuses de la Providence de Ribeauvillé. Cet établissement relève de l'État.

ARCHEVÊCHÉ DE CAMBRAI

PENSIONNAT SAINT-PIERRE A LILLE

En 1893, un cours industriel a été créé au pensionnat Saint-Pierre de Lille en vue d'initier les élèves de cet établissement au travail du fer et du bois. Il compte actuellement une quarantaine d'élèves.

Depuis sa création, ce cours a fourni plusieurs jeunes gens, soit aux Écoles nationales d'arts et métiers, soit à l'Institut industriel du Nord. D'autres, en plus grand nombre, sont employés dans les établissements industriels que dirigent leurs parents.

La maison possède un atelier qui renferme vingt étaux, quatre tours parallèles pour cylindrer et fileter, deux tours pour le bois, trois machines à percer : une forte sur colonne, une moyenne à pédale, une de moindres dimensions pour les petits travaux. On y voit aussi une forge et deux enclumes avec tous les accessoires, une raboteuse à table avec mouvements automatiques. Le tout est actionné par un moteur à gaz qui n'exige aucune surveillance et qui, à l'avantage de l'instantanéité de la mise en marche et de l'arrêt, joint celui de ne présenter aucun danger d'explosion.

Un cours industriel d'électricité fait partie de l'enseignement. Les dynamos, lampes à arcs et autres appareils, sont construits par les élèves, qui exécutent aussi des travaux d'ajustage, de forge, de tour, de montage des pièces de machines.

Une douzaine d'élèves s'appliquent spécialement à la menuiserie. Tous suivent les cours de dessin, soit linéaire, soit ornemental, professés dans l'établissement. Ils fréquentent l'atelier deux heures par jour.

Cet atelier est dirigé par un frère assisté d'un contremaitre et de deux ouvriers.

Douai, École professionnelle des frères.

Les frères des Écoles chrétiennes dirigent à Douai une École professionnelle établie en 1880, pour compléter la fondation de M. Deforest de Lewarde. Cette fondation, qui date de 1818, assure une éducation chrétienne aux enfants de Douai non inscrits sur la liste des indigents. Le programme des études est conforme à celui des écoles officielles similaires.

Le but de l'École professionnelle est de former des ouvriers et des contremaitres chrétiens, et de préparer les jeunes gens aux diverses industries.

L'atelier est dirigé par les frères aidés de contremaitres spécialistes pour le travail du bois et du fer.

Le travail du fer comprend la forge, le tour au fer et l'ajustage. Le travail du bois s'étend à la menuiserie, à l'ébénisterie, au tour au bois, à la confection de modèles pour fonderies et à la sculpture sur bois. Les élèves sont préparés à ces différents travaux par des cours journaliers de dessin et de modelage.

L'atelier est commandé par une machine à vapeur actionnant de nombreuses machines-outils.

Les jeunes gens ne sont admis à l'École professionnelle qu'à treize ans révolus. La durée des études est de trois années. Les cours ont lieu chaque jour de huit heures du matin à huit heures du soir. Quelques élèves, faisant encore partie des classes des cours supérieurs, ne se livrent au travail d'apprentissage que le jeudi matin, et chaque soir de six heures à huit heures. Ils peuvent aussi s'initier au métier tout en continuant leurs études.

Chaque année les apprentis reçoivent des récompenses consistant soit en outils de leur profession, soit en livrets de caisse d'épargne.

A la fin de l'année scolaire, les travaux des jeunes gens sont exposés.

Sainghin en Mélantois, orphelinat tenu par les Pères de la Charité. Les élèves font l'apprentissage de tous les métiers du fer et de la fonte.

ÉVÊCHÉ DE CAHORS

Arnis, près Cahors, orphelinat agricole dirigé par les Pères de Saint-Gabriel.

ÉVÊCHÉ DE COUTANCES ET AVRANCHES

Montebourg, cours pratiques d'agriculture professés à la maison mère des frères de la Miséricorde.

Ducey, École libre d'agriculture des frères de Ploërmel.

ÉVÊCHÉ DE DIJON

Dourois-Dijon.

Citeaux, par Nuits-Saint-Georges, Colonie de Citeaux.

ÉVÊCHÉ D'ÉVREUX

Étrépagny, École professionnelle de Notre-Dame de la Salette dirigée par les frères de Saint-Vincent-de-Paul.

ÉVÊCHÉ DE MEAUX

Saint-Fiacre, près Meaux, École d'horticulture tenue par les religieuses.

ÉVÊCHÉ DE MOULINS

Commentry, École des houillères dirigée par les frères des Écoles chrétiennes.

ÉVÊCHÉ DE NANTES

Nantes, École professionnelle de la Madeleine, rue de Hercé, 2, dirigée par les frères des Écoles chrétiennes.

L'École professionnelle de la Madeleine, fondée en 1890, poursuit un triple but : attacher les enfants aux travaux manuels qui développent les forces physiques et donnent plus d'énergie morale.

Abréger le temps d'apprentissage en mettant les enfants à même d'acquérir la dextérité nécessaire et les connaissances techniques pour profiter du temps qu'ils doivent passer à l'atelier comme apprentis.

Préparer des contremaitres chrétiens pour nos établissements industriels, et des jeunes gens pour les Écoles des mécaniciens de la flotte et des arts et métiers.

Pour atteindre ce triple but les élèves reçoivent des leçons spéciales sur la nature, la composition chimique, les usages de la matière qui doit être travaillée. L'atelier applique la leçon théorique.

ORGANISATION

A leur entrée à l'atelier, les élèves se partagent en deux grandes divisions : ceux qui doivent travailler le bois, et ceux qui doivent s'appliquer à la métallurgie.

Les cours de stéréotomie font étudier les différents assemblages avec applications à la charpente, à la menuiserie, au meuble, au modelage, etc. Un tour à bois est à leur disposition.

Les élèves métallurgistes se divisent en trois classes :

1° Élèves devant se présenter aux Écoles de la marine et des arts et métiers : le cours est de deux années ;

2° Élèves se préparant à entrer en apprentissage dans un atelier ;

3° Apprentis mécaniciens proprement dits : le cours est de trois ans.

Ces trois cours ont des professeurs-contremaîtres communs pour la forge, l'ajustage, le tour à métaux, etc.

Un frère est surveillant général.

Les deux premiers cours ont chaque jour deux heures de travaux manuels ; ensuite les élèves suivent les leçons de français, de mathématiques, de dessin géométrique, de sciences des classes du pensionnat.

Les apprentis commencent le matin à sept heures et terminent le soir à six heures. Chaque jour deux heures sont consacrées à leur instruction religieuse et intellectuelle.

Les élèves des trois classes ou catégories ont à leur disposition : étaux, étaux-limeurs, machines à percer, tours parallèles, etc. Ils doivent se pourvoir de limes, burins, etc.

Tout l'outillage est mû par une machine à vapeur.

L'établissement reçoit pensionnaires, demi-pensionnaires et externes.

Les frais de pension s'élèvent à 400 ou 450 francs, selon l'âge ; les frais de bureau et autres restent à la charge de la famille.

Les élèves des deux premières catégories payent, pour les leçons d'atelier, une rétribution de 5 à 10 francs, selon la partie qu'ils ont embrassée.

Le cours d'apprentissage, établi en faveur des élèves des frères de Nantes, est gratuit, mais les frais de limes, burins, sont à la charge de la famille. Les anciens élèves des écoles laïques qui veulent suivre ce cours doivent être présentés par le curé de leur paroisse.

DOULON-LEZ-NANTES, pensionnat de Notre-Dame de Toutes-Aides.

Le pensionnat Notre-Dame de Toutes-Aides, dirigé par les frères de l'Instruction chrétienne, a été fondé en 1853 par M. l'abbé de Lamennais. Destiné à donner à des élèves internes une instruction primaire supérieure, cet établissement n'a pas tardé à se développer et à devenir l'un des plus importants de la région. Actuellement on y prépare aux examens du baccalauréat de l'enseignement secondaire moderne, des postes et télégraphes, des douanes, de la voirie, aux Écoles vétérinaires, d'agriculture, etc.

Les élèves qui suivent tous les cours peuvent aspirer à toutes les carrières pour lesquelles la connaissance des langues mortes n'est pas exigée.

Depuis 1890, à la demande des catholiques de l'Ouest réunis en congrès à Nantes, une école professionnelle a été annexée à la maison. De vastes ateliers d'ajustage et de menuiserie, de sculpture et d'horlogerie, bien aérés, pourvus d'un outillage complet (machine à vapeur, machines à percer, tours parallèles, etc.), ont été bâtis dans le but de donner aux jeunes gens une instruction pratique et utilitaire, tout en leur permettant de continuer leurs autres études.

Après deux ou trois années de travail technique, les élèves âgés de seize ans peuvent se présenter aux examens d'apprentis mécaniciens des équipages de la flotte, d'élèves mécaniciens, aux écoles des arts et métiers, ou trouver dans l'industrie privée des positions avantageuses.

Le conseil général de la Loire-Inférieure, pour montrer l'intérêt qu'il porte à cet enseignement, a voté en diverses sessions, des bourses destinées à favoriser l'entrée des ateliers aux enfants les plus laborieux.

Un cours d'hydrographie a été établi pour la préparation aux examens d'élèves de la marine marchande (1re et 2e classe).

ÉVÊCHÉ D'ORAN

MISSERGHIN, près Oran, établissement fondé en 1849 par le P. Abram, prêtre du diocèse de Montpellier, en faveur des orphelins laissés par les premiers colons algériens, et installé d'abord dans une petite ferme de trente hectares cédée par le département.

A mesure que l'Orphelinat de Misserghin se peuplait, d'autres besoins se firent sentir; on créa successivement divers ateliers, et aujourd'hui l'établissement, dirigé par les frères de Notre-Dame de l'Annonciation, possède :

1° Un atelier de forge et serrurerie ;
2° — charronnage et carrosserie ;
3° — bourrellerie ;
4° — cordonnerie ;
5° — menuiserie et ébénisterie ;
6° — tannerie ;
7° — distillerie ;
8° — tonnellerie ;
9° — boulangerie ;
10° — tailleurs ;
11° — deux moulins.

De nombreux enfants sont en outre employés à l'agriculture et à l'horticulture.

L'établissement possède une pépinière modèle de vingt hectares de superficie où tous les produits, arbres et arbustes de la zone tempérée, sont représentés.

L'instruction primaire va de pair avec l'instruction professionnelle. Près de deux cents enfants fréquentent l'école de l'établissement et sont distribués dans cinq classes différentes.

Depuis le mois d'octobre 1849 au 1er octobre 1896, c'est-à-dire en quarante-sept ans, près de huit mille enfants, tous fils de colons ou d'artisans, ont été élevés dans l'établissement de Misserghin.

NOTA. Tous les ans, la pépinière de l'établissement fournit à la colonisation des départements algériens de cinquante à soixante mille sujets, tant forestiers que fruitiers.

L'ŒUVRE SALÉSIENNE EN ALGÉRIE

ORAN — INTERNAT ECKMUHL

Dans notre province d'Oran il y a beaucoup de jeunes gens, orphelins ou pauvres, qui, livrés à l'oisiveté, deviendraient un péril pour la colonie.

C'est principalement pour ces jeunes gens que le 11 juin 1893, nous avons ouvert à Eckmuhl un asile, où ils peuvent s'appliquer soit aux arts et métiers, soit même aux études secondaires. C'est l'Oratoire de Jésus-Adolescent.

ATELIERS D'APPRENTISSAGE. — Dans ces ateliers, les jeunes gens apprennent, sous la direction de contremaîtres capables, un métier de leur choix. Nous ne poussons pas à la production, mais, préoccupés uniquement de l'avenir de nos apprentis, nous joignons l'enseignement théorique à la pratique, ayant à cœur d'en faire d'habiles ouvriers, et, s'il se peut, des contremaîtres.

Nous nous efforçons de former nos jeunes gens aux habitudes de travail, de respect de la propriété, d'économie, de religion.

Des gratifications hebdomadaires, des livrets annuels de Caisse d'épargne, des objets en nature : outils, linge, habit..., récompensent les progrès accomplis et forment un petit capital, remis à la sortie de la maison.

Un diplôme d'ouvrier, délivré sur la présentation du « chef-d'œuvre » par un jury professionnel et auquel s'ajoute une généreuse récompense pécuniaire termine et couronne les épreuves de l'apprentissage.

Jusqu'ici nous avons à Eckmuhl des ateliers de cordonnerie, menuiserie, ébénisterie, tailleurs, serrurerie, tournage sur bois. Nous songeons à en installer plusieurs autres.

Quelques colons nous ont demandé d'enseigner de préférence certains métiers dont le besoin se fait le plus sentir en Oranie, et qui, par suite, sont aussi les plus lucratifs pour les ouvriers. Nous étudions les moyens pratiques de suivre d'aussi sages conseils.

CONDITIONS D'ADMISSION A L'INTERNAT D'ECKMUHL

1º La pauvreté, l'abandon, une moralité non douteuse sont les principales conditions d'admission dans l'internat, car les œuvres salésiennes ne sont pas des maisons de *correction*, mais bien plutôt des asiles de *préservation*;

2º Il n'est pas juste toutefois que celui qui possède profite des aumônes des autres : c'est pourquoi un prix régulier de pension est fixé, et le possible est demandé des parents ou des protecteurs de l'enfant; mais le directeur accorde à l'amiable les diminutions reconnues nécessaires.

De fait, actuellement à Eckmuhl, bon nombre d'enfants ont été reçus *absolument gratuitement*, et très peu avec le maximum de la modique pension régulière.

ÉVÊCHÉ DE NIMES

Nimes, École professionnelle fondée en 1896 par les frères des Écoles chrétiennes. Ateliers de forgerons, d'ajusteurs et de menuisiers.

ARCHEVÊCHÉ DE REIMS

Reims, École professionnelle dirigée par les frères des Écoles chrétiennes. Théorie et pratique de la ferronnerie, de la serrurerie, de la sculpture, de la menuiserie, du tissage de la laine et du fil, de la mécanique.

ÉVÊCHÉ DE LA ROCHELLE ET DE SAINTES

Saint-Antoine, Colonie agricole de Saint-Antoine dirigée par les Tertiaires franciscains.

ÉVÊCHÉ DE VANNES

Lorient, École d'ajusteurs-mécaniciens dirigée par les frères des Écoles chrétiennes et fournissant des apprentis mécaniciens à la marine, et des ouvriers aux ports de guerre.

Vannes, École des sœurs de la Charité de Saint-Louis pour jeunes filles de treize à vingt ans. Les élèves sont exercées aux soins du ménage, au repassage, à la couture et à la broderie.

ÉVÊCHÉ DE VERSAILLES

Igny et Vaujours, Écoles d'horticulture dirigées par les frères des Écoles chrétiennes.

Il existe à côté de ces divers établissements nombre de maisons religieuses où les adolescents des deux sexes reçoivent un enseignement technique, mais le caractère spécial d'assistance et de charité de ces maisons ne permet pas de les mentionner au nombre des Écoles professionnelles proprement dites.

ŒUVRE GÉNÉRALE

DES ÉCOLES PROFESSIONNELLES CATHOLIQUES DE JEUNES FILLES DE PARIS

LISTE DES ÉTABLISSEMENTS PATRONNÉS PAR L'ŒUVRE

DÉSIGNATION DES ÉCOLES	DIRECTION	PROFESSIONS ENSEIGNÉES
Rue de la Sourdière, 25.	Sœurs St-Vincent-de-Paul.	Robes, confections.
Rue Vieille-du-Temple, 110.	Laïque.	Comptabilité, lingerie, peinture, tapisserie.
Rue Saint-Antoine, 143.	—	Comptabilité, peinture, fleurs.
Rue Geoffroy-l'Asnier, 30.	Sœurs St-Vincent-de-Paul.	Robes, gilets.
Rue Poulletier, 7.	—	Robes, confections, broderies sur étoffes, fleurs.
Rue de Grenelle, 182.	—	Lingerie, robes et confections.
Rue du Cherche-Midi, 110.	Religieuses auxiliatrices.	Modes, robes, fleurs.
Rue Chomel, 7.	Laïque.	Robes, confections.
Rue de Clichy, 50.	Sœurs de la Présentation.	Robes, lingerie fine.
Rue de Reuilly, 77.	Sœurs St-Vincent-de-Paul.	Lingerie, robes, broderies, fleurs, imagerie.
Rue Vandrezanne, 44.	—	Broderies et fantaisies, lingerie, robes, reprises perdues, blanchissage.
Rue Jenner, 59.	—	Lingerie, fleurs, robes, broderies, costumes d'enfants, blanchissage.
Place Jeanne-d'Arc, 26.	—	Lingerie, gilets.
Rue Gassendi, 29.	—	Lingerie, confection, peinture industrielle.
Rue de Rome, 151.	Sœurs de Sainte-Marie.	Peinture, lingerie, confections.
Rue Caulaincourt, 39.	Sœurs St-Vincent-de-Paul.	Lingerie, robes, confections, blanchissage.
Rue Stephenson, 48.	—	Lingerie, robes, réparations de vieilles tapisseries.
Rue Jean-Cottin.	—	Lingerie, robes, gilets, blanchissage.
Rue Championnet, 8.	—	Robes et lingerie, costumes d'enfants.
Rue Bouret, 20.	—	Chaussures, gilets, costumes, blanchissage.
Rue d'Angoulême, 81.	—	Chaussures, gilets, costumes, blanchissage.

N. B. — Les principes de couture sont enseignés dans toutes les écoles indépendamment de la profession choisie par l'élève.

INSTITUT AGRICOLE DE BEAUVAIS

FONDÉ EN 1855, DIRIGÉ PAR LES FRÈRES DES ÉCOLES CHRÉTIENNES

BUT

L'Institut agricole a pour but d'initier les jeunes gens qui se destinent à l'agriculture, aux notions scientifiques et pratiques nécessaires à l'exploitation et à la direction d'une ferme ou d'un domaine rural.

Prendre pour base de l'éducation la connaissance et l'observation des lois de l'Évangile, éclairer et fortifier la foi dans l'âme de leurs élèves y développer l'amour de Dieu, du devoir, de la famille et de la patrie, former des hommes de savoir et de conscience, capables, par l'étendue de leurs connaissances et la fermeté de leurs convictions, de soutenir la cause et de défendre les intérêts si intimement unis de la religion et de l'agriculture : telle est l'œuvre chrétienne et sociale à laquelle se sont voués les frères des Écoles chrétiennes établis à Beauvais.

Les RR. PP. missionnaires de la Congrégation du Saint-Esprit sont chargés, en qualités d'aumôniers, de la direction spirituelle des élèves de l'Institut. Ils célèbrent les offices religieux dans la chapelle de l'établissement dédiée à saint Joseph et centre de l'archiconfrérie établie en l'honneur du grand patriarche de Nazareth.

ORGANISATION GÉNÉRALE

L'enseignement est théorique et pratique. Le premier se donne dans les cours professés à l'établissement de Beauvais ; le second a lieu dans les fermes annexes, qui comprennent une étendue de deux cents hectares.

La durée des études complètes est de trois ans. Cependant elle peut être réduite à deux années (Voir plus loin : Admission à l'Institut).

L'enseignement est donné par des professeurs religieux ou séculiers.

Les études sont placées sous le contrôle d'une *commission nommée par Messieurs les membres du bureau de la Société des agriculteurs de France.*

Le directeur et les professeurs de l'Institut assistent à cette commission et peuvent en faire partie.

Elle délivre les diplômes de fin d'études aux élèves de troisième année qui en sont jugés dignes après un examen sérieux. Elle accorde des récompenses honorifiques aux candidats les plus méritants.

Les cours déterminés pour chaque année d'études, les examens, les exercices pratiques d'agriculture et d'horticulture sont obligatoires pour tous les élèves.

OBJET DES ÉTUDES

L'enseignement théorique comprend les cours suivants :

Agriculture générale, Agriculture comparée et Histoire de l'agriculture,

Économie rurale, Statistique agricole et Comptabilité, Zootechnie, Physiologie animale et Hygiène vétérinaire, Économie du bétail, Botanique et Physiologie végétale, Zoologie et Entomologie, Minéralogie, Géologie, Mécanique et Machines, Physique et Météorologie, Chimie générale, Chimie agricole et Chimie analytique, Technologie, Génie rural et Constructions agricoles, Législation générale et notions de droit administratif, Législation rurale, Sylviculture, Viticulture, Arboriculture, Horticulture et culture maraîchère, Apiculture, Dessin géométrique et d'imitation, Architecture, Mathématiques, Arpentage, Nivellement, Levée des plans.

Indépendamment des études théoriques, les élèves sont appliqués à de nombreux exercices pratiques.

Cet enseignement pratique comprend tous les travaux de l'agriculture, de l'horticulture et du jardinage ; les soins et la conduite des animaux domestiques.

Ces exercices ont lieu à la *Ferme-du-Bois*, à *Beauséjour*, à la *Mie-au-Roy* et au *Marais*, annexes de l'Institut agricole.

Ces exploitations, de la contenance d'environ deux cents hectares, sont situées sur la commune de Notre-Dame-du-Thil, près Beauvais.

Les exercices pratiques d'horticulture et d'arboriculture ont lieu spécialement dans la propriété dite *Beauséjour*, acquise par l'Institut. Elle est située à trois kilomètres de Beauvais et comprend une maison d'habitation, un parc de plaisance, des jardins potagers, des vergers, etc., le tout d'une contenance de douze hectares.

Les manipulations dans les laboratoires, la levée des plans, les opérations de nivellement, les déterminations des plantes, des insectes, des roches, des minéraux, etc., sont rendues familières.

De fréquentes excursions agricoles, géologiques, botaniques ; la visite des meilleures exploitations, des principales usines agricoles, des marchés de bestiaux, des concours régionaux, etc., complètent l'ensemble des études pratiques. Des notes et des rapports sur ces excursions sont exigés de tous les élèves. Les professeurs attachent une très grande importance à ce genre de travail.

Sur la demande des parents, les élèves peuvent recevoir des leçons d'anglais, de musique, de gymnastique, d'escrime, de natation. Ces leçons sont l'objet d'un compte spécial.

L'Institut possède une bibliothèque, des cabinets de physique, de chimie, d'histoire naturelle, et des collections de produits et instruments agricoles.

RÉGIME DE L'INSTITUT AGRICOLE

Chaque élève a une chambre meublée ; mais les études se font dans des salles communes et sous la surveillance des professeurs.

Un médecin, spécialement attaché à l'établissement, fait sa visite tous les jours. En cas de maladie, les parents sont immédiatement prévenus. Un bâtiment spécial, très confortable et indépendant, est affecté à l'infirmerie.

Des billards et divers autres jeux, les journaux agricoles, les meilleurs ouvrages d'une importante bibliothèque, sont à la disposition des élèves les dimanches et les fêtes entre les offices, aussi bien qu'aux soirées du jeudi.

Les élèves ne sortent qu'avec leurs parents et sous les réserves prévues par le règlement.

La direction n'admet pas de correspondants pour des sorties à Beauvais ou ailleurs.

Les élèves se lèvent à cinq heures et demie et se couchent à neuf heures.

Le dimanche et les jours de fête, ils se couchent à dix heures.

Sept heures et demie, petit déjeuner : café ou chocolat au lait.

Onze heures et demie, déjeuner, potage, deux plats de viande, un légume et un dessert, un demi-litre de vin, bière ou cidre au choix.

Jours maigres : potage, œufs, poisson, légumes et dessert.

Quatre heures, goûter : petit pain et dessert, boisson à discrétion.

Sept heures et demie, dîner : un plat de viande, légumes, dessert, boisson comme au déjeuner.

Dimanches et fêtes : extra au déjeuner, un plat de viande ou volaille, pâtisserie, bordeaux, café, selon la solennité du dimanche ou de la fête.

Il n'est rien changé au menu servi, sauf sur l'ordre du médecin et aux frais du malade.

CONDITIONS PÉCUNIAIRES

Le prix de la pension à l'Institut agricole est de 1 600 francs.

La pension se paye en trois termes et d'avance.

En entrant. . . . . 500 fr.
1ᵉʳ janvier. 600
1ᵉʳ avril. 500

Un mois commencé se paye en entier, 160 francs.

Les jours ne sont comptés que dans le cas où un élève serait rendu à sa famille par le directeur.

L'élève qui s'absente pour cause de maladie a droit à la remise pour les mois qui suivent celui de son départ.

Dans tous les autres cas le trimestre est acquis à l'établissement.

Le blanchissage, la literie, moins les draps et la couverture, sont compris dans ces prix.

Il reste à la charge des familles les fournitures classiques et les frais d'excursions.

Les leçons particulières : escrime, gymnastique, danse, musique, langues étrangères, etc., se payent au cachet.

TROUSSEAU

Le trousseau se compose comme suit : 2 couvertures, dont une en laine, 3 paires de draps, 12 chemises, 4 bonnets de nuit ou foulards, 24 mouchoirs de poche, 24 serviettes, dont 6 avec attaches; 4 pantalons, 3 gilets, 1 casquette d'uniforme, 2 redingotes ou paletots; 4 cravates; 3 paires de chaussures, 18 paires de bas ou chaussettes, 1 caoutchouc, 1 couvert, 1 verre ou timbale, 1 tapis de pieds; tous les objets de toilette, pantalon et blouse de fatigue pour la ferme. On peut se procurer une partie de ces objets à l'établissement. Il convient que chaque élève ait un vêtement noir.

Les frais du blanchissage du linge sont à la charge de la maison.

Il est prélevé sur le montant du trousseau de l'élève à son départ une paire de draps pour le service de l'infirmerie.

Pour tous les détails non compris au prospectus, voir le règlement ci-après.

Tous les objets doivent être marqués au numéro de l'élève.

ADMISSION A L'INSTITUT AGRICOLE

CONDITIONS ET PROGRAMME

Les candidats doivent avoir *seize ans accomplis*.

Chaque candidat doit présenter : 1° son acte de naissance; 2° un certificat de l'institution où il a terminé ses études, attestant ses notes de conduite et de travail; 3° un certificat de vaccine.

L'Institut n'a pas de boursiers et ne reçoit que des élèves internes.

Les candidats subissent un examen d'entrée; les bacheliers seuls en sont exemptés.

Cet examen comprend des épreuves écrites et des épreuves orales.

Les premières se composent de :

1° Une dictée sur un sujet suivi;

2° Une composition française : description, narration ou sujet de style épistolaire;

3° Quelques problèmes sur les quatre règles, le système métrique, les fractions, les applications des proportions, les règles de trois, d'intérêt et d'escompte.

Les épreuves écrites sont éliminatoires; elles peuvent être subies en diverses villes pendant le mois de septembre.

Les centres d'examen sont indiqués aux candidats.

Les épreuves orales ont lieu le 16 octobre à l'Institut agricole; elles sont subies devant la Commission des études; elles comprennent :

I. *Les éléments de l'arithmétique*. — Propriété des nombres, les quatre règles.

Caractères de divisibilité des nombres. Des nombres premiers.

Fractions : propriétés des fractions, réductions, opérations sur les fractions ordinaires; fractions décimales.

Système métrique : historique, mesures de longueur, de surface, de volume, de poids, de monnaies; titres des objets d'or et d'argent.

Rapports et proportions : rapports par différence; rapports par quotient; principes des proportions; applications diverses. Règles de trois, simples et composées. Règles d'intérêt et d'escompte.

II. *Éléments de géométrie plane*. — Des lignes : droites, parallèles, perpendiculaires, obliques.

De la ligne courbe : circonférence, sa mesure ; rapport de la circonférence au diamètre.

Des angles et leur mesure : usage de la règle et du compas ; rapporteur et ses applications.

Des polygones : réguliers, irréguliers, équivalents, semblables ; des triangles : cas d'égalité, de similitude.

Mesures des surfaces planes, des polygones, du cercle.

Problèmes d'application.

III. *Éléments d'algèbre.* — Opérations algébriques ; équations du premier degré ; applications.

IV. *Éléments de géographie et d'histoire.* — Géographie physique et politique de l'Europe, et plus particulièrement de la France.

Les divers gouvernements de la France.

Les grands faits de l'histoire de France, ou de l'histoire nationale, pour les candidats étrangers, quelques questions sur l'histoire moderne et contemporaine.

NOTA. — Les candidats qui justifient de quelques connaissances en physique, en chimie, en agriculture, etc., méritent des notes compensatrices ou complémentaires de l'examen précédent.

Le nombre des points est ainsi fixé :

Orthographe.	20 points
Composition française.	20 —
Arithmétique.	20 —
Géométrie et algèbre.	10 —
Histoire et géographie.	10 —
Total.	80 points.

Pour être admissible, il faut obtenir au moins la moitié ou 40 points.

Le classement est fait d'après l'ordre de mérite des candidats.

Les élèves dont l'examen a justifié d'un acquit scientifique sérieux et suffisant peuvent être admis en deuxième année.

Les autres élèves admis sont placés en première année (1re *ou* 2e *division*).

Les candidats dont les examens n'ont pas été suffisants peuvent être admis au cours préparatoire.

Le cours préparatoire est organisé au pensionnat Saint-Joseph.

Cet important établissement est attaché à l'Institut agricole.

Classé dans l'enseignement secondaire moderne, il dirige les enfants vers l'agriculture, le commerce ou l'industrie.

Il prépare aux divers examens de l'enseignement primaire, primaire supérieur et secondaire moderne, brevets, baccalauréat, etc.

Un prospectus donne les détails relatifs au pensionnat.

INSTITUT DES SOURDS-MUETS ET DES JEUNES AVEUGLES

DE SAINT-MÉDARD-LÈS-SOISSONS

PROSPECTUS

L'Institut de Saint-Médard-lès-Soissons, établi depuis 1840, dans l'antique et célèbre abbaye de ce nom, a pour but l'éducation chrétienne, l'instruction et la protection des sourds-muets et des jeunes aveugles.

Il est administré sous le haut patronage et la haute surveillance de Mgr l'évêque de Soissons, par un supérieur délégué par lui, et un directeur prêtre chargé de veiller à l'exécution du règlement des études, des ateliers et des jardins, en général à tout ce qui peut intéresser la moralité et la santé des élèves.

Le service de santé est confié à un médecin de la ville.

Des religieuses sont chargées de la lingerie, du vestiaire, et donnent des soins aux malades. En cas de maladie, les parents sont immédiatement prévenus, et les enfants reçoivent des soins qui ne laissent rien à désirer à la tendresse maternelle.

La surveillance est exacte et continuelle. Plusieurs professeurs couchent dans les dortoirs.

L'établissement est situé à un kilomètre de la ville; on y respire l'air de la campagne. De vastes jardins, de grandes cours à l'intérieur et des promenades au dehors offrent une précieuse garantie pour le développement physique des enfants. Des préaux sont ménagés pour abriter en temps de pluie. Une salle spéciale est affectée aux bains chauds.

L'enseignement est donné par des professeurs prêtres choisis directement par Monseigneur.

Pour les sourds-muets, on emploie la méthode orale et l'écriture.

L'enseignement classique comprend l'articulation et la lecture de la parole sur les lèvres, la lecture ordinaire, l'écriture, la langue française, l'histoire et la géographie générales, l'arithmétique, des notions élémentaires de mathématiques et des sciences physiques et naturelles.

Pour les aveugles, l'enseignement intellectuel comprend la lecture et l'écriture en relief, la langue française et les éléments de l'histoire littéraire, l'histoire et la géographie générales, l'arithmétique et les notions élémentaires des mathématiques et des sciences naturelles.

L'enseignement *professionnel* comprend, pour les sourds-muets, la cordonnerie, la couture, la menuiserie, l'horticulture.

Pour les aveugles, la musique et l'accord des pianos, l'empaillage et le cannage des chaises. En outre, les aveugles sont préparés à la pratique de l'orgue et au professorat musical.

Des notes journalières servent à constater la conduite et le travail des élèves; des compositions hebdomadaires constatent leurs progrès; tous les trimestres on envoie aux parents des bulletins détaillés qui les mettent au courant de tout ce qui concerne leurs enfants.

La durée règlementaire du séjour de l'élève à l'Institution est de six à sept ans pour les sourds-muets, et de sept à huit ans pour les aveugles.

Des vacances sont données aux élèves, à Pâques, pendant une quinzaine de jours, et au mois d'août jusqu'au commencement d'octobre.

CONDITIONS D'ADMISSION

1° — Pour être admis, les enfants doivent être âgés de huit ans au moins et de quatorze ans au plus.

2° — Toute demande d'admission doit être accompagnée de l'acte de naissance de l'enfant, de l'acte de baptême, d'un certificat de médecin constatant les causes de la surdi-mutité ou de la cécité. Ce certificat doit encore porter que l'enfant jouit de la plénitude de ses facultés intellectuelles; qu'il n'est atteint ni d'épilepsie, ni de scrofules au second degré; qu'il n'est affecté d'aucune maladie contagieuse, qu'il a été vacciné avec succès ou qu'il a eu la variole, et enfin qu'il est apte à tous les travaux dont ces jeunes gens sont capables

Le prix de la pension pour l'année scolaire est de 550 francs pour les sourds-muets et de 600 francs pour les aveugles. Les boursiers des départements et des communes sont admis avec une réduction de 50 francs.

Si la maison fournissait toute la literie et les livres, il y aurait une augmentation de 15 francs par an.

La pension se paye d'avance, en trois termes, sans diminution pour cause d'absence, à moins de maladie grave dont la durée dépasserait un mois.

Le blanchissage est de 50 francs par an.

Lorsque les enfants passent dans la maison le temps des vacances, il est dû en plus 50 francs, qui sont versés au commencement des vacances.

ÉCOLE SAINT-LUC — GAND

SOUS LA DIRECTION DES FRÈRES DES ÉCOLES CHRÉTIENNES

Former des architectes, des constructeurs, des entrepreneurs de travaux publics, des sculpteurs, des peintres, des dessinateurs, des graveurs, des orfèvres, des ferronniers, etc., tel est le but que se propose l'école Saint-Luc.

Son enseignement est basé sur l'étude approfondie au double point de vue théorique et pratique de l'art du moyen âge, dans ses multiples manifestations; il tend à l'application, dans un esprit rationnel, des principes de l'art chrétien et national en tenant compte des convenances actuelles et des progrès modernes.

L'enseignement comprend sept années d'études réparties en trois grandes sections : 1° des classes élémentaires où l'on prépare les élèves aux diverses professions artistiques ; 2° des cours de construction, de modelage, de peinture et de dessin d'après documents ; 3° des cours de composition et de restauration.

Les cours sont donnés, les jours ouvrables, hormis les samedis, de six à huit heures du soir, du 1er octobre jusqu'à Pâques, et de sept à neuf heures, du 1er mai jusqu'au 10 août.

Les dimanches, ces mêmes cours se donnent le matin, de huit heures et demie à dix heures et demie pour les jeunes gens âgés au moins de seize ans et qui ne peuvent pas fréquenter journellement l'Académie.

Les élèves doivent apprendre à domicile la partie théorique indiquée dans le programme de leur année d'étude ; ils s'appliquent particulièrement à leur formation technique dans les bureaux d'ingénieurs, d'architectes et des ateliers établis en ville [1].

Les élèves des cours supérieurs assistent régulièrement à tous les cours spéciaux et aux conférences donnés à l'École.

La bibliothèque, les collections, les musées, sont accessibles aux élèves des cours supérieurs, les dimanches de dix heures à midi, et les autres jours, avec l'autorisation du directeur de l'École.

Les élèves sont responsables des modèles, des livres et des autres objets appartenant à l'École, qu'ils ont à leur usage. Ils veilleront à la bonne tenue de leur personne, de leurs effets, et à la propreté des locaux.

Ils auront à cœur d'éviter tout acte et toute parole contraires à la bienséance ou pouvant nuire aux relations fraternelles et chrétiennes qui doivent exister entre eux.

L'on ne pourrait tolérer à l'École un élève dont les convictions religieuses, la conduite morale ou l'amour de l'étude laisseraient à désirer.

Le concours pour les prix se fait pendant les six dernières semaines du semestre d'hiver. La participation à ces épreuves est obligatoire pour chaque élève. Les lauréats de 7e année d'étude peuvent concourir pour l'obtention d'une distinction spéciale appelée *Grand Prix*. Un jury formé d'hommes compétents, et dont les professeurs ordinaires de l'École ne font pas partie, statue sur les concours.

Les frais généraux, tels que location, mobilier, éclairage, chauffage et achat des documents, sont couverts principalement par des souscriptions annuelles et des dons recueillis à Gand [1].

Une liste de souscription est ouverte en décembre pour les élèves qui sont à même de contribuer au succès de l'œuvre de Saint-Luc.

---

[1] Une pédagogie, fondée par le comité protecteur de l'Académie Saint-Luc, a été annexée à cette école d'art, en faveur de ses élèves internes; ils reçoivent, dans cette maison de pension, une direction artistique en dehors des heures de classe. (Voir Prospectus pour renseignements complets de cette maison de famille.)

Les demandes de renseignements seront adressées au Frère Directeur de l'École Saint-Luc, rue d'Angleterre, 56.

N. B. — Il peut être exigé cinq francs par an des élèves de la ville de Gand et dix francs de ceux qui sont étrangers à la ville et à ses faubourgs. Cette rétribution, perçue par quittance, est destinée à entretenir et à augmenter les modèles, la bibliothèque et les collections des musées.

ORGANISATION DE L'ÉCOLE STÉPHANOISE

DIRECTION

L'École professionnelle est sous la haute direction du comité des Écoles libres catholiques de Saint-Étienne. Le comité est représenté pour cette œuvre par un conseil d'administration composé des quatre archiprêtres, de quelques industriels et du frère directeur de l'École, sous la présidence de M. le curé de Saint-Étienne, président du comité des Écoles libres.

Au Conseil d'administration incombent la charge et la responsabilité de tout ce qui a trait aux intérêts de l'école, tel que le maintien de son esprit et de son but, ses améliorations, ses progrès, la surveillance générale. En un mot, il a le soin dévoué d'assurer la marche et la prospérité de l'établissement.

CONSEIL DE PERFECTIONNEMENT

A côté de la direction des frères pour toutes les études ordinaires, est constitué un conseil de perfectionnement composé d'industriels, de fabricants, d'architectes, de comptables et autres spécialistes distingués qui veulent bien nous donner leur concours.

Ce conseil étudie au point de vue professionnel les mesures nouvelles qui paraissent propres à étendre le bien réalisé par l'École et en propose l'adoption. Il se rend compte du travail technique des apprentis; il s'emploie pour les placer lorsqu'ils sont devenus ouvriers; il recherche les moyens de suivre les anciens élèves dans leur carrière et de les y aider.

A la fin de la quatrième année, il fait subir aux élèves un examen sérieux et, de concert avec le Conseil d'administration, il délivre un diplôme à ceux qu'il juge le mériter.

ADMISSION ET PROGRAMMES

Les cours, au nombre de quatre, sont appelés *années*.

Les élèves ne sont admis à un cours supérieur qu'après un sérieux examen sur ce qui a trait au cours inférieur.

Première année. — La première année se recrute parmi les meilleurs élèves des Écoles chrétiennes de Saint-Étienne appelés à concourir pour entrer à l'École professionnelle.

On exige particulièrement du candidat : 1° le certificat d'études primaires ; 2° une attestation de bonne conduite ; 3° un minimum de douze ans d'âge au 1er janvier de l'année d'admission.

Les élèves de première année forment deux classes, mais ils suivent le même programme comprenant : le catéchisme, l'histoire sainte, l'écriture, l'orthographe, le style, l'arithmétique, la géométrie, l'algèbre, la comptabilité, la géographie, l'histoire de France, le dessin linéaire et le dessin d'ornement.

Deuxième année. — Dans ce cours, on étend le programme des spécialités vues en première année, et on y ajoute la physique, la chimie, le dessin croquis fait d'après nature.

Pendant le second semestre, les élèves sont conduits par sections, sous la surveillance de leurs professeurs, dans divers ateliers de la ville, dont les patrons se font un plaisir de les recevoir et de leur donner eux-mêmes ou de leur faire donner les explications nécessaires.

A la suite de chaque visite, chaque élève en fait le sujet d'une rédaction où il consigne ses observations personnelles. Il se fait ainsi une idée des diverses professions entre lesquelles il aura bientôt à choisir.

Ce choix se fait la première quinzaine des vacances. Tout élève de deuxième année admis à suivre le cours de troisième année doit faire connaître par écrit au frère directeur la profession à laquelle il se destine. Sa lettre est contresignée par ses parents.

Troisième année. — Le programme de ce cours donne une nouvelle extension aux spécialités de celui de deuxième année, auxquelles s'ajoutent la mécanique, la trigonométrie, le dessin industriel, le dessin lavis et des notions de géométrie descriptive.

Deux fois par semaine les élèves se rendent dans des ateliers de la profession qu'ils ont choisie et y travaillent sous la conduite du patron, d'un contremaître ou d'un bon ouvrier. Le frère directeur s'y rend aussi une fois par semaine pour s'enquérir de la manière dont ils se comportent.

Chaque trimestre, une commission désignée par le conseil de perfectionnement leur fait faire une composition de travail manuel.

L'apprentissage des élèves de troisième année est payé par le Comité.

En classe, chaque groupe reçoit de la part des professeurs spéciaux des notions scientifiques ou artistiques relatives à la profession choisie. Ainsi, il y a un ingénieur pour la métallurgie, un dessinateur de fabrique pour le tissage, etc.

Quatrième année. — Les élèves qui ont suivi avec succès les cours de la troisième année sont admis à la quatrième, appelée « année d'apprentissage. »

Ils sont placés en ville, chacun dans un atelier de sa profession et y travaillent comme apprentis sous la haute surveillance du frère directeur et du conseil de perfectionnement. Chaque soir ils reviennent à l'Ecole assister à des cours spécialement faits pour eux. Ils y reviennent également le dimanche et les jours de fêtes chômées et assistent, avec le personnel de l'École, aux offices de la paroisse.

Le frère directeur s'informe de leur conduite et de leur travail technique. Il leur remet chaque mois un carnet indiquant les notes qu'ils ont obtenues en classe et à l'atelier. Ce carnet est signé chaque fois par les patrons et les parents.

A la fin de la quatrième année, essentiellement pratique, les jeunes gens, après avoir subi de sérieux examens, reçoivent un diplôme d'enseignement professionnel, portant les signatures : 1° du président du comité des écoles libres congréganistes ; 2° des membres du conseil d'administration et de perfectionnement ; 3° du patron d'apprentissage ; 4° du frère directeur.

Ce diplôme, d'une valeur réelle, assure aux jeunes gens le patronage de toutes les personnes dévouées à l'École professionnelle.

TABLE DES MATIÈRES

L'apprentissage	5
L'œuvre de Saint-Nicolas	29
Notre-Dame du Rosaire. — Les œuvres de Notre-Dame du Rosaire	68
Les patronages	78
L'école ménagère	92
Une société coopérative de production	100
Les *college settlements* en France. — L'évolution du patronage	106
La maison de famille de Notre-Dame de Nazareth	112
Les écoles chrétiennes du soir	121
L'œuvre de don Bosco	125
L'atelier de cordonnerie	135
L'œuvre d'Auteuil	148
Le cercle des maçons et tailleurs de pierre	167
L'œuvre générale des écoles professionnelles catholiques de jeunes filles	179
L'école Sully	186
L'école de la rue du Cherche-Midi	201
Le métier de couturière	207
L'institut agricole de Beauvais	227
L'école La Salle à Lyon	266
Les ateliers d'apprentissage lyonnais	273
L'éducation professionnelle des infirmes. — Institut de Saint-Médard-lès-Soissons et les établissements des frères de Saint-Gabriel	277
Les écoles Saint-Luc en Belgique	292
Les œuvres de pacification sociale	312
Les caisses rurales et les syndicats agricoles du Midi	329
L'école stéphanoise	341
Conclusion. — Ce qui reste à faire	348
Pièces annexes	355

TABLE

INDIQUANT LES MAISONS CITÉES DANS LES PIÈCES ANNEXES
ET LES ORDRES QUI LES DESSERVENT

Atelier de Saint-Claude-lès-Besançon (frères des Écoles chrétiennes) 370
Cercle des maçons et tailleurs de pierre à Paris (société privée). 359
Colonie agricole de Saint-Antoine (tertiaires franciscains) 376
Colonie agricole de Nourray (frères de Saint-François-Régis) 365
Colonie de Citeaux. 372
Cours de jardinage et de couture d'école (frères de Marie). 370
Cours pratique d'agriculture de Montebourg (frères de la Miséricorde) 372
Dourois (Dijon) . . . . ibid.
Écoles d'ajusteurs-mécaniciens (frères des Écoles chrétiennes). 376
École des houilles de Commentry (frères des Écoles chrétiennes). 372
École des sœurs de la Providence (Blois) 366
École de Vannes (sœurs de la charité de Saint-Louis) 376
École d'horticulture de Saint-Fiacre (religieuses) 372
École d'horticulture d'Igny et Vaujours (frères des Écoles chrétiennes) 376
École libre d'agriculture de Ducey (frères de Ploërmel) 372
École pratique d'agriculture de Saint-Remy (frères de Marie) 366
ÉCOLES PROFESSIONNELLES CATHOLIQUES DE JEUNES FILLES A PARIS 377
École professionnelle de Douai (frères des Écoles chrétiennes). 371
École professionnelle de jeunes filles à Blois. 366
École professionnelle de la Madeleine à Nantes (frères des Écoles chrétiennes). . 372
École professionnelle de l'orphelinat de don Bosco (pères Salésiens). 361
École professionnelle de Nîmes (frères des Écoles chrétiennes) 376
École professionnelle de Notre-Dame de la Salette à Étrépagny (frères de Saint-Vincent-de-Paul) 372
École professionnelle de Reims (frères des Écoles chrétiennes). 376
École Saint-Éloi à Aix (frères des Écoles chrétiennes) 365
École Saint-Luc à Gand (frères des Écoles chrétiennes). 384
École Stéphanoise (comité des écoles libres catholiques de Saint-Étienne). . . 386
Établissement de Saint-Nicolas (frères des Écoles chrétiennes). 355
Établissement de Douvaine et de Saint-Joseph-du-Lac (pères du Saint-Esprit). 366
Institut agricole de Beauvais (frères des Écoles chrétiennes) 378
Institut des sourds-muets et des jeunes aveugles de Saint-Médard-lès-Soissons . 383
Institution agricole de Coigneux (pères Salésiens). 366

TABLE

Internat Eckmuhl (pères Salésiens). 375
Maison de famille de Notre-Dame de Nazareth (œuvre des anciens élèves et élèves de l'école Bossuet). 363
Maison Le Veneur de Caen (frères du Midi). 366
Orphelinat agricole d'Argoules (frères de Saint-Vincent-de-Paul). . . . . . . *ibid.*
Orphelinat agricole d'Arnis (pères de Saint-Gabriel). 371
Orphelinat agricole de Beaurecueil, près d'Aix (religieux de Saint-Pierre-ès-liens 365
Orphelinat agricole de Saint-Joseph-de-Lansac, près Tarascon (frères de Saint-François-Régis du Puy-en-Velais) . . . . *ibid.*
Orphelinat agricole de Saint-Pierre-du-Canon, près Salon (pères Salésiens). . *ibid.*
Orphelinat d'Annecy (sœurs de la Charité). 366
Orphelinats de Collonges-sur-Salèves, Gaillard et Ville-la-Grand (filles de la Charité de Saint-Vincent) . . . . *.* . . . . *ibid.*
Orphelinat de Misserghin (frères de Notre-Dame de l'Annonciation) 374
Orphelinat de Sainghin en Mélontois (pères de la Charité) 371
Orphelinat de Saint-Julien (sœurs de la Présentation). 366
Pénitencier agricole de Frasne-le-Château (religieuses de la Providence). . . . 370
Pensionnat Saint-Pierre à Lille (frères). . . . . *ibid.*

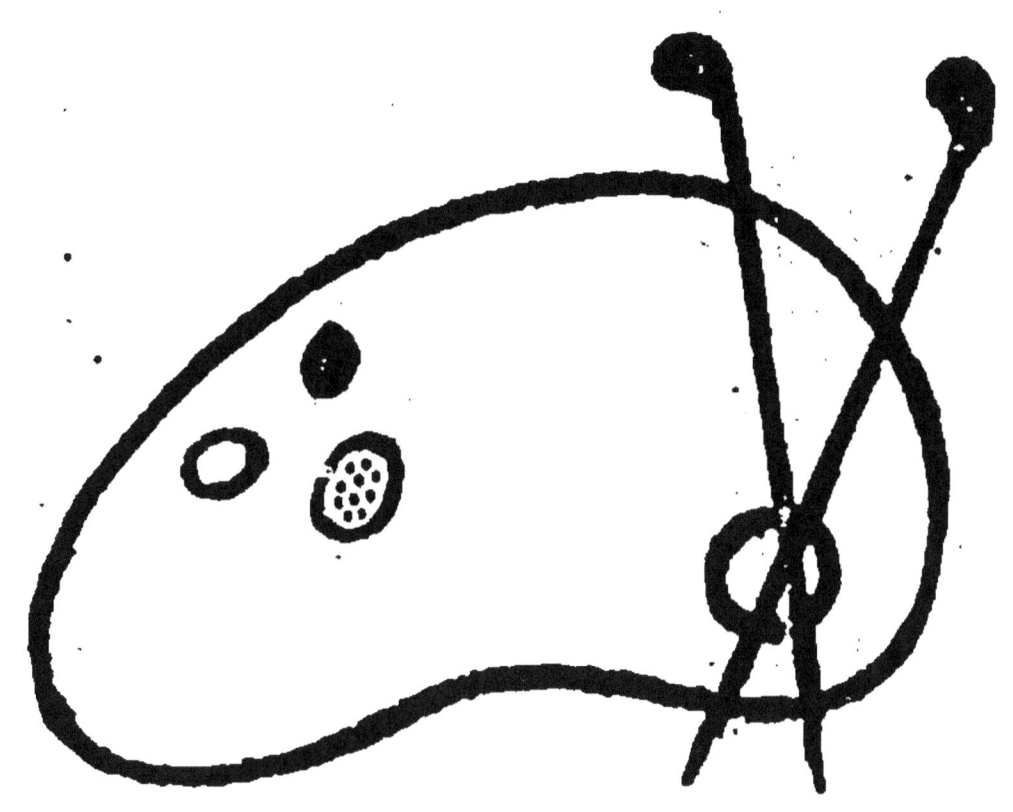

Original en couleur

NF Z 43-120-8